ro
ro
ro

Zu diesem Buch

Erwachsene haben viele Ängste, wenn es ums Fernsehen geht: daß die Kinder falschen Vorbildern nacheifern, zuviel Gewalt sehen, nur noch bewegungslos vor der Glotze hängen ... Was ist an diesen Befürchtungen dran?
Wer den Kindern genau zuhört, sie beobachtet, sich auf sie einläßt, wird ganz unerwartete Einsichten über ihr Fernseherleben gewinnen. Mit vielen anschaulichen Geschichten und verständlicher Darstellung von Medientheorien führt uns der Autor pädagogischer Bestseller in die Medienwelt der Kinder ein. Jan-Uwe Rogge berät seit über 20 Jahren Eltern, Erzieherinnen und Lehrer, hat Tausende von Gesprächen mit Kindern und Jugendlichen über ihren Fernsehalltag geführt, hat sie ihre Lieblingshelden und ihre Ängste beschreiben und malen lassen. Die in diesem Buch vorgestellten typischen Situationen ermöglichen so ein besseres Verständnis kindlicher Fernsehgewohnheiten. Film- und Fernseherleben will gelernt sein – wie das Lesen auch. Dieses Buch liefert zahlreiche Anregungen und hilfreichen Rat für einen gelasseneren Umgang mit dem Medium. Spaß und Abenteuer, Witz und Spannung, Magie und Zauber spielen Hauptrollen in der kommentierten Auswahl von Videofilmen, die für Kinder geeignet sind.

Jan-Uwe Rogge, Jahrgang 1947, verheiratet, ein Sohn, arbeitet freiberuflich als Familien- und Kommunikationsberater und in der Medienforschung. Seine Bücher bei Rowohlt: «Kinder brauchen Grenzen» (rororo Nr. 19366), «Eltern setzen Grenzen» (Nr. 19756), «Ängste machen Kinder stark» (Nr. 60640), «Pubertät – Loslassen und Haltgeben» (Nr. 60953), «Der große Erziehungsberater» (Nr. 61621), «Ohne Chaos geht es nicht» (Nr. 60975), «Geschichten gegen Ängste» (Nr. 60977).

Jan-Uwe Rogge

Kinder können fernsehen

Vom Umgang mit der Flimmerkiste

Mit Illustrationen
von Klaus Pitter

Rowohlt Taschenbuch Verlag

Herausgegeben von Bernhard Schön und Horst Speichert

Kinder haben eine Lobby
die Deutsche Liga
für das Kind

Partner von *rororo Mit Kindern leben*

3. Auflage Juli 2005

Vollständig überarbeitete und erweiterte Neuausgabe
Veröffentlicht im Rowohlt Taschenbuch Verlag,
Reinbek bei Hamburg, Oktober 1999

Redaktion Bernhard Schön
Illustrationen Klaus Pitter, Archiv Rogge
(die Abbildungen auf S. 152 und 211 wurden erstmals in «Bilderkiste» – Zeitschrift d. Kath. Instituts f. Medieninform., Köln – abgedruckt);
Umschlaggestaltung Britta Lembke
(Foto: Tony Stone Images / Elie Bernager)
Satz Minion PostScript (PageOne)
Gesamtherstellung Clausen & Bosse, Leck
Printed in Germany
ISBN 3 499 60753 0

Inhalt

«Kinder können fernsehen – Eltern aber nicht!»
——— Familienleben, Fernsehen und Erziehung 171

Video – eine Alternative 215

Anspruchsvolle Fernsehsendungen und Videos für Kinder 228

Kinder können fernsehen

——— Einleitung zur erweiterten und aktualisierten Neuauflage

Sie nehmen kein Ende – die Schauergeschichten über Kinder und Fernsehen. Es ist unendlich anstrengend für Eltern, wenn Kinder ständig und mehr sehen wollen, sie elterliche Nerven strapazieren. Und manch kulturkritischer Prediger sieht mit jedem neuen Medium den Weltuntergang, zumindest das Verschwinden der Kindheit näher rücken. Die Kinder lassen sich von den Trick- und Abenteuerszenarien des Fernsehens immer und aufs neue faszinieren. Und jene Produzenten von Serien und anderen Kindersendungen verdienen sich an der Seh-Lust der Kleinen und Kleinsten goldene Nasen.

Mein Buch «Kinder können fernsehen» habe ich 1990 bewußt als Kontrapunkt gegen die vielen bewahrpädagogischen Titel gesetzt, die das Fernsehen in die Nähe einer Droge und den kindlichen Zuschauer als willfähriges Bündel einer Programmaschinerie hinstellen.

Kinder können fernsehen: Dies macht die Fähigkeiten, die Gefühle, die Bedürfnisse, die Alltags- und Lebenswelt von Kindern zum Ausgangspunkt. Das Buch läßt die Kinder zu Wort kommen, es redet *mit* ihnen, nicht über sie, es bringt Kinder zum Sprechen.

Kinder können fernsehen: Das war keine leichtfertige oder vorschnelle Behauptung, wie mir mancher Kritiker vorwarf. Können umschreibt die sinnlichen Fähigkeiten der Kinder, Fernsehsendungen wahrzunehmen. Können meint aber auch ganz vordergründig: Sie können's tun, sie können's aber auch lassen.

Kinder können fernsehen: Dieses Buch hat bei Eltern viel Anklang gefunden, weil es Überbehütung, Besserwisserei und den erhobenen Zeigefinger durch die Prinzipien der Gelassenheit, des einfühlenden Verstehens und des Miteinanders ersetzt hat. Die zahllosen Briefe, die ich von Eltern bekommen habe, beweisen, daß dies gelungen ist.

Um hier nicht mißverstanden zu werden: Medien ergänzen und erweitern die Wirklichkeitserfahrung von Kindern. Spiel, Bewegung, Laufen, Toben, das Pflegen von Freundschaften, ja alle unmittelbaren Tätigkeiten stehen in der Beliebtheitsskala von Kindern nach wie vor obenan. Kinder sind eben nicht phantasielos und gelangweilt, nur weil sie das Fernsehen faszinierend finden. Wer über die «kleinen Glotzer» herzieht, hat meist nicht im Sinn, sie in ihren Handlungen zu verstehen – und verstehen meint ja nicht, all ihre Handlungen zu akzeptieren! Die «kleinen Glotzer» werden zum Spiegel, in dem man eigene Versagungen und das eigene Versagen erblickt. Die Flimmerkiste wird zum Sündenbock für gesellschaftliche Fehlentwicklungen. Doch schon im Alten Testament hat der Esel die Sünde nicht in die Wüste zu tragen vermocht. Das Fernsehen in die Wüste zu schicken, das mag für manche ein Wunschtraum sein. Aber als verallgemeinerbares Rezept taugt solche Zielperspektive kaum.

Zweifellos gibt es Kinder, die sich in der multimedialen Welt verlieren. Und zweifellos können Fernsehsendungen Kinder gefühlsmäßig überfordern. Es laufen unerträglich schlecht gemachte Zeichentrickserien bei denen sich Walt Disney im Grabe umdrehen würde. Und natürlich feiern Klischees und Stereotype ständig fröhliche Urständ.

Doch es gibt auch das andere – ich vermeide das Wort «bessere» – Angebot, das kindorientiert produzierte, auf die kindlichen Wahrnehmungsmuster abzielende Programm. Unterhaltung und ästhetische Erfahrung sind dabei keine entgegengesetzten Pole, vielmehr zwei Seiten einer Medaille. Und anspruchsvolle Sendungen im Kinderfernsehprogramm sind keine Ausnahmen. Sendungen wie «Achterbahn» oder «Als die Tiere den Wald verließen», «Ketchup Vampire» oder «Familie Feuerstein», die «Simpsons» oder «Die Sendung mit der Maus» stehen für eine Kinderunterhaltung im Fernsehen, die höchsten Ansprüchen genügt. Solche Serien – und ich könnte sie durch eine Vielzahl anderer ergänzen – greifen Alltagserfahrungen auf und bieten den Kindern gefühlsmäßige Identifikationen.

Fernsehsendungen können kindliche Erfahrungen erweitern, sie können sie aber auch begrenzen und einengen. Fernsehen für Kinder – und auch für andere Altersgruppen – wird dort zum Problem, wo es unmittelbare Wirklichkeitserfahrungen ersetzt und das Abtauchen in den Bildersog als Flucht vor Alltagsstreß bietet. Gegenstände des Konsums und des Kommerzes – und dazu gehört das Fernsehen – erschweren die alltägliche Erziehung, bringen Reibungen und Konflikte mit sich. Und dem kindlichen Wunsch nach immer mehr Fernsehen ist nicht mit einer Laissez-faire-Haltung beizukommen: Konsequenzen zu verdeutlichen und Grenzen zu setzen ist notwendig, aber eben auch schwierig. Doch wer Medien, Kommerz und Konsum generell aus dem Alltag der Kinder verbannen und ausgrenzen will, greift in mehr als eine Kinderkultur ein. Dahinter steht nicht selten der elterliche Wunsch nach Patentrezepten, nach konfliktfreier Beziehung und nach reibungslosen Erziehungsprozessen. Es gibt eben keine Fernseherziehung ohne Krisen und Kräche, sondern nur einen Weg, der jeden Tag mit jedem Schritt aufs neue versucht und gewagt werden muß. Sackgassen und Irrwege sind erlaubt!

Ob nun Kinder das Fernsehen tatsächlich *brauchen* – wie es Bruno Bettelheim einst in einem vielbeachteten Aufsatz als Frage formulierte und in Ansätzen bejahte –, ich weiß es nicht. Aber Kinder können mit dem Fernsehen umgehen – häufig besser als die Erwachsenen. Denn Kinder sind nicht nur Opfer und Objekte technologischer Entwicklungen, wie kulturkritische Dogmatiker in immer wiederkehrenden Varianten behaupten. Kinder sind schöpferische Gestalter ihres Lebens und ihres Alltags. Und solange es keine geklonten Kinder gibt, wird ihre Entwicklung in jenen kognitiven und emotionalen Phasen verlaufen, wie sie die Psychologie beschrieben hat. Danach weisen Kinder dem Spiel und den unmittelbaren Aktivitäten den höchsten Stellenwert zu.

Vielsehende Kinder fliehen dann in den multimedialen Glitzer, wenn sie unter ganz bestimmten soziokulturellen und psychosozialen Rahmenbedingungen zu leiden haben. Wenn nämlich die Umwelt Kreativität, Phantasie und Träume nicht mehr zuläßt, dann werden diese elementaren Bedürfnisse per Knopfdruck via Medien befriedigt. Besorgniserregend ist für mich die Kluft zwischen jenen Kindern, die mehr oder minder bewußt mit dem Fernsehen, ja dem Medienangebot insgesamt umgehen, und jenen, die in mediale Traumwelten fliehen. Mehr denn je sind deshalb sozial- und gesellschaftspolitische Maßnahmen gefordert, die diese Kluft verkleinern helfen – durch vielfältige Freizeitangebote und Netzwerke, die Kindern Halt und Orientierung anbieten.

Diese Hinweise widersprechen nicht meinem Plädoyer für Gelassenheit, wonach Kinder fernsehen können. Kinder brauchen mehr denn je Erwachsene, die zuhören, die beobachten, die vom Kind aus argumentieren, es ernst nehmen und verstehen, die dem Wunsch nach immer mehr Fernsehen Einhalt gebieten und dort Grenzen setzen, wo Kinder Orientierung wünschen.

Wenn Sie das Gefühl haben, Kinder würden sich im Sog der Medien verlieren: Versuchen Sie, gemeinsam nach Wegen aus diesem Sog zu suchen. Gemeinsamkeit meint, die generationsspezifischen Unterschiede, die man in der Wahrnehmung von Medien beobachten kann, in zwei Fragen zu kleiden: Welche kommunikativen Fähigkeiten sind mir so wichtig, daß ich sie der nachfolgenden Generation vermitteln und vorleben möchte? Und welche Fähigkeiten der Kinder sind mir so wichtig, daß ich diese zur Weiterentwicklung meiner Person und meiner Lebensperspektive einbeziehen kann?

Dieses dialogische Prinzip scheint mir prinzipiell wichtig für das Leben mit Kindern. Bei unserem Thema kann damit unangebrachte Aufgeregtheit vermieden werden. Doch dies wird ein langer Weg sein, dessen bin ich mir sicher: Und so werden auch zunächst die unendlichen – mal sinnreichen, mal unsinnigen, mal hintersinnigen – Auseinandersetzungen über das Fernsehen für Kinder weitergehen.

«... und nachts hatte ich Alpträume»

Ich möchte Ihnen zunächst eine Geschichte aus meiner Kindheit erzählen, die vordergründig nichts mit dem Fernsehthema, in Wirklichkeit aber viel mit dem Medienumgang von Kindern zu tun hat.

Noch heute sehe ich mich in der dunklen, kleinen Bibliothek in der Volksschule stehen. Ich muß acht oder neun Jahre alt gewesen sein und stand vor einem unendlich großen Regal mit unzähligen Kinderbüchern. Zielsicher fand ich mein Buch. Die Signatur kannte ich auswendig. Und auf dem Weg zu einem Stuhl in der Ecke suchte ich nach «der» Stelle. Ich setzte mich, las ein paar Zeilen – und schon kullerten die Tränen über die Wangen, ich las die Stelle nochmals und nochmals. Der Tränenstrom wurde heftiger.

Bis die Tür aufgerissen wurde, ein Lehrer überlebensgroß vor mir stand und mich mit den Worten fortzog: «Sag mal, spinnst du? Es ist Unterricht. Du sitzt hier und weinst. Bist du krank?» Er entriß mir das Buch, blätterte kurz darin herum, schüttelte den Kopf: «Wegen so einem Mist heult man doch nicht.» Ich fühlte mich weder krank, noch hatte ich «Mist» gelesen. Es war eine herrlich-rührselige Geschichte, deren Titel ich längst vergessen habe.

Nur die Handlung und eine Sequenz bleiben unauslöschlich. Alles spielte in einer fernen mongolischen Wüste. Ein Junge, zehn Jahre alt, bekam von seinen Eltern den Auftrag, mit dem Pferd in die ferne Stadt zu reiten, um lebenswichtige Dinge zu holen. Es wurde eine Entdeckungs- und Abenteuerreise, die der Junge nur dank seines treuen Pferdes überlebte – bis eines Tages das Pferd in eine Schlucht stürzte und jämmerlich verendete. Der Junge weinte – und ich noch mehr. Trotzdem lieh ich mir das Buch immer wieder aus. Wenn ich Zeit hatte, las ich es ganz, wenn nicht, nur «die» Stelle. Und manchmal, wenn mir beim Lesen alles zu unheimlich wurde, ich die Spannung nicht aushielt, blätterte ich zuerst zum Schluß, und der gab mir Sicherheit, stand dort doch schwarz auf weiß, daß der Junge ein neues Pferd geschenkt bekam, ein genauso treues, mutiges und starkes, das ihm den Weg nach Hause wies.

Lange war ich fasziniert von diesem Buch – bis mich irgendwann die Todesszene fast kalt ließ, es kein Herzklopfen, keine Unsicherheit, keine feuchten Hände mehr gab. Wie der Junge im Buch, so hatte ich offensichtlich meinen Weg gefunden. Aber bald hatte ich ein anderes Erlebnis, das mich schier überwältigte und lange Zeit nicht losließ.

Zu Hause gab es keinen Fernsehapparat. Das war in meiner Kindheit auch noch nicht üblich. Ich durfte aber Samstag nachmittags mit meinem Großvater zu einem Bekannten zum Fernsehen. Bei der Ermahnung meiner Mutter: «Nur gute Sendungen, hörst du. Auf keinen Fall diese Krimis», nickte ich, freute mich aber auf dem Wege dorthin schon auf den «Krimi». «Die kann ich lässig aushalten», dachte ich mir, hatte ich doch schließlich schon einige gesehen. «Abenteuer im Hafen» (oder so ähnlich) muß die Krimiserie geheißen haben; heute würde man sie als typische Vorabendserie bezeichnen.

Einmal lief ein anderer Krimi, anders schon deshalb, weil er länger dauerte, gar nicht voller Action, sondern voll von schier unerträglicher Spannung war. Er hieß «Das geheimnisvolle Fenster» und war ein amerikanischer Kriminalfilm aus den vierziger Jahren: Ein Junge, ungefähr so alt wie ich, beobachtet nachts einen Mord. Aber keiner glaubt ihm, weil er viel phantasiert. Nur die beiden Mörder sind sich nicht sicher, ob dem Jungen nicht doch irgendwann Glauben geschenkt wird. In einer dramatischen Verfolgungsjagd treiben sie ihn durch abbruchreife Häuser. Dann kommt jene Szene, die mich bis in den Schlaf hinein verfolgte: Der Junge balanciert auf Dachbalken, meterhoch über der Erde, ein «Böser» läuft hinterher. Als die Flucht des Jungen an einer Mauer endet, kommt der Täter immer näher, bis ... ja, bis der morsche Balken, auf dem der Mörder steht, bricht und ihn mit in die Tiefe reißt. Der Junge kann sich halten und läßt sich irgendwann in ein Sprungtuch der herbeigerufenen Feuerwehr fallen.

Mein Großvater neben mir spürte wohl, wie ich immer unsicherer wurde, je länger sich die Handlung hinzog. Als ich mir in meiner Angst die Hände vor die Augen und an die Ohren hielt, legte er den Arm um meine Schulter: «Na, mein Junge. Das ist nur ein Film. Das wird schon werden.» Das tat zwar gut, aber nach dem glücklichen Ende war ich fix und fertig, so hatte mich das alles mitgenommen.

Zu Hause angekommen, erzählte ich nichts, ging jedoch in den Garten, kletterte auf eine dicke hölzerne Teppichstange und balancierte auf und ab. «Also, das schaffst du auch, wenn ein Mörder hinter dir her ist», dachte ich bei mir. Aber nachts ging das Theater dann erst wirklich los. Die Schlußszene des Films kam wieder – diesmal als böser Alptraum: Ich war auf dem Balken, und ein gräßliches Monster raste hinterher, es wollte mich packen, da sprang ich und fiel und fiel ... und schrie. Meine Mutter stand am Bett: «Was ist los?» – «Da ist ein Monster.» Sie hat mich beruhigt, ich habe wohl weitergeschlafen. Aber jede Nacht war dieses Ungeheuer wieder da und ich auf der Flucht. Am vierten oder fünften Morgen wollte sie wissen, ob ich was «Schlimmes» erlebt hätte. Ich konnte ihr das mit dem «Krimi» nicht gestehen, sonst wären meine gemütlichen Samstage endgültig vorbei gewesen. Und clever wie ich war, hatte ich mir eine List zurechtgelegt. «Ich les da grad so ein spannendes Buch, das *du* mir geschenkt hast. Das mit den Seeräubern und so. Du weißt doch schon.» Ich wußte, wenn ich nach Büchern schlecht träumte, war das aus der Sicht meiner Mutter nicht so gravierend. Manchmal nahm sie mir das entsprechende Buch weg – doch Bücher hatte ich viele, für Fernsehkrimis gab es keinen Ersatz.

Und eine letzte Geschichte, die zeigt, wie nahe das gegenwärtige Medienerleben von Kindern an der eigenen Biographie liegt. Ich las schon mit neun Jahren die Tageszeitung, und zwar las ich sie meinen Urgroßeltern vor, die nicht mehr so gut sehen konnten. Einmal entdeckte ich die Meldung, daß eine Sekte für den 30. Juni um 13 Uhr den Weltuntergang vorhersagte. Sie bereiteten, so stand da zu lesen, sich durch intensive Gebete darauf vor. Ich stockte kurz mit dem Lesen und fragte meine Urgroßmutter. Sie schüttelte den Kopf und antwortete mir in breitem Plattdeutsch: «Min Jung, so'n Schiet givt dat nich. Dat is al'ns Tünkram.» Das war ja lieb gemeint, beruhigt hat es mich nicht, obgleich ich meine Urgroßmutter für eine weise Frau hielt. Ich habe die Meldung danach immer und immer wieder gelesen, mir ausgemalt, wie das wohl mit dem Weltuntergang ist.

Alle, die ich fragte, reagierten genauso wie meine Uroma. Der 30. Juni näherte sich, ich war traurig, daß mein Vater auf Reisen war. Wenn ich schon sterben mußte, so dachte ich mir, wäre es schön, alle meine Verwandten um mich zu haben. Ich wußte, meine Mutter und mein Bruder waren im Haus, «wenigstens zwei», dachte ich mir, «die da sind, dann bin ich nicht allein, wenn ich sterbe». Die Kirchturmuhr schlug, kein Donner, kein Blitz, kein Unwetter, kein Erdbeben, rein gar nichts passierte. Meine Urgroßmutter kam in den Garten: «Na, wat hev ich di segt, min Jung, din olle Grotmoda wet Besched.» Ich kletterte vom Baum und meinte ganz ernst: «Aber es hätte doch sein können, daß die Welt untergeht.» Meine Urgroßmutter: «So fix geit dat nich.» – «Aber es hätte doch sein können», insistierte ich. Sie drehte sich um und ging, und ich war fest davon überzeugt, daß es doch hätte sein können – nur diesmal war es eben nicht passiert. Noch tagelang gingen mir schaurig-schöne Weltuntergangsbilder durch den Kopf. Schaurig, weil alles dunkel, zerstört, ungeheuer und häßlich war – und schön, weil ich die Urgroßmutter bei mir wußte, die Rat auch in unausweichlichen Situationen wußte.

Wer Kinder vor dem Fernseher erlebt, wer sie beobachtet, wie sie selbstvergessen-gebannt Geschichten zuhören, oder wer sieht, wie Kinder Bücher verschlingen, der begegnet häufig der eigenen Kindheit. Dieser Rückgriff auf die eigene Biographie veranschaulicht nicht nur das Nebeneinander von unsäglich (aber wunderschönem) Trivialem und künstlerischem Anspruch, der Rückgriff macht es möglich, die Faszination, die Medien auf Kinder ausüben, angemessener zu verstehen.

Und Verständnis ist ebenfalls vonnöten, wenn es um die Medienerziehung in der Familie geht. Probleme mit dem Fernsehen, dem Videorecorder oder dem Computer sind normal, und selbst jene Familien, die einen Bogen um dieses «Teufelszeug» machen, müssen sich damit auseinandersetzen. Patentrezepte gibt es nicht, genausowenig wie eine noch so bemühte (Vorsorge-)Erziehung hilft.

Ich möchte in diesem Buch vielmehr Denkanstöße geben, Gründe für die Faszination der Medien bei Kindern aufzeigen, und ich will auf Mißverständnisse hinweisen, mit denen sich Eltern die (Fernseh-) Erziehung erschweren. Dabei bediene ich mich des Geschichtenerzählens, das in Wissenschaft, Pädagogik und Erziehung manchmal in Vergessenheit geraten ist. Geschichten bündeln Lebenserfahrungen, in ihnen lassen sich sinnlich konkret wissenschaftliche Ergebnisse nachvollziehen. Die Geschichten wollen sensibel machen, Verständnis wecken und ermutigen. Die vorgestellten Situationen möchten Phantasie aktivieren, die notwendig ist, um Unsicherheiten, die der Medienumgang mit sich bringt, zu begegnen.

Ich will dabei die möglichen Auswirkungen der neuen wie alten Medien nicht verharmlosen, möchte aber das bestehende Unbehagen, die aufkommende Ratlosigkeit als produktive Chance ansehen, sich den technischen Herausforderungen und den damit einhergehenden Ängsten zu stellen.

Dies setzt voraus, Kinder zu verstehen, sie anzunehmen und dies auch dort, wo uns ihre Erfahrungen fremd erscheinen. Aber Verständnis für kindliche Fernsehwünsche schließt ja nicht aus, Grenzen dann zu setzen, wenn die Faszination der Medien maßlose Dimensionen annimmt.

Ich habe in meinen forschenden und beratenden Arbeiten viel von Kindern gelernt, sie haben sich mir mitgeteilt, sie haben ihre Geschichten und Erfahrungen erzählt. Ich habe ihnen zugehört, das Gefühl gegeben, sich angenommen zu fühlen. Dies auch dann, wenn ich ihre Vorlieben nicht teilte. Kinder haben mir vertraut, hatten den Eindruck, «nicht in die Pfanne gehauen zu werden», oder wie es ein anderer Junge einmal ausdrückte: «Dir kann man alles erzählen. Du magst mich auch dann noch leiden, wenn ich was Schlimmes erzähle.»

Kinder lesen, hören Kassetten, gehen ins Kino, besuchen das Theater, Kinder nutzen die Computerspiele, sie treiben Sport, toben, bummeln, raufen, basteln, blödeln herum. Kinder machen eine Vielzahl an unmittelbaren und mittelbaren Erfahrungen. Wenn ich mich auf das Fernsehen konzentriere, dann deshalb, weil sich um dieses Medium viele Verunsicherungen und Mythen ranken, es in der öffentlichen Auseinandersetzung nach wie vor die herausragende Rolle spielt.

Dies ist kein «Fernseh-Propagierungsbuch», wie mir einst ein besorgter Kollege unterstellte, als er den Titel des Buches hörte. Ich möchte aber zu mehr Gelassenheit im Umgang mit dem Fernsehen, den Medien insgesamt ermutigen – Gelassenheit hat jedoch nichts mit Gleichgültigkeit, sondern viel mit Verstehen und Einfühlungsvermögen zu tun.

Deshalb ist ein Mutmacherbuch für den Umgang mit Medien in Familien entstanden. Eigene Handlungsmöglichkeiten sollen aktiviert werden. Und dabei ist es notwendig, das alltägliche Medienverhalten nicht isoliert, sondern im Hinblick auf die Bedürfnisse, die psychische und soziale Lage von Kindern und Erwachsenen zu sehen – vor allem auch Eltern und pädagogisch Tätige zu ermuntern, eigene Verhaltensweisen, Vorurteile und Vorlieben zu überdenken.

Dies Buch ist auch aus der gemeinsamen Tätigkeit mit Kindern und Familien entstanden. Obgleich ich mit sehr vielen Kindern und Familien zu tun hatte, kommt nur eine begrenzte Auswahl zu Wort. Alle haben ihr Einverständnis gegeben, alle Namen sind verschlüsselt.

Ich habe das Buch Ende der 80er Jahre bewußt gegen den medienkritischen Trend geschrieben, und die Rückmeldungen zeigen, daß dies gelungen ist. Ein Brief von vielen:

«Seit ich dieses Buch gelesen habe», so schrieb Mitte der 90er Jahre eine Mutter, «habe ich mehr Ruhe, wenn meine Tochter fernsieht. Denn der Druck, jetzt sofort etwas dagegen zu tun, um sie abzuhalten, ist weg. Natürlich mache ich mir Gedanken, was sie an einer Sendung fasziniert. Und sicher bin ich da, wenn sie etwas wissen will. Und noch etwas anderes ist geschehen. Auch ich kann mich besser annehmen, wenn ich fernsehe. Früher habe ich, so glaube ich jedenfalls, den Beelzebub ‹Fernsehen› an meiner Tochter austreiben wollen. Und mich dabei übersehen. Und das Allerwitzigste ist: Die Gelassenheit hat nicht dazu geführt, daß wir nur grenzenlos fernsehen. Ich glaube fast, wir sehen weniger fern – aber dies mit einem guten Gefühl.»

«Wir gucken doch nicht nur fern!»
Kinder sind keine Glotzer

Aus der Sicht publicityträchtiger Schlagzeilen in Presse und Fernsehen scheinen Kinder der Glotze und dem Kommerz verfallen zu sein, und viele auffallende Verhaltensweisen lassen sich demnach auf einen übersteigerten Medienkonsum zurückführen. Phantasielos! Desinteressiert! Konsumsüchtig! Kleine Monster! – So oder ähnlich lautet manch zusammenfassende Bewertung, wenn besorgte Pädagogen ihr Fazit über *die* Kinder von heute ziehen – oder sollte man sagen: wenn sie *über die* Heranwachsenden *herziehen.*

Gespräche mit Kindern ergeben dagegen ein differenzierteres Bild, verdeutlichen die Vielfalt, die den Kinderalltag positiv auszeichnen. Und zu dieser Vielfalt gehören Fernsehen und Computer, Radio und CD-Player, Zeitung und Zeitschrift, Kino und Theater wie selbstverständlich. Medien sind im Kinderalltag allgegenwärtig. Aber deshalb besteht zur Weltuntergangsstimmung nun wirklich kein Anlaß. Diese sagt mehr über die Phantasielosigkeit ihrer Urheber als über die Lebenstüchtigkeit der Kinder aus. Und sie verstärkt nur das Unverständnis, das viele Kinder spüren, wenn Erwachsene sie, ihr Spiel und ihre Tätigkeiten bewertend kommentieren.

«Meine Eltern sehen nur, wenn ich fernsehe», erzählt der 7jährige Robert, «aber nicht, wenn ich mit Janneck spiele.» Janneck nickt: «Und wenn ich dann mal laut spreche, dann schimpfen meine Eltern gleich und sagen, das mache ich nur, weil ich die Ghostbusters sehe.»

Es liegt mir fern, ein zu positives Bild von Kindheit zu malen, gar

«Kindern das Kommando» zu geben. Denn ein genauer Blick auf den Alltag macht auch die wachsenden Ansprüche und Herausforderungen deutlich, denen sich Kinder häufiger denn je ausgesetzt sehen. Und die Zumutungen, die manche Fernsehsendung für Kinder bedeutet, darf man auch nicht übersehen. Aber Medien sind weniger die Sündenböcke, auf die es einzuschlagen gilt, sie sind vielmehr ein Spiegel, in dem sich kritische Entwicklungen wie in einem Brennglas bündeln. Einige Gesprächsrunden mit 6- bis 9jährigen Kindern, aus denen ich Ausschnitte wiedergebe, können die Ausgangsüberlegungen veranschaulichen.

«Ich würde viel mehr am Nachmittag machen, aber ich muß viel für die Schule lernen», so Julian. «Natürlich nicht freiwillig. Da sitzen meine Eltern schon dahinter. Am liebsten spiel ich Fußball im Verein. Ich trainiere zweimal, und dann noch die Spiele am Wochenende. Meine Eltern finden das zuviel. Ich find's gut, weil ich dann mit Freunden bin. Fernsehen, da hab ich so meine Lieblingssendungen.

Aber an meinen Sendungen meckern auch die Eltern, weil sie meinen, das würde mich vom Lernen abhalten.»

«Bei mir ist es ähnlich», erzählt Mareike. «Nur ist es bei mir das Buch. Meine Mutter meint, ich sei schon richtig lesesüchtig. Aber ich kann mich da nicht losreißen, wenn's im Buch spannend ist. Serien im Fernsehen find ich auch noch gut. Aber auch Tiersendungen. Sie machte eine Pause. «Aber ich guck eben nicht nur fern. Ich kann auch noch stundenlang mit meinen Freundinnen reden. Da sitzen wir und quatschen. Und schon ist der Nachmittag um.

«Das Blöde bei mir ist», erklärt Matthias, «ich kann bei mir draußen nicht spielen. Da ist kein Platz. Oder da kommt der Hausmeister und schimpft. Aber ich verabrede mich dann mit Freunden, und dann spielen wir dort. Ich bin jetzt in einem Verein, zum Judo. Mal sehen, wie das ist.» Er lacht. «Aber Fernsehen und Video, das ist schon gut, daß es das gibt. Auch dann geh ich zu meinen Freunden. Wenn ich allein fernsehe, ist das öde. Und das ist auch mit dem Computer so. Ich brauch meine Kumpel. Natürlich schaue ich schon fern. Und das auch alleine. Und auch manchmal zu viel. Also manchmal komm ich nicht weg davon. Ich hab halt solche Tage. Wenn's Scheiße

2

ist und so, und ich nicht gut drauf bin, ich Ärger hab mit meinen Eltern oder in der Schule und so, hänge ich schon vor der Mattscheibe. Aber mit Freunden sein und was machen, das ist viel besser. Da kann kommen, was will, im Fernsehen.» Er schmunzelt. «Na, das stimmt natürlich nun auch wieder nicht. Aber insgesamt sind meine Freunde schon wichtiger!»

«Das stimmt», ergänzt Nicole. «Aber meine Freunde kann ich auch nicht immer sehen. Ich meine, nicht immer hingehen. Zweimal in der Woche habe ich nachmittags Programm, einmal muß ich zum Klavierunterricht, weil meine Eltern das wollen. Zum Ballett gehe ich freiwillig. Die Lehrerin dort ist wirklich Spitze. Und dann sind da noch die Hausaufgaben. Mama kontrolliert die. Ich darf erst zum Spielen oder zu Freundinnen, wenn ich die gemacht habe. Und so ist es auch mit dem Fernsehen. Also, vieles sucht die aus, was ich sehe. Ich gehe deshalb schon immer woanders hin. Was mich aufregt, Mama und Papa schauen jeden Mist und sagen, die dürfen das, weil sie groß sind.» Sie sieht mich an: «Ist das nicht gemein?»

«Da hab ich's besser», freut sich Jonathan. «Meine Eltern arbeiten beide. Und ich kann schon viel machen, wozu ich Lust hab. Ich bin nach der Schule im Hort, dann alleine. Wenn ich mit Freunden bin, spielen wir oder rennen durch die Stadt. Das ist auch spannend. Nur wenn keiner Zeit hat, was zu machen, dann gehe ich schon nach Hause und häng dann vorm Fernseher. Ich mach's mir dann gemütlich. Meine Eltern sagen nichts. Denen ist das zwar nicht recht, wenn sie das sehen, was ich da mache. Aber sie haben ein schlechtes Gewissen! Deshalb machen wir am Wochenende auch so viel. Da sind wir kaum zu Hause. Wir haben ein kleines Haus am Strand. Und da ist kein Fernseher. Da kann ich dann auch drauf verzichten.»

«Jonathan hat's gut», beklagt sich Marion. «Ich hab da meinen Terminkalender. Der ist ziemlich voll. Turnen find ich klasse. Aber dann muß ich noch Geige spielen, weil alle sagen, wie gut ich das kann. Und dann hab ich noch Nachhilfe im Rechtschreiben, weil ich da schwach bin. Ich kann das nicht richtig. Ich hab da irgendwie ne

Störung. Und wenn das nicht weggeht, komm ich nicht aufs Gymnasium. Also mach ich das eben. Wenn ich traurig bin, setze ich mich am liebsten vor den Fernseher. Oder ich gehe in mein Zimmer und hör Musik. Das hilft mir dann. Aber ich schau mir Sendungen an, die Mama garantiert nicht mag. Tom & Jerry oder die Simpsons und so was, wo's knallt. Die versteht solche Sendungen nicht und bleibt dann draußen. Dann hab ich wenigstens meine Ruhe!»

«Wenn's keinen Fernseher oder Video gäbe», so Malte, «das wär schon öde. Ich hab nur zwei Freunde. Und meine Eltern müssen früh aus dem Haus und kommen abends zurück. Ich guck schon morgens. Ein paarmal habe ich die Schule verpaßt. Nach der Schule mach ich schnell Hausaufgaben, und dann lad ich zwei Freunde ein, die dichthalten. Die dürfen zu Hause nicht fernsehen. Und dann schauen wir Videos, die Papa aufgenommen hat. Die sind in seinem Schrank. Aber ich hab'n Schlüssel. Das sind so Actionfilme. Da schauen wir schon viel davon.»

Fernsehen, Sport, Spiel, Freunde ...

Auf der Basis meiner Gruppengespräche sowie Untersuchungen, wie sie zum Beispiel das Deutsche Jugendinstitut zum Alltagsverhalten von Heranwachsenden seit Jahren und mit großer Genauigkeit durchführt, haben die Kinder in ihren Kommentaren Trends benannt, die man verallgemeinern kann.

Der Umgang mit Medien ist selbstverständlich und stellt sich als vielfältig dar. Zwar dominiert das Fernsehen, aber auch Buch, Radio oder Kassette sind mehr als nur Medien am Rande. Dies gilt besonders für das Vorschulalter. Je jünger die Kinder, um so bedeutsamer sind die Hörmedien. Je älter die Kinder dagegen werden, um so mehr nimmt die vor dem Fernseher verbrachte Zeit zu: Etwa zwei Stunden sitzen die 10- bis 13jährigen täglich vor der Flimmerkiste. Bei den Kindern im Grundschulalter ist es eine halbe Stunde weniger. Und noch bei den 3- bis 6jährigen ist es weit mehr als eine Stunde (etwa 80 Minuten). Und das Fernsehen begleitet die Kinder im Tagesablauf. Gegen 14 Uhr sowie gegen 20 Uhr sehen die meisten Heranwachsenden fern – mit Ausnahme der jüngeren Kinder, deren Hauptfernsehzeit gegen 18 Uhr liegt. Am Samstag- und Sonntagmorgen (ab 6 Uhr) hat sich in den letzten Jahren ein weiterer zeitlicher Gipfel in der Fernsehnutzung der 3- bis 9jährigen gebildet. Viele Kinder sehen in der Zeit allein fern. Die Eltern schlafen, während sich die Kinder an den für sie produzierten Sendungen vergnügen.

Die Zahlen belegen, welch bedeutsame Rolle das Fernsehen im Alltag von Kindern spielt. Gleichwohl ist es notwendig, den Blick auf die Vielfalt von Alltagsaktivitäten zu werfen, die Kinder darüber hinaus unternehmen. Formulierungen wie «Medienkindheit» oder «Fernsehkinder» gehen an der Wirklichkeit der Heranwachsenden vorbei. Denn das Fernsehen ist bei mehr als drei Vierteln aller Heranwachsenden in ein Spektrum an Aktivitäten eingebunden, soll heißen: Die Heranwachsenden leben mit dem Fernsehen – und nicht etwa umgekehrt: Das Fernsehen bestimmt und manipuliert den Alltag der Kinder. Zwar werden manchmal Tagesabläufe auf die Ausstrahlung von Serien und Mehrteilern ausgerichtet, ist das Geschrei groß, wenn eine Sendung verpaßt wurde. Doch stellt die Unterordnung von Tätigkeiten unter das Fernsehprogramm die Ausnahme, nicht die Regel dar. Viele Eltern und Pädagogen sehen das freilich anders. Sie setzen die Freizeit der Kinder mit Fernsehzeit gleich und übersehen dabei: Heranwachsende betätigen sich sportlich, musisch und kreativ, sie pflegen Freundschaften, malen, basteln, toben und raufen sich. Dies machen sie in öffentlich einsehbaren Räumen – aber auch dort, wo sie sich unbeobachtet fühlen.

Sportliche und spielerische Aktivitäten der Kinder weisen zweifelsohne Spuren der Medien auf. Da spielt ein Kind Batman nach, klopft Sprüche wie die Turtles, macht Blödsinn wie Pippi Langstrumpf oder schlägt beim Fußball den «tödlichen Paß» wie sein geliebtes Vorbild aus der Bundesliga. Dies wird vorschnell als eine mediale Durchdringung kindlicher Lebenswelten gedeutet: Kinder – so die Meinung mancher Erwachsenen – hätten angesichts der Wucht, mit der Medien den Alltag der Heranwachsenden treffen, keine Chance, Eigenständigkeit und Selbstbewußtsein auszubilden. Diese Einschätzung trifft sicher auf Einzelfälle zu, läßt sich jedoch nicht verallgemeinern.

Medien fordern Kinder heraus, deren Themen und Symbole kreativ zu verarbeiten. Kinder sind den Sendungen und Serien, Helden und Handlungen nicht hilflos ausgeliefert, sie sind keine passiv-willenlosen Empfänger, Kinder sind Gestalter ihrer Welt, Regisseure ihrer Spiele. Sie nehmen auf, was sie über Filme wahrnehmen, verarbeiten aktiv und bauen die Ergebnisse in ihre Erfahrungen ein. Dies geschieht nicht immer reibungslos und konfliktfrei, dies setzt unbedingt haltgebende Lebenswelten voraus, persönliche Vorbilder, die Kinder verstehen und in ihren Bemühen begleiten, Medieneindrücke zu verarbeiten. Fehlt der unmittelbare Bezug, die Orientierung durch Bezugspersonen, kann aus der Herausforderung, die Medien bieten, eine Überforderung werden, die Kinder gefühlsmäßig allein läßt und die sie dann in die Welt des Konsums und des Kommerzes treibt, die alles, und das sofort, verspricht.

Zweifellos können Medien den Heranwachsenden eine scheinbar sorglose Ersatzwelt anbieten. Diese Scheinwelt kommt bei Kindern ohne stabile gefühlsmäßige Bindungen an – aber auch bei solchen, die sich übermäßigen intellektuellen Ansprüchen, ständigen Reglementierungen und Streß durch einen vollen Terminkalender ausgesetzt sehen.

Gleichwohl empfinde ich die Warnung vor autistischen Fernseh- und Computernutzern, die einsam, verlassen und süchtig vor Monitoren hocken und selbstvergessen Reisen in virtuelle Räume antreten, als völlig übertrieben. Denn die Faszination, die Freundschaften für Kinder ausmachen, hat auch in der Gegenwart nichts an Bedeutung verloren. Freundschaften sind Kindern wichtig, sie wollen sie nicht missen. Sie werden im Kindergarten, in der Schule oder im

Verein geschlossen. Aber auch die nahen öffentlichen Räume (z. B. der Spielplatz, der Hof, der Hauseingang, die Straße) sind ein wichtiger Ort, um partnerschaftliche Kontakte aufzubauen. Kinder haben es dabei nicht leicht, Freundschaften zu pflegen, werden diese doch von den Eltern kritisch beäugt. Eltern greifen vorschnell ein, lassen Kindern zuwenig Raum und Zeit, Freundschaften auszugestalten oder Frustrationen, die diese mit sich bringen, auszuhalten.

Bei der Bewertung der Freunde spielen Medien eine nicht unerhebliche Rolle: Wird von den Freunden viel ferngesehen und wenig gespielt, lehnen Eltern sie schnell ab. Nur hat solches Verhalten bekanntermaßen den gegenteiligen Effekt: Je mieser der Freund gemacht wird, um so faszinierender wird er in der Sicht des Kindes, und dies vor allem dann, wenn man dort Serien sehen darf, die bei den eigenen Eltern absolutes Tabu sind.

Kinder lieben den Aufenthalt im Außenbereich, sie favorisieren das Spiel im Freien. Die weitverbreitete These, wonach sich die Aktivitäten der Kinder zunehmend verhäuslichen würden und in diesem Zug das Fernsehen (oder andere Medien) wichtiger würden, läßt sich nicht belegen. Wenn Kindern die Möglichkeit zu Außenaktivitäten geboten wird und sie diese im Nahbereich umsetzen können, dann nehmen sie sie auch wahr – und vergessen darüber manche Fernsehsendung.

In diesem Zusammenhang möchte ich ein weiteres Vorurteil abbauen: Kinder sind nicht etwa «lauf-faul», wollen nicht von den Eltern nur per Auto kutschiert werden. Kinder möchten eigenständig sein, deshalb favorisieren sie das Fahrrad oder den Weg zu Fuß. Zwei Bedingungen schränken kindliche Mobilitätswünsche ein oder legen eine Verhäuslichung von Aktivitäten nahe: Da ist einerseits eine wenig kindgerechte Gestaltung der Umwelt oder ein Wohnort auf dem Lande, der die Inanspruchnahme elterlicher Chauffeurdienste notwendig macht. Und da sind andererseits Reglementierungen der Eltern – sei es der Hinweis auf drohende (sexuelle) Belästigungen oder eine fehlende Kontrolle.

Eines ist gewiß: Beschränkt man die erforschende Neugierde der Kinder, begrenzt man nicht allein die Ausbildung sozialer Fähigkeiten und von Selbstbewußtsein, man verweist die Kinder – ob nun bewußt oder nicht – auf Aktivitäten in Binnenräumen. Um diesen Sachverhalt zu belegen, braucht man sich nur das Freizeitverhalten an einem regnerischen Wochenende anzuschauen: Dann gewinnt das Fernsehen an Bedeutung oder steigen andere Medien hoch in der kindlichen Gunst.

Ein weiterer Befund macht deutlich, wie wichtig attraktive Nahbereiche für Kinder sind, um die ausschließliche Bedeutung von Medien zu begrenzen. Extensiv ferngesehen wird nicht etwa von Kindern aus der Großstadt oder auf dem Land. Vielmehr sind es jene, die in größeren Wohnorten auf dem Land ohne kulturelle Infrastruktur für Kinder leben, und wenn der elterliche Taxidienst nicht abgerufen werden kann, ist der Fernseher womöglich die Alternative. Dann kann es durchaus zu einer starken gefühlsmäßigen Abhängigkeit kommen.

«Vielsehen» ist ein Hilferuf

Denn eines darf nicht übersehen werden. Auch unter Heranwachsenden gibt es Vielseher, die zwischen drei und fünf Stunden täglich fernsehen. Unter meiner Klientel machen die Vielseher weniger als 10 % aus. Auch die sendereigene Medienforschung geht von diesem Anteil bei den 3- bis 13jährigen Heranwachsenden aus. Vielsehende Kinder – die Mehrzahl setzt sich im Rahmen meiner Beratungstätigkeit aus der Altersgruppe der 9- bis 13jährigen zusammen – weisen den Medien aufgrund besonderer Lebensumstände eine herausragende Bedeutung zu. Vielsehen ist deshalb nicht allein eine Frage der Quantität. Von vielsehenden Kindern kann man dann sprechen, wenn der Medienkonsum andere Aktivitäten ausschließt und unmöglich macht. Wenn Medien anfangen, im Alltag von Heranwachsenden die herausragende Rolle zu spielen, dann kann man gefühlsmäßige und psychosoziale Probleme auf Dauer nicht ausschließen, dann gewinnen Medien eine Bedeutung, die ihnen nicht zusteht. Mit den Medien wollen die Heranwachsenden ihr brüchiges Selbstbewußtsein kompensieren, ihr Alleinsein betäuben. Vielseherei bei Kindern ist deshalb ein Hilferuf, den es zu hören gilt. Stigmatisierungen dieser Kinder als Glotzer oder Fernsehsüchtige helfen kaum, treiben sie oft weiter in die Abhängigkeit.

Doch dürfen die Vielseher, ihre Nöte, Probleme und Gefährdungen den Blick nicht von jenen 90 % ablenken, die mehr oder minder (selbst-)bewußt mit den Medien umgehen. Auch das schließt Übertreibung und Maßlosigkeit nicht aus und sollte durchaus pädagogische Eingriffe nach sich ziehen. Vielmehr geht die Medienvielfalt mit einer Aktivitätenvielfalt einher. Je bewußter Heranwachsende mit Medien umgehen, desto bewußter pflegen sie auch andere Aktivitäten. Und je stärker der Medienkonsum in einen festen Rahmen von Freundschaften und unmittelbaren Tätigkeiten eingebunden ist, um so weniger kann er sich verselbständigen.

Um den Medienumgang der Kinder zu bewerten, reicht es mithin nicht aus, diesen nur unter quantitativen Gesichtspunkten (Wie lange? Wie oft? Was wird gesehen?) zu bewerten. Entscheidender ist, wofür dieser steht. Und wird das Fernsehen dazu benutzt, sich dem Alltag und seinen Vergnügungen zu entziehen, dann ist *eine* Sendung schon zuviel, weil sie als Flucht mißbraucht werden kann. Wird das Fernsehen dagegen als Ergänzung genutzt, eingebunden in eine Vielfalt des Lebens, kann es ebenso unterhaltend wie bildend sein.

«Das ist mein Lieblingsheld»

Was Kindern am Fernsehen gefällt

Kinder sind Experten, die spüren, fühlen oder wissen, warum sie auf bestimmte Sendungen «abfahren», sich anderen, manchmal noch so «gutgemeinten» verweigern. Und Kinder schauen nicht wahllos. Von Sendungen, von denen sie sich «verschaukelt» fühlen, wenden sie sich ab. Einige kurze Ausschnitte aus Gesprächen, die ich mit 6- bis 9jährigen Heranwachsenden führte, veranschaulichen das.

Jannik, 7 Jahre: «Mir gefällt die Familie Feuerstein. Das war früher schon so wie bei uns heute. Die Eltern waren komisch, und die Kinder haben alles durcheinandergebracht. Also, ich kann mich kaputtlachen, wenn Papa Feuerstein mal wieder nicht weiß, was zu tun ist. Nur meine Mama, die versteht solche Sendungen nicht, die sagt, wenn ich mal frech bin, das kommt nur, weil ich das gesehen habe. Und wenn ich dann nicht aufräume, sagt sie, es gibt keine Familie Feuerstein. Aber ich räum dann ja auch nicht auf. Ich geh zu Jan, zu meinem Freund, und guck das dort. Und wenn ich dann zurückkomm, hat sie aufgeräumt. Das war schon in der Steinzeit so.»

Sophie, 9 Jahre: «Also Zeichentrick mag ich nicht so. Das geht mir zu schnell. Und meistens wird doch dort nur geschlagen und geprügelt. Das find ich blöd. Es reicht mir, wenn die Jungs in der Schule so sind. Ich find Lassie oder Black Beauty gut. So Tierfilme jedenfalls, wo's um Abenteuer geht. Vor allem Black Beauty mag ich. Ich will bald ein Pferd haben. Pferde sind gut, die verstehen Menschen. Ich hab schon den ‹Pferdeflüsterer› gesehen. So was will ich auch mal können. Aber irgendwie war mir der Film dann doch zu lang. Deshalb mag ich Black Beauty lieber, das ist spannender, und da weiß ich, daß das gut ausgeht.»

Raffael, 8 Jahre. «Wenn Krimis für Kinder kommen, dann schalt ich ein. Und ich hab die auch schon auf Video. Am liebsten so ‹Emil und die Detektive› oder ‹Kalle Blomquist›. Die sind spannend, weil man da mitdenken muß. Und es sind eben die Kinder, die die Bösen jagen. Das ist spannender als Hausaufgaben machen. Manchmal denken wir uns selber Fälle aus und lösen sie dann.»

Stephanie, 7 Jahre: «Deshalb mag ich auch Enid Blyton. Da sind wir Kinder die Starken, und die Erwachsenen spielen nur Nebenrollen. Und ich weiß schnell, worum es geht. Und irgendwie ist das nicht so übertrieben wie bei manchen blöden Zeichentrickfilmen. Da weiß man doch immer, was kommt. Das ist total blöd, das interessiert mich nicht. Robert, mein Bruder, der ist neun, der guckt das immer. Der findet das gut. Aber ich glaub, der findet das nur gut, weil ich das nicht mag. Der findet nämlich, Enid Blyton sind Mädchenfilme. So ein Blödsinn.»

Sylvia, 9 Jahre: «Clarissa mag ich gerne schauen. Die redet so, wie

Anke, 7 Jahre: «Das ist Samson aus der Sesamstraße. Der ist lustig und hat eine Hängematte. Und der macht auch Streiche. Neulich hat er mal die Schuhe von einer Frau auf den Boden geklebt, und dann konnte die nicht weg.»

ich's mich nicht trauen würde – höchstens in der Phantasie. Wenn ich mal wieder Ärger mit Papa oder Mama hab. Dann möchte ich auch so reden. Und dann ist Clarissa ein freches Mädchen. Sonst sind die Jungen im Fernsehen immer nur frech und die Helden. Also, Clarissa ist absolut cool. Erwachsene kommen nicht gut weg. Aber sonst sind ja auch immer die Kinder die Dummen im Film, und die Großen wissen alles. Hier ist es mal umgekehrt.»

Malte, 8 Jahre: «Meine Eltern sagen, ich guck mir jeden Scheiß an. Stimmt gar nicht. Ich guck mir nur an, was mich interessiert. Also die Turtles oder He-Man find ich ätzend. Gut, manche Sprüche oder Tricks und so, die find ich schon absolut lässig. Aber, wenn wir die mal sagen, dann schütteln Erwachsene den Kopf. Aber sonst sind solche Serien nur langweilig. Ich schau mir das nur an, wenn's nichts anderes gibt, oder ich weiß nicht, was ich machen soll. Irgendwie

Regina, 6 Jahre: «Ich find Bud Spencer so toll, weil der so stark ist. Und dann, weil der so gut kämpfen kann. Der ist wie mein richtiger Papa, weil der auch lustig ist und nicht soviel verbietet.»

sind die nicht spannend. Und auch nicht richtig echt. Daraus kann ich doch nichts lernen. Und so doof wie in diesen Serien stellen sich die Bösen doch auch nicht an. Nicht mal unser beknackter Nachbar, der immer gleich meckert.»

Patrick, 6 Jahre: «So was wie He-Man schau ich mir auch nicht an. Aber so Serien von früher, so Ivanhoe oder Prinz Eisenherz, das seh ich schon. Die kämpfen für das Gute und sind für die Kinder und die Armen. Solche Menschen müßte das heute auch geben, dann geht's uns Kindern besser, und wir hätten mehr Spielplätze und so was. Oder wie Robin Hood, so einer möchte ich auch sein, der für die Umwelt kämpft. Robin Wood, hab ich mal gehört, Robin Wood gibt's ja, die sind für die Umwelt und die Tiere und so. Solche Filme, die will ich schon sehen. Da weiß ich auch, die Guten gewinnen, aber wie die dann gewinnen, das ist spannend.»

Benedikt, 6 Jahre: «Ja, deshalb mag ich die Schlümpfe. Bei denen passiert nichts. Und die lassen sich nichts gefallen. Und wenn die mal in Gefahr sind, sind die listig und befreien sich. Also, wenn ich mal im Bett liege und da ist so'n komisches Geräusch, und ich denk, jetzt kommt ein Einbrecher, dann denk ich, was würden die Schlümpfe machen, und irgendwie fällt mir was ein. Mein Papa ist sauer, wenn bei ihm mal was nicht klappt, und wenn ich dann sag: ‹Papa Schlumpf hat immer was auf Lager›, dann guckt er böse. Dann wird er wütend und schreit: ‹Schlümpfe! Schlümpfe! Ich kann das Wort schon nicht mehr hören.›»

Thomas, 7 Jahre: «Früher, als ich noch kleiner war, da mochte ich Lucky Luke nicht. Ich hab das nicht verstanden. Aber nun find ich die Sprüche cool. Absolute Klasse. Meine Eltern mögen das nicht, weil die denken, bald rede ich auch so. Tu ich aber nicht, höchstens, um die zu ärgern.»

Diese Gesprächsausschnitte machen eines deutlich: Erwachsene und Kinder gehen mit ganz unterschiedlichen Sichtweisen an Fernsehsendungen heran. Erwachsene versuchen, die Faszination des Fernsehens zumeist und ausschließlich auf die Bilder («Damit sind sie überfordert»), auf Themen («Muß denn immer soviel Gewalt enthalten sein?») zu reduzieren, oder sie konzentrieren sich auf Klischees in den Darstellungen («Also, wie die Männer dargestellt werden, immer groß und stark, und dann die Frauen als Dummchen»).

Um nicht mißverstanden zu werden: Kritik an Fernsehsendungen ist unabdingbar und notwendig. Leichtfertig wird solche Kritik allerdings, wenn nur mehr *über* das Fernsehen und dessen vermutete Wirkung auf Kinder spekuliert wird. Das hat problematische Vereinfachungen und verkürzte Zuschreibungen zur Folge. «Mir ist nun klar», so ein Vater nach dem Anschauen einer «Pumuckl»-Folge, «warum mein Sohn schon seit Wochen so komisch redet.» Oder, wie eine Mutter resümiert: «Nachdem meine Tochter Bud Spencer gesehen hat, will sie nur noch Bohnen essen und furzen.»

Dabei machen die angeführten Äußerungen von Kindern ganz anderes deutlich. Kinder gehen mit vielfältigen, erfreulichen wie verunsichernden Alltagserfahrungen, mit einem mehr oder minder ausgeprägten medienbezogenen Vorwissen, mit präzisen oder weniger klaren Vorstellungen an Sendungen heran. Und eine Fernsehheldin wie die «Biene Maja» ist für Kinder ebenso wenig abstrakt wie sie Superman gleichgültig läßt. In ihnen finden sich Kinder mit ihrer Vielfalt an Wünschen, Träumen und Sorgen wieder. Denn das, was Kinder aus einem Fernsehidol für sich herausholen, wie sie dieses Idol für sich vereinnahmen, hat häufig mehr mit den eigenen Erfahrungen zu tun als mit den Absichten, die ein Drehbuchautor oder Regisseur hineingelegt hat.

Ich unterschätze keineswegs mögliche Prägungen durch das Fernsehen, sei es bei der Festlegung von Geschlechtsrollen oder der Sichtweise von Welt. Und natürlich ziehen die filmischen Gestaltungsmittel – die Einstellungen, Schnitte, Geräusche oder die Musik – gefühlsmäßig in den Bann. Doch umgekehrt klopfen die Kinder Filme auf emotionale Wirkungselemente ab und wählen danach aus. Zweifellos haben «Pumuckl» und «Pipi Langstrumpf», die «Mumins» und die «Schlümpfe», haben «Tom & Jerry» und die «Simpsons», «Knight Rider» und «Gute Zeiten, schlechte Zeiten» festgelegte Dramaturgien und Charaktere, über die die Kinder im vorhinein wissen: Die Helden und Heldinnen kennen weder zeitliche noch räumliche Grenzen, sie setzen Logik und Sinn außer Kraft, sie stellen die Wirklichkeit auf den Kopf und sagen vermeintlichen Autoritäten den Kampf an.

Hinter Beurteilungen wie «Das ist lustig» oder «Das war spannend» – höchstes Lob für Filme aus dem Munde eines jungen Kritikers – verbirgt sich nicht Sprachlosigkeit. Die Statements geben vielmehr Hinweise auf Tagträume, auf Wünsche nach einer spielerischen Überwindung von Wirklichkeit, auf Nervenkitzel und selbstbestimmtes Abtauchen in Phantasiewelten. Zweifellos liegt hier eine Gefahr. Denn je eintöniger, je begrenzter und je reglementierter sich die Nah- und Umwelt für die Heranwachsenden darstellt, um so wichtiger werden Tagträume. Und wenn die in der Wirklichkeit nicht geträumt werden dürfen, dann bleiben die Medien: Sie gestatten auf Knopfdruck ein schier grenzenloses Hineinversetzen in die Bilder- und Hörwelten.

List und Stärke, Magie und Technik

Die Fernsehidole der Kinder verkörpern Mut, List, Stärke und Phantasie. Sie dienen ihnen als Spiegel für Wünsche und Träume. In sie können Kinder hineinlegen, was der Alltag nicht oder nur in Grenzen zuläßt, was man sich selber nicht getraut, wie man sein möchte, oder die Figuren stellen auf liebenswürdige Weise eigene Schwächen vor.

Samson aus der «Sesamstraße» verkörpert das ungelenke, tolpatschige Prinzip, er benimmt sich wie der berühmte Elefant im Porzellanladen und ist trotzdem für jeden Streich zu haben. Er erweckt Mitgefühl, geht es ihm doch nicht selten so wie denjenigen, die vor dem Fernsehapparat sitzen, die über ihn oder mit ihm lachen.

Clarissa, Heldin der gleichnamigen Serie, die sich an ältere Kinder wendet, bietet vielen Mädchen Identifikationsmöglichkeiten. Und obgleich manche Szene schrill daherkommt, manch überzogene Situationskomik enthalten ist, greift die Serie doch Alltagsprobleme einer Heranwachsenden auf, ihre Auseinandersetzungen mit den Eltern, die ständigen Konflikte mit den Geschwistern, das nervende Einerlei im Zusammenleben. Clarissa revoltiert, mischt den Alltag auf, benimmt sich daneben und entlarvt so manche Angepaßtheit ihrer Mitmenschen. Clarissa überzieht, macht überdeutlich, geht manchmal bis an den Rand des Erträglichen. Und gerade durch die schier grenzenlose und doch gezielte Übertreibung trägt sie dazu bei, daß Kinder die Normalität durchscheinen sehen, um sich – wenn vielleicht auch nur für die Dauer einer Sendung – über sie zu erheben.

Und auch Cartoons wie die «Schlümpfe», die «Mumins» oder «Lucky Luke» – um nur einige zu nennen – haben mehr mit kindlichen Alltagserfahrungen zu tun, als mancher Erwachsene meint, der sich nur oberflächlich auf die Actionszenarien dieser Serien einläßt. Seine Helden und Heldinnen bearbeiten auf eine symbolische Art und Weise alltägliche Ohnmachtsgefühle, indem sie Heldengestalten vorführen, die sich mit Witz, Phantasie und Humor zu behaupten wissen, die sich nicht alles gefallen lassen, weil sie ständig neue Einfälle haben, die aber – falls das Maß an Eintönigkeit voll ist – mit Tricks und Sprüchen Chaos stiften, die Welt der Erwachsenen aus den Angeln heben, mit List und Tücke die intellektuellen Machtansprüche von Erwachsenen außer Kraft setzen.

Gerade die Aufhebung einer alles dominierenden Logik, ja die überlegene Kraft der (kindlichen) Phantasie macht letztlich die Faszination vieler Zeichentrickserien aus – ob sie nun «Tom und Jerry», «Der rosarote Panther», «Schweinchen Dick», «Familie Feuerstein», «Wickie» oder «Biene Maja» heißen.

Während letztere Serie von vielen Erwachsenen noch akzeptiert ist («Natürlich wäre es besser, die Kinder würden das Buch lesen!»), werden andere Cartoons vehement abgelehnt. Stellvertretend sei hier «Tom und Jerry» genannt – bei den Kindern beliebt, bei manchen Erwachsenen gefürchtet. Zeichentrickserien wie «Tom & Jerry» geraten wegen des ständigen Kampfes zwischen der Katze und der Maus in den Verdacht, für aggressive und gewalttätige Verhaltensmuster verantwortlich zu sein. Und manche Kinder tun nahezu alles, um solch ein (Vor-)Urteil der Erwachsenen zu bestätigen: Da wird nicht nur während der Sendung getobt, mitgelacht, lauthals kommentiert oder herumgesprungen. Auch nach der Sendung finden sich lautstarke Nacherzählungen wieder, die von einem ungeheuren Bewegungsdrang untermalt sind. «Tom & Jerry» macht eben etwas mit den Kindern: Die Sendung erregt, zieht in den Bann, verunsichert, macht emotional betroffen. Und gleichzeitig benutzen viele Kinder die Sendung. Sie lassen sich erregen und in den Bann ziehen, sie verlangen nach gefühlsmäßigem Nervenkitzel, sie zittern und fiebern mit der Maus und haben doch wieder Mitgefühl mit der Katze, wenn sie zum wiederholten Male der List der Maus unterlegen ist. Doch bleibt die symbolische Auseinandersetzung meist im Rahmen jenes Maßes an Erträglichkeit und jener Grenzen, die Kinder sich selber setzen und deshalb aushalten können.

Ähnliches gilt für «Knight Rider». Was bei den Kindern hellstes Entzücken hervorruft, löst bei vielen Erwachsenen Kritik und Grausen aus. Solch pauschale Ablehnung stößt bei Kindern wiederum auf wenig Verständnis. Dabei enthält die Serie – und man könnte auf andere Nachmittags- oder Vorabendserien wie «Baywatch», «A-Team» verweisen – jene Zutaten, die ein schmackhaftes «Fernsehmenü» entstehen lassen: Die Filmhandlung ist geradlinig, die Anzahl der Personen überschaubar. «Knight Rider»-Fans ist schnell klar, worum es geht: Ein Mann (!) kämpft gegen das Unrecht. Und ebenso eindeutig ist, wer das «Gute» und wer das «Böse» verkörpert. Hinzu kommt ein attraktiver Vorspann, eine eingängige Musik, die die Handlung unterstützt. Zwar begeben sich die Helden immer in gefährliche Situationen, aber sie kommen ohne Schrammen wieder heraus – dank List, Überlegenheit, Kraft und einem Schuß Magie. Michael Knight ist ein elektronischer Märchenheld, überlebensgroß und unverwundbar. Die Konflikte, die er löst, sind niemals konkret, sind der kindlichen Erfahrungswelt mehr oder minder fremd. Aber die Botschaft des «Sich-bewähren-Müssens» oder des «Sich-Findens» gilt auch für Kinder auf einer bestimmten Lebensstufe. Insofern fühlen sie sich auch angesprochen.

Faszination üben zudem einzelne Gegenstände und Personen aus, Einzelheiten der Handlung sind dagegen meist unwichtig. Eine herausragende Bedeutung kommt dem Auto zu. KITT, der automobile Begleiter Michael Knights, ist eine Mischung aus Magie und Technik, die reden, programmieren und vor allem selbständig handeln und fahren kann. Aus der Sicht von Kindern konterkariert Michael Knight durch seinen Lebensstil und sein Auto die Wirklichkeit. Der

Held hat keine Langeweile, immer ist bei ihm etwas los, ständig kann er sich auf neue Dinge, muß er sich auf neue Abenteuer einlassen, ohne daß ihm wirklich Grenzen gesetzt werden. Und wenn es Grenzen gibt, dann sind sie nur dazu da, überwunden zu werden.

Wer Serien wie «Knight Rider» allerdings ausschließlich als vordergründige Action abtut, vergibt sich die Chance, mit den Kindern über deren Genre-Vorlieben in ein Gespräch zu kommen. Erwachsenen muß nicht alles gefallen, was Kinder fasziniert. Und Erwachsene können ruhig deutlich ihre Meinung über die Sendungen oder einzelne Szenen sagen. Das erleichtert den Kindern die Suche nach Eigenständigkeit. Nur müssen solche Einwände so formuliert werden, daß sie Kinder nicht verletzen. «Was schaust du dir dort für einen Blödsinn an» als Kommentar zu «Knight Rider» trifft nicht die Sendung, sondern das Kind mitsamt seinen Gefühlen, die es in den Helden hineinlegt. Formulierungen wie «Ich finde die Sendung völlig überzogen» oder «Ich mag diesen Kerl einfach nicht» können von Kindern angenommen werden und zu einem Gespräch oder einer Auseinandersetzung führen.

Denn Kinder sind keineswegs so unkritisch, wie Erwachsene gerne behaupten. Kinder haben Qualitätsansprüche, die – wenn sie nicht eingelöst werden – eine vehemente Sendungskritik ebenso nach sich ziehen, wie einen Abbruch der Rezeption (z. B. den Raum verlassen, ausschalten oder im übrigen Fernsehprogramm herumzappen). Dies gilt insbesondere für Zeichentrickserien, mit denen Fernsehsender ihre Programme gerne füllen. Kinder lassen sich nicht jeden Serien-«Schrott» gefallen. Vor allem billig gemachte oder vordergründige, auf Action abzielende Filme wie «He-Man», «Turtles» oder die diversen Serien über Weltraumschlachten finden keinesfalls die ungeteilte Zustimmung des Kinderpublikums. Während allenfalls witzige Sprüche und technische Spielereien kurzfristig faszinieren, reagieren Kinder auf Dauer allergisch auf das Einerlei aus Kampf, Schlägerei, Gut-Böse- und Schwarzweißklischees. Überstarke, omnipotente Helden werden auf Dauer ebenso langweilig wie ein Kampfverlauf, bei dem die Konfliktlösung schnell absehbar ist. Und Kinder haben ein Gespür dafür, ob die Auseinandersetzung auf einer symbolisch-witzigen Ebene (wie bei «Tom & Jerry») bleibt oder in Brutalität umschlägt und zum Selbstzweck wird. Verkennt man diese Fähigkeiten der Kinder, versperrt man sich den Zugang zu ihnen.

Sehen mit Augen und Ohren

Gespräche über Fernsehsendungen können verdeutlichen, wie selbstverständlich Kinder das Nebeneinander von Anspruch und Kitsch akzeptieren. Dabei unterscheiden sie sich gar nicht von vielen Erwachsenen, die sich beim Fernsehen auch Tagträumen hingeben oder sich mit Schmachtfetzen unterhalten lassen.

«Ich mag», so die 6jährige Nina, «Lassie, weil er Menschen rettet, oder auch Pferdefilme, weil die Pferde manchmal reden können. Pumuckl ist witzig und hat so schöne rote Haare. Ja, und dann macht er noch so lustige Streiche. Und dann finde ich KITT noch toll. KITT kann fliegen und sprechen und auf zwei Rädern fahren.»

«Manchmal», erzählt der 9jährige Paul, «denke ich, die das Fernsehen machen, meinen, die Kinder sehen alles und lassen sich alles gefallen. Aber das stimmt nicht. Wenn etwas spannend ist, schau ich was. Aber vieles ist nur langweilig. So Filme, wo sie im Weltall kämpfen, das ist doch immer der gleiche Mist. Das ist langweilig. Warum bringen die nur so was? Ich glaube, die das Fernsehen machen, haben manchmal wirklich keine Ahnung von Kindern.»

Kinder haben ein Gespür für Qualität – nur legen sie andere Maßstäbe an Filme als Eltern. Während diese dem perfekt gemachten Walt-Disney-Film nachtrauern, «Siebenstein» oder die «Bettkantengeschichten» als das Nonplusultra bewerten, interessiert viele

Kinder vor allem, daß die Geschichten, die Dramaturgien stimmen und die Helden wie Heldinnen authentisch handeln und Spannung vermitteln. Da stehen dann die «Sendung mit der Maus», der «Pumuckl» oder eben auch der Disney-Club neben der «Biene Maja», «Heidi» oder «Wickie».

Während die Walt-Disney-Produktionen Vollanimationsfilme sind, bei denen jedes Einzelbild mit kleinsten Bewegungsveränderungen neu gezeichnet und aufgenommen wird, bleibt bei der Teilanimation, die man in der «Biene Maja» oder «Heidi» sehen kann, ein Großteil der Einzelbilder unverändert. Nur die Extremitäten der Figuren werden neu gezeichnet. Und viele Bewegungen täuscht man nur noch durch Kamerabewegungen vor. Hinzu kommt in den letzten Jahren ein Trend zur Computeranimation, die ästhetische Ausdrucksmöglichkeiten erheblich beschneiden kann und so den Eindruck des immer wieder Gleichen verstärkt. Die Computeranimation geschieht vor allem aus wirtschaftlichen Gründen, um die weltweit gestiegene Nachfrage nach Cartoons schneller und billiger zu befriedigen. Doch ist dies zweifellos die Perspektive des Erwachsenen und des Kritikers. Und sie gilt für die Billigproduktionen. Daß Computeranimation auch zu interessanten Ergebnissen führen kann, zeigen einige europäische Produktionen.

Für Kinder zählt, ob ihre Erwartungen an den Zeichentrickfilm eingelöst werden. Sie legen Wert auf den übermächtigen, witzigen Helden, der spannende oder lustige Abenteuer erlebt. Genauso wichtig sind die hörbaren Elemente eines Films – also die Musik, die Geräusche und die Sprache. Sie ziehen Kinder nachhaltig in den Bann, rufen Gefühle wach, lassen die Kinder – im wahrsten Sinne des Wortes – zittern und mitfiebern. Eine Zeichentrickserie oder einen Abenteuerfilm ohne Musik und Geräusche wird sich kein Kind «antun», oder es wird die Produktion nach kurzer Zeit ausschalten. Ein Film wird von Kindern eben nicht nur *gesehen*, ein Film wird *gehört*, *gespürt*, schlichtweg *erlebt*. Dies um so intensiver, je mehr Sinne er *zugleich* anspricht. Jeder Fernsehzuschauer oder Kinobesucher hat dies schon einmal am eigenen Leibe erlebt: Beim Happy-End wird nicht nur geküßt, da schluchzen die Geigen, und wenn der «Böse» in einem Krimi seine Schandtaten vollbringt, hört man Schritte, eine dunkle Musik, und die Treppe knarrt. Es ist eben unmöglich – so einst ein Slogan –, von Alfred Hitchcock nicht gefesselt zu werden. Er war ein Meister darin, Geräusche und Musik so einzusetzen, daß man sich vom Filmgeschehen nicht lösen konnte.

Sehen und Hören gehen bei der kindlichen Filmrezeption ein unauflösliches Gemenge ein. Dabei kommt dem Gehörsinn eine herausragende Rolle zu. Geräusche und Musik werden von Kindern weniger distanziert wahrgenommen als optische Reize. Hörbare Signale sind weniger eindeutig und scharf ausgeprägt. Um dies an einer Situation zu verdeutlichen: Wenn man in einem dunklen Zimmer ein unbekanntes Geräusch hört, macht man das Licht an, um sich Eindeutigkeit und Distanz zu verschaffen.

Beim Hören liegt das Schwergewicht auf dem Gefühl, beim Sehen überwiegen Klarheit und Rationalität. So halten sich viele Kinder bei

spannenden Szenen zuerst die Ohren, dann erst die Augen zu oder verlassen den Raum, um sich vollends zu distanzieren.

Erwachsene bewerten Filme zunächst danach, was die Bilder zeigen. Kinder empfinden Filme ganzheitlich und beurteilen Sendungen wie Serien deshalb auch anders. Daraus entstehen zentrale Mißverständnisse. Zugespitzt formuliert heißt das: Erwachsene und Kinder nehmen Filme unterschiedlich wahr. Und daraus folgt: Was für Erwachsene bei einer Fernsehsendung ein Problem sein kann, muß für Kinder keines sein, weil sie es übersehen. Und was für Kinder eine gefühlsmäßige Bedrohung ist, muß für Erwachsene keine sein, weil sie diese überhören.

Mein Rat an Eltern: Stellen Sie sich einmal mit dem Rücken zum Fernsehapparat, dann hören Sie, was ein Kind wahrnimmt, und Ihre Augen lenken Sie nicht von Musik und Geräuschen ab. Das Film-Erleben der Kinder wird durch das Hören aufgebaut. Denn Kinder hören nicht nur mit den Ohren, Kinder spüren Schallwellen eher als Erwachsene auch über die Haut und die Knochen. Manch helle Töne erregen eine Gänsehaut, während die dunklen Töne in die Knochen gehen. Und so ist es denn nicht weiter verwunderlich, wenn jene Filme und Serien, von denen sich die Kinder umfassend und ganzheitlich angesprochen *fühlen*, in der Beliebtheitsskala ganz oben stehen.

«Ist das auch der Grund dafür», so fragt Renate Schulz, Mutter zweier Kinder, «daß meine Kinder, wenn sie ihre Lieblingssendung gesehen haben, wie verrückt herumtoben und herumschreien?»

Gerade bei Sendungen, die Kinder heftig erleben, hat der Geräuschpegel bei Nachspielen, die im Anschluß an eine Sendung stattfinden, Orkanstärke. Hier wird das, was fasziniert hat, ausgelebt und ausgedrückt – sehr zum Mißvergnügen von Eltern und anderen Erwachsenen, die diesem Treiben ratlos gegenüberstehen.

Gibt es eine kindgerechte Fernsehdramaturgie?

«Kinder sind verraten und verkauft. Die haben keine Chance gegen die Wucht des Fernsehens. Ich finde das immer mehr bestätigt: Das Fernsehen ist nichts für Kinder! Fernsehen ist absolut nichts! Die sind völlig überfordert!»

So oder ähnlich lauten die elterlichen Kommentare, zum Filmerleben der Heranwachsenden. Ich will dem nicht generell widersprechen, gibt es doch Heranwachsende, die sich mit dem Fernsehen gefühlsmäßig schlichtweg überfordern. Denn eines gilt nach wie vor: Das Begreifen von Welt, etwas auf den Begriff zu bringen, setzt bei den Kindern unmittelbares Begreifen der Wirklichkeit und der Gegenstände voraus. Das heißt nun nicht, Fernsehsendungen für Kinder abzuschaffen, Kinder vor den Medien zu beschützen oder zu bewahren. Vielmehr müssen sie einen sinnvollen Umgang mit der Filmkunst *erfahren* und *erleben*.

Kinder müssen – je nach Alters- und Entwicklungsstand – erproben, wie sie das Fernsehen (und andere Medien) gebrauchen können. Und deshalb sind Eltern und Pädagogen, Produzenten und Programmverantwortliche, Redakteure und Autoren gleichermaßen gefragt. Denn zweifelsohne hat auch die Dramaturgie eines Films oder einer Serie Einfluß darauf, ob Kinder überfordert werden oder ob sie die Chance einer gefühlsmäßigen Distanzierung erhalten.

Bei Actionfilmen, die auf eine Rettung in letzter Sekunde zielen, wenden Kinder sich kaum ab. Sie sitzen nahezu unbeweglich da, aber es vollzieht sich eine immense innere Bewegung: Die Augen sind aufgerissen, die Hände werden gefaltet und geknetet, die Lippen aufeinandergepreßt. Die Kinder sind eben nicht passiv, wie immer wieder behauptet wird; sie sind aufs höchste angespannt! Sie hängen Träumen nach, sie fiebern mit, sie nehmen Anteil! Und so ist es nicht weiter verwunderlich, wenn sich die aufgestaute Spannung im nachhinein in überzogener Lautstärke und starkem Bewegungsdrang entlädt.

Demgegenüber gibt es Sendungen, die eine kindgerechte Dramaturgie versuchen. Aber «kindgerecht» ist nicht immer das, was Erwachsene dafür halten. Heranwachsende verstehen unter «kindgerecht» anderes: nicht belehrende Besserwisserei, langweilige Einstellungen, betuliche Bilder oder einen womöglich onkelhaften Ton. Serien wie «Achterbahn», «Hals über Kopf», «Clarissa» oder «Abenteuer in der Karibik», Kinderkrimis wie «Emil und die Detektive», «Kalle Blomquist» oder «Enid Blyton», Cartoons wie «Die Schlümpfe», «Familie Feuerstein», «Simpsons» oder «Die Biene Maja», Vorschulsendungen wie «Die Sendung mit der Maus» oder «Sesamstraße», Magazine in Bilderbuchmanier wie «Käpt'n Blaubär» oder «Disney-Club» bieten Unterhaltung und Vergnügen, nehmen aber zugleich kindliche Gefühle ernst. Solche Sendungen sind nicht auf den großen Spannungsbogen mit dem abschließenden Happy-End ausgerichtet. Sie bestehen aus mehreren kleinen Spannungsbögen, zwischen denen sich die Kinder entspannen können. Das wird durch den sparsamen Einsatz von Geräuschen, Musik und Sprache noch unterstützt, so daß die Möglichkeit zur Distanzierung bleibt. Die hörbaren Gestaltungselemente sind enthalten, ohne daß die Kinder überfordert werden. Denn nicht das still und starr vor dem Fernseher sitzende Kind stellt das Ideal dar. Nur ein Kind, das während des Sehens Aktivitäten zeigen darf, wird in der Lage sein, mit den gefühlsmäßigen Herausforderungen von Fernsehsendungen produktiv umzugehen.

«Aber das heißt dann doch», meint Frau Berger, «ich muß mir dauernd Fernsehsendungen anschauen, bevor ich sie gestatte, und dann will ich doch manchmal, da bin ich ganz ehrlich, meine Ruhe haben, wenn ich den Kindern 'ne Fernsehsendung gestatte. Dann sag ich schon mal: ‹Na, jetzt gibt's doch 'ne Sendung, die wollt ihr sehen.› Ich hab dann zwar ein schlechtes Gewissen, aber wenigstens habe ich meine Ruhe. Und nun meinen Sie, Ruhe ist gar nicht gut!»

Man muß nicht alles, was Kinder gerne sehen möchten, selbst angeschaut haben. Das sollte nur für jene Sendungen gelten, bei denen Unklarheiten bestehen, Kinder auffallende Reaktionen zeigen oder sie die Unterstützung von Erwachsenen wünschen. Bedenken Sie aber: Auffallende Reaktionen müssen nicht unbedingt sichtbar und hörbar sein, auffallende Reaktionen können sich auch in stiller, innerer Bewegung und absoluter Ruhe, ja Starrheit ausdrücken.

Frau Bergers Bemerkung fördert einen weiteren Aspekt des kindlichen Fernsehverhaltens zutage: die so häufig beklagte Passivität. Zweifelsohne legt manche Dramaturgie kindliche Tätigkeit still, läßt aus dem Sehen atemlose Stille und angespanntes Schweigen werden. Aber kindliche Passivität beim Fernsehen ist eben auch ein Resultat von Erziehung: Nebentätigkeiten der Kinder werden nicht selten mit dem Satz «Was willst du, willst du nun fernsehen oder spielen?» unterbunden, ohne daß sich Eltern über den Sinn und Zweck kindlicher Aktivitäten beim Fernsehen im klaren sind.

«Ich mag nichts Neues im Fernsehen. Ich mein, woran ich nicht gewöhnt bin. Also muß ich schon wissen, wie der Film ausgeht», so Karsten, 8 Jahre.

Und Jan ergänzt: «Spannend muß das schon sein. Ich mein, fast könnte das ja auch mal schlecht ausgehen. Aber dann gewinnt Michael Knight eben doch!»

Sabine, 7 Jahre: «Und dann sind noch die Filme schön, also die im Schlaraffenland spielen. Also die, wie das Märchen eben ist. Wie bei Pippi Langstrumpf ... Also manchmal wird's mir auch bei der zu spannend. Das halte ich dann fast nicht aus ... Wie bei Momo neulich. Das war mir fast schon zu gruselig.»

Und der gleichaltrige Jürgen fährt fort: «Ich muß immer wissen, wer der Böse ist und wer der Gute. Das muß immer gleich klar sein. Und der Böse hat meistens eine laute und gefährliche Musik. Der Gute sieht eben gut aus. So gut eben, das weiß ich; und dann weiß ich, dem kann gar nichts passieren. Wie bei Pumuckl oder Tom & Jerry!»

Kinder haben ihre Qualitätsansprüche an Sendungen, die man mit den Etiketten Überschaubarkeit und Erleben umschreiben kann.

Kinder wollen von ihren Lieblingssendungen gefühlsmäßig mitgerissen werden. Doch um das auszuhalten, brauchen sie Verläßlichkeit und Sicherheit, die ihnen ein vertrauter dramaturgischer Rahmen bietet. Solch ein Rahmen besteht aus acht Elementen, die den Kindern besonders wichtig sind:

1. Da existiert zunächst einmal der Wunsch nach einem klaren, *überschaubaren* Aufbau der Sendung. Die mit den Sendungen einhergehenden Spannungen sind für viele Kinder nur dann erträglich, wenn ihnen der dramaturgische Ablauf bekannt ist. Dazu gehört der Vorspann («Der ist bei Michael Knight fast besser als die richtige Sendung!»), die Haupthandlung und der Nachspann («Meist fangen wir dann schon an zu reden oder zu spielen!»).
2. Die Haupthandlung weist einen Spannungsbogen auf, der mit dem Happy-End schließt. Diese Spannungsbögen sind unterschiedlich gestaltet. Einige Sendungen laufen auf das spannende Finale, die Rettung in letzter Minute hinaus, andere haben eine Wellendramaturgie mit kleineren Spannungsbögen, die es dem Kind ermöglichen, für kurze Zeit aus der Handlung auszusteigen oder sich entspannenden Nebenaktivitäten zu widmen.
3. Kinder sind auf das *gute Ende* angewiesen. Ein offener Schluß kann zu erheblichen Verunsicherungen führen, die noch lange Zeit nach Filmende andauern können. Das Kind versucht, offene Spannungsbögen zu Ende zu phantasieren oder zu deuten, wobei es sich mit dem unsicheren Schicksal des Helden identifiziert. Je realistischer, je nachvollziehbarer sich die Gefahr für das Fernsehidol darstellt, um so intensiver wird sich das Kind damit beschäftigen. Und je stärker es sich in einen Helden oder eine Heldin hineinversetzt, um so heftiger können die gefühlsmäßigen Reaktionen im nachhinein sein.

Fortsetzungsserien, die jeweils im Moment höchster Spannung abbrechen, oder Sendungen mit offenen Schlüssen sollten Eltern nur gefühlsmäßig gefestigten Kindern zumuten. Ästhetisch überzeugende Zeichentrickserien wie «Als die Tiere den Wald verließen» waren deshalb für manche Kinder ängstigend, weil die einzelnen Folgen am Ende offenblieben, die Kinder mithin im unklaren über das Schicksal der Serienlieblinge ließen.

4. Kinder favorisieren ein *überschaubares Personal.* So werden manche Serien (z. B. die Weltraum-Cartoons) wegen der verwirrenden Zahl von Darstellern abgelehnt. Dies vor allem dann, wenn Zuweisungen wie «gut» oder «böse» nicht möglich sind. Beliebt ist eine Konstellation, die neben den Haupthelden einen oder mehrere Nebenhelden stellt (z. B. Biene Maja und Willi, Emil und seine Detektive etc.). Während der Hauptheld («So wie Biene Maja werd ich nie, aber so möchte ich wohl sein!») die grandiose, alles überragende Persönlichkeit darstellt, in die man Träume und Wünsche hineinlegen kann, kann man sich am Nebenhelden («Willi ist fast so wie ich. Das kann ich auch sein. Nur wie der so spricht, so blöd red ich nicht!») abarbeiten. Der Nebenheld verkörpert die Wirklichkeit, ist mit vielen, ganz menschlichen und nachvollziehbaren Fehlern und Schwächen behaftet und trotzdem liebenswürdig.
5. Der «weiche» Zeichenstil wurde von Walt Disney erfunden. Weich kann man mit rund gleichsetzen: der runde Kopf, der runde Körper, die großen runden Augen und Pupillen. Diese Weichheit löst positive Assoziationen und Gefühle aus. Malen Kinder ihre Lieblingshelden, nutzen sie wie selbstverständlich auch runde Formen. Und umgekehrt: Stellen Kinder Figuren dar, die ihnen nicht geheuer sind, so arbeiten sie eher mit eckigen Formen, die negative Gefühle symbolisieren.
6. *Bewegung, Action* ist für Kinder besonders wichtig. Mit Sätzen wie «Da ist etwas los» beschreiben sie dieses für sie bedeutsame Gestaltungsprinzip. Zweifellos mögen Kinder Verfolgungsjagden und Wettrennen – je rasanter, je spektakulärer, desto besser. Gleichwohl muß alles ein erträgliches Maß haben. Und verlaufen solche Bewegungsmuster – wie bei den zahlreichen, armselig inszenierten Weltraumschlachten (z. B. «He-Man» oder «Captain

Future») – allzu stereotyp, werden sie vehement abgelehnt. Den Kindern kommt es nicht allein auf äußere Bewegungsmomente an, sie wollen auch nachvollziehen, warum ihr Held so handelt. Deshalb ist die Darstellung innerer Bewegungsabläufe für Kinder so bedeutsam. Bleiben diese ausgespart, fühlen sich Kinder nicht ernstgenommen. Allen Vorurteilen – oder sollte ich sagen Vorverurteilungen – von besserwisserischen Pädagogen und Kritikern zum Trotz: Die Leichtigkeit, mit der Serien wie «Die Schlümpfe» oder Traditionskrimis wie «Emil und die Detektive» Kinder faszinieren legt nahe: Nicht aufgesetzte Action ist für Kinder entscheidend, eine subtil aufgebaute Spannung und Dramatik zieht die Heranwachsenden ungleich stärker in den Bann.

7. Kinder brauchen ein räumliches und zeitliches Koordinatensystem, eine Kulisse als Orientierungsmoment, um Held und Handlung zu verorten – dabei ist es egal, ob es sich um erfundene oder reale Orte handelt, also Bullerbü, ein bayerisches Mietshaus, das Berlin der 20er Jahre, die Alm in den Alpen oder ein Wikinger-Schiff bieten Bezugspunkte.
8. Die «Hörwelt» der Bilder: *Sprache, Musik und Geräusche*: Je mehr Sinne ein Film anspricht, um so intensiver wird er von Kindern erlebt, um so mehr lassen sie sich in den Bann ziehen. Und: Je mehr Sinne ein Film bei einem Kind zugleich anspricht, desto spannender, witziger und lustiger wird er empfunden.

Vor allem jüngere Kinder weisen den hörbaren Gestaltungselementen eine besondere Bedeutung zu. Sie sind mitentscheidend dafür, daß ein Filmerleben aufgebaut wird. Insbesondere Geräusche und Musik, die die Handlung begleiten, sie unterstützen, aber auch erweitern, sind wichtig. Auffallend ist allerdings eine andere Tendenz: Gerade viele billig gemachte Zeichentrickserien leben mit einem Geräusche- und Musik-Inferno, das von der Armseligkeit der Handlung ablenken soll.

Mit den Fernsehstars den Alltag bewältigen

Von neuen und alten Idolen

«Tom & Jerry» oder der Sieg der Kleinen

Carlo und Rolf, neun und elf Jahre alt, kommen gegen halb sechs in das Haus gestürmt, laufen in die Wohnküche. «Nun mach schon», ruft Carlo, «das hat schon angefangen.» Mit «das» ist Tom & Jerry

gemeint. Carlo hat schon beim Frühstück seine Tante genervt, indem er ihr immer wieder von der Sendung erzählen wollte. Beide Jungen sitzen vor dem Fernsehgerät, noch etwas außer Atem, jeder auf seinen Stuhl gekauert. Carlo hat die Füße auf dem Stuhl. Er trampelt hin und wieder vor Begeisterung. Rolf hält mit beiden Händen ein Glas mit Saft fest. Große Augen, aufgerissene Münder, kurze Kommentare wie «Ui», «O Mensch», wenn die Maus in Gefahr gerät. Lachen, Freude, Schreien, Gejohle oder kurze Anfeuerungsrufe, wenn die Maus verliert. Mit den Worten «Was ist denn hier los!» kommt Frau Schneider, Rolfs Mutter, ins Zimmer, stellt sich vor das Gerät. «Hau ab», schreit Rolf, «hau sofort ab.» Er hält sich erschrocken den Mund zu, als er das ungläubige Gesicht der Mutter sieht. – «Du bist gemein», ruft Carlo. – «Wenn hier nicht sofort Ruhe ist, fliegt ihr raus, sofort! Carlo, Füße untern Tisch!» Frau Schneider verläßt den Raum, um ihre Arbeit fortzusetzen. Beide Kinder werden im Nu wieder von der Sendung gefangengenommen, sind nur wenig leiser als vorher, im Gegenteil: Als die Sendung vorbei und die Katze zum wiederholten Mal der List der Maus unterlegen ist, fangen beide an, vor Vergnügen mit den Händen auf den Tisch zu klopfen. «Komm, laß uns schnell die Mücke machen», meint Rolf. Beide rennen nochmals zum nahen Fußballplatz.

Ich habe später alle drei Beteiligten zu einem Gespräch über die Situation zusammengeholt und gebe davon einige Ausschnitte wieder.

Mutter: Also ich versteh das nicht, warum ihr euch das anseht. Ihr seid doch nur aufgedreht und macht Theater.

Carlo: Das ist doch nur lustig.

Mutter: Was ist daran lustig? Wenn die sich weh tun?

Rolf: Erstens ist das ein Film, und zweitens tun die sich nicht wirklich weh.

Mutter: Aber du hast neulich auch die Katze in den Kühlschrank eingesperrt.

Rolf: War doch nur Spaß.

Mutter: Spaß, jetzt hört's aber auf.

Rolf: Na ja.

Mutter: Und dann hast du gesagt, daß du das von Tom & Jerry hast.

Rolf: Dann schimpfst du wenigstens weniger, nicht auf mich, sondern auf das Fernsehen.

Mutter: Also, ich weiß nicht mehr ...

Carlo: Aber Jerry weiß immer was. Der läßt sich nicht unterbuttern ... Der bleibt immer Sieger ...

Rolf: ... wie der da den Tom ... (macht eine Bewegung, als ob er eine Fliegenklatsche in der Hand hält) ... boing, boing, boing ... (Carlo grinst, beide lachen, die Mutter schaut verständnislos). So klein war die.

Mutter: Ich find das nicht gut.

Rolf: Ich find's aber gut, deine Sendungen mag ich auch nicht. Nur ich mecker dann nicht immer.

Carlo: Eltern sind gemein. Immer müssen die meckern und uns den Spaß verderben.

Unterschiedlicher kann eine Bewertung kaum sein: Die Mutter stellt reale Bezüge zum Alltag her, macht keinen Unterschied zwischen einem Zeichentrick- und einem Spielfilm. Die Kinder sehen dagegen in «Tom & Jerry» eine *symbolische*, eine spielerische Auseinandersetzung mit eigenen Themen, zum Beispiel den Ohnmachtsgefühlen, die für den Alltag so gang und gäbe sind. «Tom & Jerry» lebt vom Gegensatz zwischen groß und klein, gut und böse, hinterlistig und listig. Die Brutalität, mit der sich «Tom & Jerry» manchmal bekämpfen, die Freude, mit der Kinder das genießen, gibt einen Einblick in deren Gefühl von Unterlegenheit und ihren Wunsch nach Umkehrung dieses Verhältnisses.

Bei «Tom & Jerry» – wie auch bei anderen Cartoons (z. B. «Die Simpsons», «Hey Arnold», «Familie Feuerstein» oder «Wickie») – reagieren Kinder von innen heraus. Entweder sitzen sie still und gespannt da, mit offenem Mund und offenen Augen. Möglicherweise haben sie Finger und Daumen im Mund. Oder Lachen und Freude platzen aus den Kindern heraus, wenn sich die Spannung entlädt, die Katze schon wieder verliert. Immer passiert das Unerwartete und Unvorhergesehene – nur eines passiert nicht: daß Tom, die Katze, gewinnt. Der Film bleibt deshalb erträglich, weil er für die Kinder keine realen Probleme (z. B. Krach mit der Mutter, Zoff mit dem großen Bruder etc.) benennt: Vielmehr geht es um eine – den Kindern aus dem Märchen bekannte – symbolische Auseinandersetzung, in der es nicht um Vernunft und Differenzierung, vielmehr um eine Aufhebung von Logik und Naturgesetzen geht. Und um ein schablonenhaftes Schwarzweißdenken. Dies entspricht zunächst der Weltwahrnehmung jüngerer Kinder: Sie sind gut oder böse, stark oder schwach, klug oder dumm, oben oder unten. Und ähnlich bewerten sie auch die Mitmenschen: Entweder stellen sie sich als gut (Märchenheld) oder böse (wildes Tier, die Hexe), als beschützend (die gute Mutter) oder verfolgend (die Stiefmutter) dar. Sprache spielt bei «Tom & Jerry» – wie bei vielen anderen Zeichentrickfilmen – eine untergeordnete Rolle bei Konfliktlösungen. Nicht um Logik geht es, vielmehr um ein Ausleben früher Formen der Wahrnehmung von Welten und der sehr direkten «Lösung» von Problemen.

Witzig, lustig oder spannend finden Kinder ihre Filme. Sie stehen für einen ganzen Bedeutungshorizont, den vor allem Jüngere nicht weiter begründen können oder wollen. Wie sollen Kinder, vor allem dann, wenn sie von Filmen auf einer vorsprachlichen Stufe angesprochen werden, über Gefühle erzählen – es sei denn, man hat es mit einem rational geschulten, psychologisch ausgebildeten Kind zu tun. Dann könnte ich mir diesen (hoffentlich fiktiven!) Dialog vorstellen:

Vater/Mutter: Warum siehst du dir das immer an? Das ist doch nur Gewalt. Und du bist dann so aufgeregt. Warum tust du dir das an?

Kind: Ihr wißt ganz gut, daß ich mich in einer Phase der frühkindlichen Weltwahrnehmung befinde. Ich brauche diese Filme momentan. Ich muß mich mit euch auseinandersetzen, um über eure einseitige Bewertung zu einer differenzierten Einschätzung zu kommen ...

«Warum»-Fragen helfen Eltern und Pädagogen kaum, um Hintergründe jener Faszination zu erkunden, die Zeichentrickfilme – aber nicht nur sie – ausüben.

«Aber», so insistiert Frau Schneider nochmals, «aber ich muß es doch wissen. Es ist für mich beunruhigend, wenn Rolf über diese Gewaltszenen lacht.»

Drei Handlungsmöglichkeiten scheinen mir – immer ein gefestigtes Kind vorausgesetzt – möglich:

- Zunächst einmal eine gelassene (nicht gleichgültige!) Reaktion auf die Vorlieben des Kindes, die mit einer persönlichen Bewertung der Sendung (und nicht des fernsehenden Kindes: z. B. «Was guckst du dir da für einen Mist an!») und ihrer Themen verbunden sein kann. Eine differenzierte Kritik wie «Ich mag solche Sendungen nicht!» kann ein Kind (wie jeder andere Mensch auch!) eher annehmen als Pauschalkritik.
- Die Sendung und Vorlieben für konkrete Szenen sollen als Zeichen des Kindes genommen werden, sich mit seinen Träumen, Wünschen oder auch aggressiven Gefühlen auseinanderzusetzen. Diese Auseinandersetzung findet für jedes Kind immer und immer wieder statt – so lange, bis es Fähigkeiten entwickelt hat, in einer altersangemessenen Art und Weise Macht- und Ohnmachtsgefühle zu bearbeiten, bis es gelernt hat, Konflikte mit Sprache und nicht mit Schlägen zu beenden.
- Und schließlich: Die Beliebtheit von «Tom & Jerry» deutet auch darauf hin, wie wichtig es für Kinder ist, sich an den «Großen», den Autoritäten, zu reiben. Je mehr diese sich aber im Alltag widerstandslos zurückziehen, Reibungen vermeiden, desto bedeutsamer werden Serien und Sendungen, die diese Reibungsflächen

bieten. Da wird dann die Katze zum Stellvertreter für reale Personen, die man besiegen kann. Und zugleich kann man die Eltern mit seiner Vorliebe für «Tom & Jerry» «herrlich», so Jan, «auf die Palme bringen».

«Biene Maja» und der Wunsch nach Selbständigkeit

Sonja, 4 Jahre, malte im Abstand von mehreren Wochen ähnliche Bilder, die sich durch den Größenunterschied zwischen den beiden Figuren auszeichneten. Immer war eine große hinter einer kleinen Biene her. Sonja zeichnete zunächst die kleine Biene, dann die größere und achtete darauf, daß der Kontakt zwischen den beiden Figuren sehr eng war. Geriet der Abstand zu weit, benutzte sie Pinselstriche, um die Berührung zwischen der großen und der kleinen Biene herzustellen.

Erst nach dem dritten Bild war Sonja zu einer Erklärung bereit: Das ist die Biene Maja. Dahinter ist die Königin. Die ist dabei. Und Maja reißt immer aus. Die fliegt immer weg. Die will was erleben. Abenteuer. Bei Biene Maja ist immer was los, weit weg fliegt die. Aber die kommt ja doch zurück. Da braucht die Königin keine Angst haben.

Frage: Ich kenn Biene Maja nicht so gut. Kommt da eine Königin vor?

Sonja: Weiß ich nicht. Doch manchmal schon. Aber jedes Kind braucht doch eine Mutter, die aufpaßt.

Worauf?

Daß einem nichts passiert. Da passiert so viel, sagt meine Mutter.

Was passiert?

Ja, wenn wir nicht aufpassen auf der Straße oder so. Da gibt uns einer Süßigkeiten, und dann passiert was Schlimmes.

Wie ist das mit der Maja?

Sonja, 4 Jahre: «Das ist die Biene Maja. Dahinter ist die Königin. Die ist dabei. Und Maja reißt immer aus, die fliegt immer weg. Die will was erleben. Abenteuer. Bei Biene Maja ist immer was los, weit weg fliegt die. Aber die kommt ja doch zurück. Da braucht die Königin keine Angst haben.»

Na ja, der passiert ja nichts. Das ist ja auch 'n Film, und der muß weitergehen.

Ist die Königin wie deine Mutter? Kann sie das sein?

Meine Mutter ist netter und schöner, aber aufpassen tut sie noch viel mehr.

Wieso?

Ich darf nie, was die Biene Maja darf, herumfliegen und so.

Wie meinst du das?

Ich soll aufpassen, vorsichtig sein. Oder ich darf nicht alleine weg. Dabei paß ich doch auf. Aber manchmal find ich meine Mutter gut. Und manchmal nervt sie auch wieder ganz schön.

Das Bild entstand im Zusammenhang mit einer Elternberatung in einem Kindergarten. Ich legte das Bild Sonjas Mutter vor und bat um ihre Deutung. Als sie das Bild sah, sagte sie sofort: «Die Große bin wohl ich.» Sie erzählte mir von ihrer «Macke», sich sehr intensiv um Sonja zu kümmern:

«Als sie ein halbes Jahr war, habe ich mich getrennt und habe die ganze Zeit ein schlechtes Gewissen und denke, ich muß das wiedergutmachen und dann auch noch allein beweisen, ich schaff das auch so. Ich kann da nicht aus meiner Haut.»

Sonjas Mutter lebt allein, arbeitet ganztags als Sekretärin und hat noch eine zweite Tochter, die acht Jahre älter als Sonja ist. Sonja hat einen sehr durchstrukturierten Tagesablauf. Sie wird morgens zum Kindergarten gebracht, geht nachmittags zu ihrer Großmutter, hat daneben aber noch weitere Termine pro Woche, z. B. den Flöten-, den Ballett- und den Gymnastikkurs.

Wenn Sonjas Mutter nach Hause kommt, kümmert sie sich intensiv um die Tochter. Auch gemeinsames Fernsehen, gemeinsames Spielen oder Vorlesen gehören dazu. Sonja bricht häufig aus dieser verordneten Nähe aus, sucht Distanz.

Sonjas Mutter: «Ich kann da nicht mit umgehen. Ich pack das nicht, wenn sie mich nicht will.» In der letzten Zeit ist es immer häufiger zum Streit gekommen, weil Sonja «unbedingt ihren Kopf durchsetzen will. Und wenn sie ihren Bock hat, dann geht sie in ihr Zimmer und nimmt sich ihre Maja.» Sonja hat eine Maja-Kuschelpuppe, der sie immer alles erzählt. «Neulich habe ich ihr die Sendung verboten, weil sie frech war. Aber das war natürlich Eifersucht, weil dieses scheußliche Tier sich zwischen uns drängt.»

Sonja brachte mir eines Tages die Puppe mit in den Kindergarten.

Du erzählst ihr viel?

Alles. Das ist meine beste Freundin. Die weiß alles über mich. Der kann ich alles anvertrauen.

Sie ist immer da, wenn du willst? Und wenn du nicht willst, dann liegt sie wohl in deinem Bett?

Auf dem Sofa liegt sie und paßt auf.

Spricht die Puppe denn auch zu dir?

Ich zu ihr! Die hört nur zu!

Kann es sein, daß die Mama so sein sollte wie die Maja auf deinem Arm?

Sonja grinst und nickt zaghaft: «Mama will immer alles von mir wissen. Wenn ich nach Hause komm, dann muß ich immer alles erzählen. Und wenn ich was Gefährliches sag, was passiert ist, dann meckert sie immer gleich, ich soll vorsichtig sein.»

Sonja versucht, sich aus der Umklammerung ihrer Mutter zu lösen, selbständig zu werden. Die «Biene Maja» zeigt ihr Eigenständigkeit, lebt ihr Unabhängigkeit vor. Die Figur in der Fernsehserie weiß, wo sie zu Hause ist; hat die Sicherheit, die ihr der Freund Willi bietet. Trotzdem fliegt sie fort, sucht sie Abenteuer, um sich zu beweisen und sich zu finden.

Wenn Sonja sich mit der «Biene Maja» identifiziert, so stellt die Beziehung keine direkte Übernahme des vorgestellten Modells dar. Sie übernimmt das, was sie braucht. Und Sonja findet sich immer dann in der «Biene Maja» wieder, wenn sie ihre eigenen Erlebnisse und Gefühle, ihre Wünsche nach Distanz in einer für sie annehmbaren Weise zum Ausdruck gebracht sieht. Sonja besetzt die «Biene Maja» mit eigenen Erfahrungen. Sie spielt Lösungsmöglichkeiten durch. Dabei hält sie die Balance zwischen der inszenierten und ihrer realen Welt. Unterstützung bietet ihr dabei das Spiel mit der Puppe. Hier vermag Sonja ihre Wünsche und Phantasien im wahrsten Sinne des Wortes zu *begreifen*. Im Kontakt mit der Puppe kann sie ihre Frustrationen in einem Raum, den sie sich selbst gestaltet, ausdrücken und Lösungsmöglichkeiten durchspielen. Sonja vergleicht ihre Erfahrungen mit den Fernsehszenen, arbeitet sich daran ab und versucht, dies auf eine praktizierbare Weise umzusetzen.

Gemeinsam mit Sonja und der Mutter haben wir nach Möglichkeiten gesucht, die Eigenständigkeit der Tochter zu unterstützen. So

 wollte Sonja gerne allein in den Kindergarten gehen, der ohne Gefahr vom Haus der Familie zu Fuß zu erreichen war. Zudem sollte die Mutter ihrer Tochter mehr selbstbestimmte Zeiten und Räume gestatten, sie nicht mehr so stark, z. B. in Form des alltäglichen Rechenschaftsberichts, kontrollieren.

Nach vier Wochen berichtete die Mutter, daß Sonja die «Biene Maja»-Sendung schon zweimal verpaßt hatte: «Früher hätte das Tränen gegeben!» Sonja hatte zudem ihrer Puppe erzählt, daß sie jetzt genauso schöne Abenteuer erleben werde wie im Film, nur sei alles «viel toller in der Wirklichkeit». Da Sonja das, was die Biene Maja für sie darstellte, nun wirklich umsetzen konnte, verlor die filmische Ersatzheldin an Bedeutung. Gleichwohl blieb die «Biene Maja» nach wie vor eine Freundin, die Sonja nicht missen mochte. Als ich Sonja ein Jahr später wiedertraf, hatte sie immer noch ihre «Biene Maja»-Kuschelphase: «Der erzähle ich jeden Tag meine Abenteuer oder meine Sorgen. Die hört ganz geduldig zu.»

«Pumuckls» Sprache als Protest

Michael, 5 Jahre, fiel einer Erzieherin dadurch auf, daß er «immer nur noch wie Pumuckl redet. Der verdreht alle Wörter. Fast wie von heute auf morgen geschah das.» Michaels Mutter, Frau Geiger, eine Grundschullehrerin, bestätigt dies in einem Gespräch:

«Der redet nur noch Quatsch, er reimt oder quiekt herum. Fürchterlich, diese Sendung, daß es solche Auswirkungen haben kann, hätte ich nie gedacht. Und dabei ist das doch eigentlich eine ganz gute Sendung.»

Sie bat darum, mich einmal mit Michael zu unterhalten. Als ich auf ihn zuging, um mit ihm über den Pumuckl zu reden, waren seine ersten Worte: «Hihaho, du wirst mit mir nicht froh.» Er grinste und verschwand.

Wenn ich in der Nähe war, schlüpfte Michael immer in die Rolle Pumuckls, reimte, dichtete, verdrehte Sätze und Worte. Einige Kin-

Ralf, 6 Jahre: «Pumuckl macht immer Streiche und verbotene Sachen. Und hält sich nicht daran, was Meister Eder sagt. Und dann kann er sich unsichtbar machen. Ich will mich auch wegzaubern, wenn ich Ärger mit Mama hab. Und dann kann er machen, was er will, aber er macht auch das, was er nicht darf. Neulich hatte er Geburtstag, da hat er viele Sachen bekommen.»

der machten mit, hatten allerdings nicht jene Ausdauer und jenen Eifer, den Michael an den Tag legte. Es war äußerst kreativ, wie er mit den Worten und Ausdrücken umging. Dabei konnte er sich gut verständigen. Auffällig war, daß er den Pumuckl nur spielte, wenn die Erzieherinnen oder ich in seiner Nähe waren.

Ansonsten war er still, flüsterte oder redete normal. Wenn ich ansetzte, mich mit ihm über «Pumuckl» zu unterhalten, besetzte er die Figur mit seinen Phantasien und Wortspielereien:

Hast du gestern Pumuckl gesehen?

Ja, haha: Nein, Wein, dein, mein!

Versteh ich nicht!

Verstehen! Aufstehen! Weggehen!

Du bist ja ein kleiner Pumuckl!
Pumuckl, du Huckl, Suckl, Nuckl!

Als ich zwei Tage später wieder in den Kindergarten kam, stand Michael mit einer Erzieherin zusammen. Er war gerade dabei, sie durch seine Reime «aufzuziehen». Ich stellte mich dazu: «Morgen, gute Schulte, Frau: haste, biste, Kiste, wie, was, das!» Sie schaute mich völlig verstört an, ich zuckte mit den Schultern und sagte: «Wie, was, das!» Immer wenn ich nun in seiner Nähe war, redete ich in Silben und Reimen. Michael benutzte dann mit Vorliebe seine Pumucklsprache weiter. Eines Tages schlug er plötzlich vor: «Rede richtig, ich versteh dich nicht.» Ich hatte einen kleinen Zettel vorbereitet, den ihm eine Erzieherin vorlas: «Ich bin verzaubert. Ich spreche nur eine Zaubersprache. Nur du kannst mich durch einen Zauberspruch erlösen, den du erfinden mußt.» Michael zog sich zunächst zurück, kam aber nach einiger Zeit wieder und begann zu reimen. Ich schüttelte den Kopf, redete in meiner ihm nicht zugänglichen Sprache. Am nächsten Morgen dann sagte Michael einen langen Zauberspruch. Ich antwortete: «Guten Morgen, Michael.» Er strahlte: «Du kannst ja reden. Und ich kann auch reden, aber nur, wenn du da bist. Das ist unser Geheimnis.» Wir kamen allmählich ins Gespräch, und ein zentraler Satz dabei war: «Pumuckl redet so schön quatschig, den versteht keiner. Mich soll auch keiner verstehen.»

Der Rest der Geschichte ist schnell erzählt: Michael weihte seinen Vater in unser Geheimnis ein. Herr Geiger erzählte mir daraufhin, daß er und seine Frau schon früh auf «richtiges Sprechen und Diskutieren» Wert gelegt hätten. Michael steht mit seinem sprachlichen Vermögen weit über den Möglichkeiten der anderen Kinder. Er kann sich – gemessen am Alter – «gewählt» und äußerst differenziert ausdrücken. Seine Eltern führen die sprachlichen Kompetenzen ihres Sohnes bei allen außerhäuslichen Gelegenheiten stolz vor, zu Hause wird er aber immer wieder verbessert, sobald er sprachliche Fehler macht.

Für mich hat Michaels Zaubersprache mehrere Funktionen, die in einem gemeinsamen Gespräch mit den Eltern herausgearbeitet werden. Michael erkennt sich in Pumuckl wieder. Dieser verdreht und verzaubert die Welt nicht nur durch sein Wesen, sondern zugleich durch seine Sprache. Die Realität Pumuckls soll auch Michaels Wirklichkeit werden. In dem Maße aber, wie die Eltern Pumuckl ablehnen, grenzt sich Michael gegenüber den Eltern ab. «Sein» Pumuckl liefert ihm Argumente und Szenarien, in denen sich seine innere Situation widerspiegelt. Da die Eltern ihm sprachlich überlegen sind, redet er in der ihm eigenen, den Eltern unzugänglichen Sprache. Unabhängig davon verfügt Michael über ungewöhnliche sprachliche Kompetenzen. Er wird von seinen Eltern gefördert und gefordert. Seine sprachlichen Fähigkeiten sind dabei aber weniger Ausdruck von Selbständigkeit und Autonomie. Die Eltern benutzen (eher ungewollt) seine Fähigkeiten, um sich zu spiegeln, aber auch dazu, Michael spüren zu lassen, wie sehr er auf sie angewiesen ist. Erst als er sich in Pumuckls Sprachwelt flüchtet, findet er einen ganz eigenen Weg: Durch seine Sprachspiele beweist er Eigenständigkeit und grenzt sich ab. Zaubersprache und Reime sind nicht Sprachverlust oder gar Aufgabe seiner sprachlichen Vielfalt. Sie dokumentieren vielmehr Reife, sind Zeichen dafür, mit Sprache eigenständig umzugehen.

Ich machte Michaels Eltern den Vorschlag, sich mit ihm auf seine Zaubersprache einzulassen. Beide waren einverstanden und nahmen ihren Sohn mit seinen Sprachspielen an. Pumuckl blieb noch eine Zeitlang Michaels Held, hatte er ihn doch dabei unterstützt, sich mit den Eltern auseinanderzusetzen und zu einer sprachlichen und persönlichen Identität zu gelangen. Und als die Eltern meinten, «damit durch zu sein, denn er fing wieder an, normal zu reden, da fängt das mit diesem Knight Rider an. Fürchterlich», so die Mutter, «und das gefällt jetzt auch noch meinem Mann. Ich glaube, der läßt sich jetzt zu sehr auf Michael ein.»

«Heidi» und die eigenen Konflikte

Beate, fünf Jahre, zieht sich schon seit einigen Wochen, sobald sie morgens in den Kindergarten kommt, in die Spielecke zurück. Sie nimmt sich eine kleine Puppe, die sie «Heidi» nennt, und inszeniert Gespräche, die über Wochen hinweg in immer gleichen Wiederholungen verlaufen. Beate schlüpft dabei in verschiedene Rollen.

Beate: «Mutter muß jetzt gehen, hörst du.»
Heidi: «Warum kannst du nicht bleiben?»
Beate: «Aber das habe ich dir doch gesagt.»
Heidi: «Aber was hast du mir gesagt?»
Beate: «Aber Heidi. Das weißt du doch.»
Heidi: «Mußt du gehen?»
Beate: «Ich hab's dir doch gesagt. Ich muß arbeiten, und du mußt hierbleiben. Du bist doch schon ein großes Mädchen.»
Heidi: «Ich möchte nicht, daß du gehst.»
Beate: «So, Heidi, nun sei schön brav und bleibe hier. Heute abend bin ich wieder da.»

In anderen Spielen beschimpft «Heidi» ihre Mutter, klagt sie an oder hat Wutausbrüche. Die von Beate gespielte Mutter reagiert mit großer Geduld, zugleich aber mit einer penetranten Betulichkeit. Beate kommt zudem regelmäßig zu ihrer Erzieherin, um sich aus einem «Heidi»-Buch vorlesen zu lassen. Dabei verlangt sie immer nach zwei Auszügen, in denen es um Trennung und Wiederkehr geht, darum, wie Heidi mit dem Alleinsein fertig werden muß. Beates Mutter erzählt, daß ihre Tochter auch zu Hause ein «Heidi»-Rollenspiel inszeniert. Eine Videokassette aus der «Heidi»-Zeichentrickserie sieht sie sich täglich zwei- bis dreimal an. Beates Mutter beobachtet mit wachsender Sorge, wie die «Fernseh-Heidi» das alltägliche Handeln und Spielen ihrer Tochter bestimmt.

Auf einem Elternnachmittag erzählt Beates Mutter mir, daß sie beabsichtige, wieder zu arbeiten. Dieses Vorhaben hatte sie mit ihrem Mann an mehreren Abenden so besprochen, daß Beate nichts hörte. «Ich wollte sie doch nicht beunruhigen.» Wie sich dann aber im nachhinein herausstellte, hatte Beate einmal Gesprächsfetzen gehört. Auch an den nächsten Abenden lauschte sie an der Zimmertür. Dabei blieb der Eindruck bei ihr hängen: «Mami geht weg, um zu arbeiten. Und dann bin ich allein.» In dem «Heidi»-Film findet Beate sich wieder, und in ihrem Spiel sucht sie nach eigenen Lösungsmöglichkeiten. Als Beates Mutter mit ihrer Tochter im Anschluß an das Beratungsgespräch offen über ihre in Aussicht stehende Berufstätigkeit redet, nimmt die Intensität der Rollenspiele ab. Die Bedeutung von «Heidi» bleibt jedoch über eine längere Zeit bestehen.

Iris, sechs Jahre, setzt sich mit «Heidi» auf eine andere Art auseinander. Sie zieht sich jeden Tag zu Hause mit ihrem Kassettenrecorder zurück, um «Heidi»-Kassetten zu hören. Iris wächst bei ihren Großeltern auf, die Eltern haben sich vor 18 Monaten getrennt. Die Mutter war – nach längeren Auseinandersetzungen – eines Morgens aus der Wohnung ohne Vorankündigung ausgezogen und hatte sich dann vier Monate nicht bei Vater und Tochter gemeldet. Iris kam zu den Großeltern und erfuhr viel Fürsorge, die allerdings bald in Überbehütung umschlug. Über die Mutter wurde in Anwesenheit des Kindes nicht geredet, gleichwohl bekam Iris mit, wenn Großeltern und der Vater die Mutter beschimpften.

Der Kontakt zur «Heidi» wurde zufällig geknüpft. Iris bekam eine Kassette geschenkt. Von diesem Zeitpunkt an war «Heidi» aus Iris' Alltag nicht mehr wegzudenken. Immer häufiger zog sie sich zurück, hörte dabei jene Stellen häufig, an denen Heidi sich mit dem Alleinsein auseinandersetzte.

In meinen Gesprächen mit Iris kommen Haß und Wut auf ihre Mutter («Die soll sterben.» «Die wird von einem Löwen gefressen.») und Ängste vor dem Alleingelassenwerden hoch («Ich bin doch ganz allein.» «Ich muß mir immer selber helfen.» «Keiner kümmert sich um mich.») Wie schon Beate setzt sich auch Iris über die Medien-«Heidi» mit ihrer Situation auseinander, besetzt den Medienstar mit eigenen Phantasien. Aber im Unterschied zu Beate hat das wiederholte Hören bei Iris keinen befreienden Charakter. Der Berg an Sorgen, der vor ihr liegt, wird nicht weniger, Iris bleibt mit ihren Ängsten allein. Nicht eine Veränderung der Situation wird sichtbar, sondern ein zwanghaftes Wiedereintauchen in eine angstbesetzte Situation. Eine wirkliche Problemlösung ist aber so nicht möglich. Iris bleibt in der Welt der «Heidi» verfangen. Erst durch wiederholte therapeutische Gespräche und Spiele gelingt es Iris, sich mit ihren Ängsten vor Verlassenheit und Trennung auseinanderzusetzen. Während dieser professionellen Begleitung bleibt «Heidi» nach wie vor wichtig, gleichwohl gelingt es Iris, ihren Blick auf die sie umgebende Welt zu lenken, um dort zu Veränderungen zu kommen. Sie findet Freunde, die ihr Zuwendung bieten. Und auch den Großeltern gelingt es, Iris nicht überzubehüten, sie vielmehr in einer für sie problematischen Lebenssituation fürsorglich zu begleiten.

Die Lebenssituationen von Beate und Iris zeigen, mit welchen unterschiedlichen Erfahrungen Kinder an Fernsehsendungen herangehen und wie diese Erfahrungen Gefühle prägen. Und es zeigt noch eines: Die Beliebtheit und Bedeutung von «Heidi» bei Kindern gründet auf höchst unterschiedlichen Motiven, die Eltern manchmal gar nicht in den Sinn kommen. Offensichtlich inszeniert «Heidi» Grund- und Konfliktsituationen von Kindern: den Verlust geliebter Personen, Trennungserlebnisse, die Unterdrückung von Gefühlen oder die Auseinandersetzung mit «bösen» Erwachsenen. Aus der Sicht von Kindern werden in «Heidi» Verlustängste oder Loyalitätskonflikte mit Eltern repräsentiert. Viele Kinder wollen «Heidi» deshalb immer wieder sehen, weil Erlebnisse von Trennung und Verlust ein Happy-End haben können. Aber das gilt nur für jene Kinder, die sich in einer festen Eltern-Kind-Beziehung aufgehoben fühlen. Kinder dagegen, die sich ihrer positiven Gefühle zu den Eltern nicht sicher sind, können in ihren Ängsten noch bestärkt werden, in Ängsten zudem, für die es keine Auflösung gibt.

Dann sind zwanghafte Zuwendungsformen durchaus möglich. Einerseits kommt beim Sehen das Gefühl des «Man kann es ja noch schlechter haben» hoch, andererseits weckt der Film «Empfindungserinnerungen», wie sie die Psychologin Zimmermann beschrieben hat. Anders ausgedrückt: Das Kind durchlebt während des Sehens oder Hörens unangenehme Erfahrungen. Es tritt seine Konflikte bzw. dessen Lösung an die Sendung oder die Kassette ab, die aber das Problem nicht wirklich lösen kann. So versuchen die Kinder alles nochmals von vorn, und es kann ein Teufelskreis entstehen.

Bei Kindern, die in problematischen Verhältnissen leben, kritische Lebensphasen durchmachen und gefühlsmäßig leer sind, kann es dann durchaus zu einer nicht enden wollenden Bindung ihrer Probleme, zu einer Abhängigkeit von Medien kommen. Hier erwarten sie die Einlösung ihrer Träume, die ihnen die Wirklichkeit vorenthält. Während z. B. bei Beate absehbar ist, daß sie von den inszenierten Tagträumen bald genug hat, kann z. B. Iris nicht genug davon bekommen. Geradezu süchtig sucht sie ihr Glück in den Wunschwelten der Medien.

Kinder sehen fern

aber anders als Erwachsene

Der 5jährige Markus hat die Sesamstraße gesehen und kommt in die Küche gerannt. Er hält sich die Hände vor sein Gesicht. Seine Stimme klingt gepreßt: «Ich mag den nicht!» Er zittert am ganzen Körper. Seine Mutter: «Was magst du nicht?» Markus: «Den da im Fernsehen!» – «Wen?» – «Den Graf Zahl!» Seine Stimme klingt ängstlich. – «Und warum?» will die Mutter wissen. – «Weil er so komisch redet», antwortet Markus, «und er sieht so gefährlich aus.»

Auf einem Elternseminar meint die Mutter zu mir: «Der Graf Zahl ist doch aus seiner Lieblingssendung. Und aus der Sesamstraße, so hört man, sollen Kinder doch etwas lernen. Aber wenn diese Figur auftaucht, gibt's Theater. Auch wenn ich dabei bin. Dann sagt er: ‹Mama, mach aus!›» Sie schüttelt den Kopf. «Ich weiß nicht, was mein Sohn hat. So gefährlich ist der doch nun wirklich nicht.» Nach einer kurzen Pause fährt sie fort: «Aber Bonanza, das schaut er sich an. Mann o Mann, diese wüste Sendung. Da lacht er und freut sich. Kinder sind schon komisch.»

Als ein Vater das hört, nickt er spontan: «Bei Bonanza oder anderen Western lacht Tim und tobt herum. Da machen ihm die Leichen nichts aus. Auch wenn die Pferde umfallen. Da schaut er kurz etwas verwirrt. Da kam neulich ein schöner Film über Tiere in Afrika. Ich hab den mit Tim gesehen. Ein toller Film über Antilopen. Und dann wurde gezeigt, wie ein Rudel von Löwen ein krankes Tier jagt und zerfleischt. Tim wurde immer stiller, hat nicht mehr gefragt. Ich habe erst spät gemerkt, der war völlig fertig. Dann fing er an zu weinen und war fast nicht mehr zu beruhigen. Und hinterher die Fragerei, das war fast nicht zum Aushalten. Zwei Wochen lang waren nachts Löwen in seinem Zimmer. Tim konnte nicht schlafen, träumte schlecht. Und das von so einem harmlosen Film. Was muß da erst passieren, wenn er wirklich einen ganz schlimmen Film sieht?»

Erwachsene beurteilen die Art und Weise, wie Kinder mit Fernseheindrücken umgehen, manchmal falsch. Halten sie Filme und Serien (z. B. Vorschul- und Tiersendungen) für pädagogisch wertvoll, dann werden sie den Kindern mit gutem Gewissen gestattet. Bei Sendungen mit Gewaltszenen geht nicht selten der Daumen nach unten. Natürlich ist es wichtig, wenn Eltern sich ihrer Verantwortung für das, was die Kinder sehen, bewußt sind und gegebenenfalls eine Sendung streichen. Problematisch wird das Verbot allerdings dann, wenn es theoretisch, losgelöst vom Wissen um das eigene Kind getroffen wird. Denn Filme wirken nicht unabhängig von der Situation *an sich*, sie üben vielmehr ihre Einflüsse auf konkrete Kinder und in nachvollziehbaren Lebenszusammenhängen aus. Und das macht es so schwierig, Wirkungen abzuschätzen.

Filmlesefähigkeit muß sich entwickeln

Die Geschichten über den Umgang mit «Tom & Jerry», «Pumuckl» oder «Heidi» haben anschaulich gezeigt, wie dynamisch und aktiv der kindliche Umgang mit Fernsehthemen sein *kann.* Eltern sollten bedenken: Das kindliche Begreifen von Filmen entwickelt sich allmählich. Wie das Lesen, so muß auch die Filmlesefähigkeit erworben werden. «Viewing Literacy» nennt das die amerikanische Psychologin Greenfield und umschreibt damit die Fähigkeit, visuelle, hörbare und dramaturgische Techniken von Medien zu entschlüsseln und zu deuten. So haben Kinder bis zum 9. Lebensjahr Schwierigkeiten, Haupt- von Nebenhandlungen in Filmen oder räumliche wie zeitliche Handlungsabfolgen zu unterscheiden. Oder sie haben Probleme damit, Kameraeinstellungen (z. B. Großaufnahmen) einzuordnen. Als die 4jährige Anja in einem Tierfilm Ameisen in Großaufnahme sieht, erschrickt sie: «Bei uns sind die viel kleiner, sonst könnten die mich ja fressen. So kann ich unsere im Garten zermatschen.»

Während das Kind beim Lesenlernen auf den Erwachsenen angewiesen ist, kommt diesem beim Erwerb der Filmlesefähigkeit eine nur unterstützende (oder auch hemmende) Funktion zu. Wer die Eigenarten und Besonderheiten im Umgang der Kinder mit Fernsehsendungen unterschätzt, wer ihre Wahrnehmungen vorschnell als unvollkommen bezeichnet, weil sie einiges übersehen oder -hören, der ist ein ungeduldiger und ungerechter Lehrer.

Ich verstehe Eltern schon, wenn sie den Umgang der Kinder mit Fernsehsendungen, der ja nicht selten so ganz anders als der von Erwachsenen ist, mit Sätzen wie «Das können Kinder doch gar nicht verstehen!» kommentieren. Aber den Kindern geht es häufig nicht

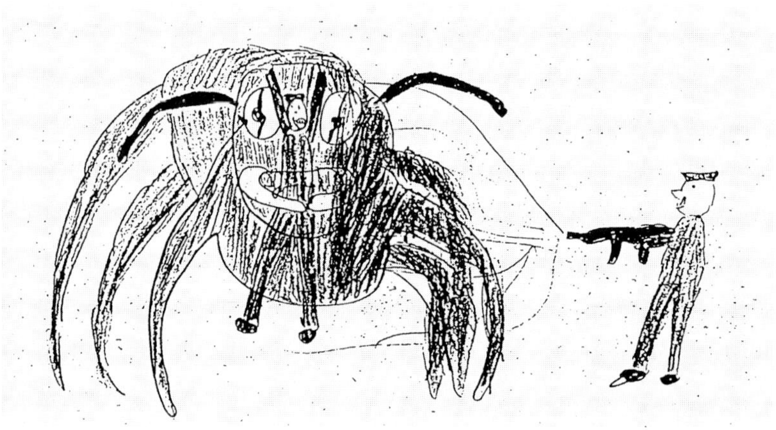

Ben, 9 Jahre: «Ich hab mal 'nen Film über eine Riesenameise gesehen. Und dann hab ich gedacht, was ist, wenn die dich jetzt frißt und packt. Dann bin ich tot. Aber da kommt der Polizist und erschießt die Ameise.»

um das *Verstehen*, vielmehr um das *Erleben* von Sendungen. Während die Erwachsenen nach dem «roten Faden» eines Films suchen, verlangen Kinder nach den ihnen bekannten und vertrauten Strukturen, nach dem Helden, von dem sie wissen, daß er trotz aller Gefahren am Ende siegreich bleibt. Nur weil die Kinder ihre filmischen Formate (z. B. Zeichentrick, Krimi, Abenteuerserien) kennen, können sie sich auf das Filmerleben einlassen. Und dazu gehört das Wissen um das Happy-End, darum daß sich in Cartoon, Krimi oder Tiergeschichte alles zum Erträglichen wendet. Ansonsten bliebe die nackte Angst, die gefühlsmäßige Überforderung und Verunsicherung.

Kinder wollen «ihre» Filme nicht rational verstehen. Dies zeigen ihre Wünsche nach lustigen, spannenden und erregenden Produktionen, ihr Verlangen nach Nervenkitzel. Kinder sind da mit Haut und Haaren beteiligt. Der Körper ist angespannt, die Emotionen fließen. «Da bin ich richtig mitgegangen!» – «Da hab ich gezittert!» – «Da hat mein Herz bis zum Hals geschlagen!» – «Feuchte Hände hab ich gehabt!» – «Mit den Füßen habe ich getrampelt und in die Hände geklatscht!» Diese kurzen Kommentare von Kindern im Anschluß an Filme umschreiben die Gefühle, das (Sich-selbst-)Erleben während des Sehens. Kinder lachen, schreien, kommentieren, gehen – nicht selten im wahrsten Sinne des Wortes – mit. Sie ahmen die Mimik und Gestik von Helden und Heldinnen nach, sie übernehmen deren Bewegungen, lassen sich von Gefühlen anstecken.

Solche (innere) Beteiligung läßt sich an zahlreichen äußeren (körperlichen) Bewegungen festmachen. Sie zeigen, daß im Kind etwas vor sich geht. Der Film macht etwas mit dem Kind – aber das Kind macht daraus genauso seinen eigenen Film, sein ganz persönliches Erleben. Wer Kindern beim Erwerb der Medienkompetenz und bei der Verarbeitung des Gesehenen helfen und sie unterstützen möchte, muß in der Lage sein, vom Kind aus zu denken, um ihm gerecht zu werden, es dort abzuholen, wo es sich emotional befindet. Dann können Eltern Kinder dabei unterstützen, Filmerlebnisse gekonnt und konstruktiv aufzuarbeiten. Das hört sich einfach an, stellt sich in der alltäglichen Praxis aber nicht selten als schwierig dar. Da verkennt man schnell, daß Kinder Situationen manchmal als tragisch und bedrückend empfinden, die bei Erwachsenen nur ein Achselzucken auslösen; da achten Erwachsene auf Bilder (und die darin enthaltenen Grausamkeiten) und überhören die für Kinder so wichtigen Geräusch- und Musiksequenzen, da werden Kinder während des Fernsehens in ihrem Bewegungsdrang «stillgelegt», was gefühlsmäßige Verunsicherungen oder überzogen-lautstarke Spiele nach sich ziehen kann. Und auch das übersehen Erwachsene häufig: Es geht um diese Lieblingshelden oder -sendungen, man kann sie nicht ohne weiteres austauschen. Sie begleiten Kinder meist eine Zeitlang – bis die Kinder andere gefunden oder mit Hilfe von Freunden und Eltern andere Strategien entwickelt haben, ihre Probleme zu bewältigen.

«Aber wenn das so wäre», so nochmals Tims Vater, «dann wäre das mit dem Fernsehen doch nicht so gefährlich. Denn wie Sie sagen, und das leuchtet mir ein, dann sind Kinder gar nicht so passiv. Also kann ich beruhigter sei. Aber gilt denn das für alle Kinder? Man liest doch auch von solchen, die etliche Stunden und mehr vorm Kasten hocken.»

Ob die kindliche Auseinandersetzung mit Fernsehthemen produktiven Charakter erhält, ist nur nachrangig eine Frage der Dauer, es ist vielmehr eine Frage der Motivation und der Qualität des Fernsehgebrauchs. Das Fernsehen wird dann zum Ersatz für Spiele und Gespräche, wenn die Wirklichkeit (z. B. die Familie, die Freunde) diese dem Kind vorenthält.

«Aber woran erkenne ich, ob mein Kind nicht in Gefahr ist, doch zuviel fernzusehen?» fragt Markus' Mutter mit einem sorgenvollen Unterton. «So einfach ist doch die Gefahr einer Fernsehsucht nicht aus der Welt zu schaffen. Ich denke, lieber früher die Grenzen zu setzen als zu spät. Aber das gibt auch wieder Krach. Ich hab da häufig den Eindruck, daß das, was ich mache, nie richtig ist.» Markus' Mutter hat recht. Die Flimmerkiste erschwert zweifelsohne Kindererziehung – vor allem auch, weil es keine Patentrezepte, schon gar nicht den einzig richtigen Weg gibt. Und schneller, als man denkt, befindet man sich in einer Sackgasse. Möglicherweise können drei Gesichtspunkte helfen, einen Weg zu beschreiten, der Eltern wie Kindern gleichermaßen hilfreich ist:

- Wer akzeptiert, daß Kinder und Erwachsene Filme unterschiedlich wahrnehmen, läuft nicht so schnell Gefahr, Probleme zu sehen, die Kinder gar nicht haben.
- Für Kinder ist das Fernsehen ein ganzheitliches Erlebnis. Sie wollen Sendungen nicht verstehen, sie wollen sie fühlen. Unterdrückt man Erleben und Gefühle, nimmt man den Kindern viel von dem, was die Faszination ihrer Filme und Serien ausmacht.
- Voraussetzung für ein Gespräch mit Kindern über deren Fernsehvorlieben ist ein aktives, nicht Kinder reglementierendes Zuhören. Wer als Erwachsener alles besser weiß, wird von Kindern nicht als Partner ernst genommen. Ihm gelingt es dann nicht, Kinder darin zu unterstützen, eine Filmlesefähigkeit zu erwerben.

Vier Kinder sehen «Biene Maja» – Protokolle über Fernseherleben

Kinder lieben besonders Filme, die ihre Wünsche nach Gefühl und Erleben einlösen. Was Eltern zu Widerspruch reizt und verunsichert, empfinden Kinder als prickelnd. Bleibt die Frage, warum action- und emotionsgeladene Sendungen für Kinder so bedeutsam sind und welche Bedürfnisse und Erwartungen sie eingelöst sehen wollen. Um dies so konkret und anschaulich wie möglich zu beantworten, greife ich auf vier Fernsehsituationen zurück, in denen sich Kinder eine Folge aus der Serie «Biene Maja» (mit dem Titel «Die Biene Maja als Ersatzameise») ansehen. Diese Zeichentrickserie kann als Beispiel einer Sendung gelten, die bei Kindern seit Mitte der 70er Jahre hoch im Kurs steht, weil sie eine verträgliche Mischung aus Spannung, Abenteuer, Witz und Happy-End bietet.

Karola ist Einzelkind. Sie sieht wenig fern («etwa vier bis fünf Stunden die Woche»). Karolas Mutter wählt die Sendungen aus und achtet dabei auf «gute Filme». Die «Biene Maja» lehnt sie ab, erlaubt sie ihrer Tochter «nur deshalb, weil es sonst Ärger gibt und sie die Sendung so gerne mag». Karola liest viel, besitzt eine Menge Hörkassetten und von der Mutter ausgewähltes Spielzeug.

Petra und Robert sind Geschwister, die unterschiedlich viel fernsehen – im Winter mehr, im Sommer weniger. Die meisten Sendungen sehen sie gemeinsam. Ihre «Lieblingssendungen» («zwei pro Woche») dürfen sie sich aussuchen, «aber keine aus dem Abendprogramm», so der Vater. Sie spielen häufig draußen. Die Eltern versuchen, den Zugang zum Fernsehen zu begrenzen, verfahren dabei aber nach eigenen Aussagen sehr inkonsequent.

Jan hat einen viel älteren Bruder, der nicht mehr im Hause lebt. Jan sieht relativ viel und vor allem allein fern. Seine Eltern sind berufstätig. Er besucht zwar den Hort, geht aber früher nach Hause, um «zu glotzen». Am wichtigsten sind ihm die Hörkassetten. Jan ist viel auf sich allein gestellt. Dies gilt auch für sein Spiel.

Sendungsinhalt	Karola, 8 Jahre	Petra, 9 Jahre / Robert, 8 Jahre
	sitzt im Sessel	sitzen auf dem Boden, beide haben vorher gespielt
Vorspann	schmunzelt, ganz gelöst	sind noch außer Atem, beruhigen sich langsam
Spiel der Tiere	«Jetzt geht's los.» Rückt sich im Sessel zurecht, sieht genau hin.	sehen die ganze Zeit ohne große sichtbare Anspannung zu, allerdings auch keine Nebenaktivitäten
Suche nach dem Deserteur		
Gespräch Biene – Ameisenoffizier	«Deserteur. Komisches Wort!»	
Spiel der Tiere, der Deserteur taucht auf	«Da ist er.»	
Gespräch zwischen der Ameise Nr. 6 («Deserteur») und der Biene Maja		P: «Das muß blöd sein.» R: «Wie bei uns manchmal.»
Biene Maja übernimmt die Rolle der Ameise Nr. 6, Willi ist entsetzt	«Ich weiß, was kommt.» Richtet sich auf, steht dann auf, holt ein Puzzle und spielt auf dem Boden.	R: «Oh, dieser blöde Willi.» P: «Willi ist 'n Feigling.» R: «Geht doch gar nicht. Fällt doch auf.»
Maja ist mit den Soldaten unterwegs, sie wird ständig zurechtgewiesen	sieht kaum noch hin	sehen jetzt sehr intensiv hin, angespannte Sitzhaltung, keine Kommentare, wortlose Konzentration. P: «Hat sie davon.»
Szene mit der Heuschrecke	K.s Mutter kommt in das Zimmer, sieht zum Apparat. «Scheußlich!» Kopfschütteln.	P: «Sauerei, Gemeinheit!» R: «Die geht doch sowieso hops.» P: «Du spinnst.»

Sendungsinhalt	Karola, 8 Jahre	Petra, 9 Jahre / Robert, 8 Jahre
Willi und Nr. 6 spielen	«Karo, entweder Spiel oder Fernsehen.» Mutter macht den Fernseher aus. Karola spielt weiter.	P. steht auf, holt Bonbons, beide lutschen Bonbons. Aufmerksamkeit läßt nach.
Lager der Ameisen	Karola hört nach zwei Minuten mit dem Spiel auf, geht hinaus. Kommentar der Mutter: «Die läßt sich nur berieseln.»	R: «Nachher spielen wir weiter.» P: «Langweilig.» R: «Bißchen.» P: «Gleich wird's noch wieder spannend, glaub ich.»
Nacht im Lager, Biene Maja schläft		Intensität des Sehens nimmt zu. P: «War knapp.» R: «Ist immer so.»
Nr. 6, Willi und Auftritt der Beuteameisen		R: «Kommißkopp.» Beide lachen, sehen genau hin.
Biene Maja als Lastenträger		R: «Brutal.»
Kampf mit den Beuteameisen		setzen sich aufrecht hin.
Nr. 6 kehrt zurück, Biene Maja wieder frei		lachen, stehen auf und stürmen unter lautem «Maja»-Geschrei hinaus, spielen weiter.
Vorschau auf die nächste Folge		
Nachspann		

Sendungsinhalt	Jan, 5 Jahre	Kathrin, 6 Jahre
	macht es sich in einer Sofaecke bequem, hat seine Kuschelpuppe dabei.	
Vorspann	summt die Titelmelodie mit	kommt etwas später, setzt sich während des Vorspanns auf den Boden

Sendungsinhalt	Jan, 5 Jahre	Kathrin, 6 Jahre
Spiel der Tiere	lacht; macht mit seiner Puppe das Purzelspiel der Bienen nach. Puppe bleibt auf dem Boden liegen	ist amüsiert, lacht
Suche nach dem Deserteur Gespräch Biene – Ameisenoffizier Spiel der Tiere, der Deserteur taucht auf	als die Ameisen auftreten (mit den Worten «und eins und zwei»): Blick auf den Bildschirm, konzentriert, keine Nebentätigkeit, ab und zu Blick auf seine Puppe	konzentrierter Blick auf den Fernseher, legt sich auf den Bauch; Kopf in die Hände gestützt
Gespräch zwischen der Ameise Nr. 6 («Deserteur») und der Biene Maja	steht auf, holt sich ein Bonbon und legt sich ein Bilderbuch zurecht. Setzt sich wieder hin.	Zuwendung wird lockerer, sachlicher. Kathrin schaut sich hin und wieder im Zimmer um.
Biene Maja übernimmt die Rolle der Ameise Nr. 6, Willi ist entsetzt	nickt, klatscht in die Hände, nimmt dann das Buch, blättert, von nun an unregelmäßiger Buchkontakt, der nur dann intensiver wird, wenn die marschierende Ameisentruppe auftritt.	
Maja ist mit den Soldaten unterwegs, sie wird ständig zurechtgewiesen		
Szene mit der Heuschrecke		schreckt auf, setzt sich in die Hocke, Hände vors Gesicht
Willi und Nr. 6 spielen		atmet durch, legt sich wieder hin
Lager der Ameisen		lacht
Erzähler	sieht nur hin, als Flip erzählt	

Sendungsinhalt	Jan, 5 Jahre	Kathrin, 6 Jahre
Nacht im Lager, Biene Maja schläft	als die Biene Maja lacht, lacht Jan mit	drückt das Gesicht auf den Boden, hält sich die Ohren zu
Nr. 6, Willi und Auftritt der Beuteameisen	legt das Buch beiseite, holt sich die Puppe, setzt sich aufrecht hin	als die Beuteameisen entdeckt werden, steht sie auf, geht zur Tür: «Mama, komm, das ist spannend.»
Biene Maja als Lastenträger	nimmt die Füße aufs Sofa und preßt sich ein Kissen auf den Bauch	Kathrin geht zurück, legt sich hin, Mutter bleibt im Türrahmen stehen, Kathrin vergewissert sich, daß die Mutter da ist.
Kampf mit den Beuteameisen	Augen weit aufgerissen, Mund weit offen, starrer Blick auf das Bild, nicht ansprechbar	Kathrin sieht gespannt zu, hält sich ein Ohr zu, schaut zwischendurch zur Mutter; Kathrin geht mit, fühlt mit
Nr. 6 kehrt zurück, Biene Maja wieder frei	als die Beuteameisen verschwinden, tiefes Durchatmen, löst sich aus seiner Erstarrung	als die Beuteameisen verschwinden, tiefes Durchatmen, Blickkontakt mit der Mutter
Vorschau auf die nächste Folge	läßt Kissen und Puppe fallen, streicht sich über die Stirn, wischt mit beiden Händen den Schweiß im Hemd ab	«Das war toll!» Steht auf
Nachspann	steht auf, geht zur Tür mit den Worten «und eins, und zwei ...» Der Fernseher läuft weiter.	bleibt beim Nachspann kurz vor dem Fernseher stehen. Mutter: «So, nun aus!» Kathrin: «Weiß ich.» Beide verlassen das Zimmer.

Das Fernsehen ist für Kathrin völlig unwichtig. Zentral sind ihr Bücher, Kassetten und das Spielen mit Freunden. Sie darf sich bestimmte Sendungen aussuchen. Die endgültige Auswahl wird in einem gemeinsamen Gespräch mit den Eltern festgelegt. Kathrin hat noch einen sechs Jahre älteren Bruder, mit dem sie gerne fernsieht. Dabei kommt es vor, daß sie «mal bis 9 Uhr sieht. Auch schon Krimis. Das ist dann ganz schön gruselig.»

Die Protokolle veranschaulichen, wie oberflächlich es ist, von *den* Wirkungen einer Sendung, gar *des* Fernsehens auf *die* Kinder zu sprechen. Es gibt *keine Wirkung an sich*. Erst indem ein konkretes Kind einer Sendung, einem Thema oder einem Helden eine Bedeutung zuweist, werden diese für das Kind wichtig. Ich habe es in meinen Untersuchungen und in meiner Beratungstätigkeit immer mit konkreten Wirkungen zu tun. Ein Kind eignet sich ein Medienthema an, in dem es dies zu *seinem* Thema macht, es sich in den Handlungen wiederfindet und diese in Beziehung zu eigenen Alltagsereignissen setzt. Wie Kinder Medien nutzen, ist von Alltags- und Umwelterfahrungen, von Alter und Entwicklungsbesonderheiten abhängig, so daß eine genaue Beobachtung des Medienumgangs auch Aussagen über Erfahrungen, Ängste und Phantasien des Kindes zuläßt.

Dies zeigen Karola, Petra, Robert, Jan und Kathrin auf ganz individuelle Weise. An ihnen will ich einige Besonderheiten kindlicher Fernsehrezeptionen aufzeigen, um – auf der Basis von mehr als tausend Situationsbeschreibungen – einige Verallgemeinerungen zu versuchen.

Bei Petra und Robert tritt die ganze Vielfalt des kindlichen Fernseherlebens zutage. Das betrifft zunächst die Einordnung des Fernsehens in den Tagesablauf. Die «Biene Maja» stellt die einzige Sendung dar, für die sie ihr Spiel unterbrechen, weil, so Petra, «sie unsere Freundin ist und die so schöne Abenteuer erlebt». – «Fast so schön wie unser Spiel», ergänzt Robert. Ihr Umgang mit der Sendung macht das Wechselspiel aus Spannung und Entspannung – abzulesen an der Sitz- und Körperhaltung – deutlich. Zugleich veranschaulichen beide Kinder, wie sie Schutzmechanismen einsetzen, um nicht überfahren zu werden: Sie reden miteinander, kommentieren, lenken sich durch Nebenaktivitäten (z. B. Bonbonlutschen) ab. Und trotzdem können sie sich der Sendungsdramaturgie, die auf die Rettung in letzter Minute hinausläuft, nicht entziehen: Sie sehen intensiver zu, die sprachlichen Äußerungen geraten knapper, hören schließlich auf. Innere Bewegung herrscht vor, die sich nach dem Happy-End in Bewegung und Spiel entlädt. Die Aktivitäten im Anschluß an die Sendung scheinen unverzichtbar. Nur so lassen sich die aufgestauten Gefühle abbauen, nur so gelingt es den Kindern, sich in ein Gleichgewicht zu bringen.

Das Filmerleben durchläuft verschiedene Stufen: von einem mehr regelmäßigen und einem mehr sachbezogenen Kontakt am Anfang über ein intensives Mitgehen bis zu einer starken gefühlsmäßigen Anteilnahme.

Diese Stadien kann man auch bei Kathrin beobachten. Sie läßt sich zunächst auf die filmischen Handlungen ein, ohne sich berieseln zu lassen. Als sie die Spannung nicht mehr aushält, sie von der Dramaturgie überfahren zu werden droht, entzieht sie sich, indem sie sich Augen und Ohren zuhält. Als auch das nicht hilft, sucht und findet sie Unterstützung bei der Mutter. Gemeinsam mit ihr steht sie die filmischen Abenteuer der «Biene Maja» durch. Und im Nachspiel verarbeitet sie dann die aufgestauten Gefühle. Dazu Kathrins Mutter: «Ich mußte viel lernen, um das auszuhalten. Am liebsten würde ich ja diesen Mist ausmachen. Aber Kathrin mag die Sendung. Nur braucht sie jemanden dabei. Sagen darf ich nichts. Nur dasein, so daß sie mich sieht. Früher habe ich immer geredet: ‹Brauchst keine Angst zu haben, das ist nur ein Film.› Und Kathrin hat geantwortet: ‹Mami, quatsch nicht so viel. Der Peter (das ist Kathrins Bruder) sitzt doch auch nur so da. Das reicht mir schon.› Seitdem mach ich das genauso. Kathrin hilft das mehr als mir. Aber das ist immer noch besser, als wenn sie alleine fernsieht.»

Die Folgen des Alleinseins werden bei Jan deutlich. Während für Kathrin, Petra und Robert der Fernsehgebrauch einen ergänzenden Charakter hat, weil er in eine Vielzahl von Aktivitäten eingebunden ist, sieht Jan fern, weil es ihm an Alternativen fehlt, weil er mittels Fernsehen Einsamkeit und Langeweile überbrückt. Einzig die Kuschelpuppe im Arm verleiht ihm Sicherheit. Während bei Petra, Robert und Kathrin die verschiedenen Stadien des Filmerlebens wechseln, geht Jan völlig in der Sendung auf. Er fiebert nicht nur mit der Biene Maja mit, er läßt sich überwältigen. Ihm bleiben keine Möglichkeiten des Rückzugs. Allein das glückliche Filmende holt ihn in die Wirklichkeit zurück. Wie intensiv seine innere Bewegung war, läßt sich an den physiologischen Reaktionen (z. B. Schweißausbrüche) ablesen. Eine solch starke gefühlsmäßige Beteiligung verlangt danach, abgebaut zu werden. Er verläßt den Raum, um zu schreien und zu kommandieren («... und eins und zwei!»), um mit den Füßen zu stampfen und zu marschieren. Das Problem: Nur kurz danach setzt er sich wieder vor den Apparat, um die nächste Sendung zu sehen.

Während Jans Eltern dem Fernsehkonsum gleichgültig bis inkonsequent gegenüberstehen, bemüht sich Karolas Mutter um eine starke Kontrolle ihrer Tochter. Nach vielen Diskussionen hat sie Karola «endlich die Biene Maja» gestattet, eine aus der Sicht der Mutter «abscheuliche Sendung, von der sie nichts hat, nur daß sie völlig aufgeregt ist». Doch Karola findet die «Maja» spannend, weil «sie soviel erlebt». Karola läßt sich freiwillig auf die Sendung ein, sucht dazu ihren Lieblingsplatz auf. Sie wirkt entspannt, hat einen lockeren Kontakt, zeigt ein fast sachliches Interesse. Sie läßt sich allmählich von den Ereignissen in den Bann ziehen, ohne daß aber von einem wirklichen Mitgehen gesprochen werden kann. Erst als die «Biene Maja» sich auf ein Abenteuer einläßt – sie übernimmt die Rolle einer Ameise und begibt sich zunächst in ein ungewisses Schicksal –, wird Karolas Zuwendung intensiver. Ihr Satz «Ich weiß, was kommt» dokumentiert, daß ihr die Strukturen der Serie vertraut sind. Zugleich wird ihre gefühlsmäßige Anteilnahme intensiver. Sie reagiert angespannt. Als sie diese Anspannung nicht mehr aushält, steht sie auf, holt sich ein Puzzle, um sich mit dem Spiel abzulenken. Sie will ihre innere Bewegung in eine äußere überführen. Sie lenkt sich zusätzlich dadurch ab, daß sie den Blick vom Apparat wendet. Die Geräusche und die Musik hört sie weiterhin.

Wie Kathrin verfügt auch Karola über Schutzmechanismen. Aber anders als Kathrin, die auf die Hilfestellung der Mutter zählen kann, bleibt Karola allein. Als die Mutter die Szene betritt, überträgt sie ihre Deutung der Filmszene – die Ameisen quälen eine schlaffe Heuschrecke – auf ihre Tochter. Ihr Kommentar «Scheußlich!» bedeutet zweierlei: «Das ist nichts für dich!», und: «Ich will nicht, daß du solche Grausamkeiten siehst!» Sie bewertet damit nicht nur die Filmszene, sondern zugleich das Engagement ihrer Tochter. Karola umschreibt das so: «Immer wenn Mama über meine Sendungen schimpft, denke ich, sie schimpft auch über mich.» Karolas Mutter verkennt die Funktion von Karolas Spiel. Sie empfindet dies als überflüssige «Berieselung», nicht aber als eine notwendige Ablenkung.

Als sie dann noch den Fernsehapparat ausschaltet, bringt Karolas Mutter ihre Tochter um die Möglichkeit, das Happy-End des Films zu sehen. Gerade das glückliche Ende ist – aus der Sicht von Karola – ein unverzichtbarer Bestandteil: «Ich konnte das alles doch nur aushalten, weil ich ja immer wußte, das geht gut aus. Ich wußte das zwar, aber ich mußte das immer wieder sehen.» Karola läßt sich nur deshalb auf das Filmerleben ein, weil mit dem Spannungsanstieg («Ich weiß genau, was kommt!») ein mit dem Happy-End einhergehender Spannungsabbau verbunden ist. Wird dieser Zusammenhang aber unterbrochen, können – darauf gehe ich noch ein – gefühlsmäßige Verunsicherungen, ja andauernde Ängste die Folge sein. Karola beendet das Spiel, weil es aus ihrer Sicht ursächlich mit dem Fernsehen in Zusammenhang steht. Dieser wird durch den Eingriff der Mutter unterbrochen.

Auf der Grundlage vieler Beobachtungen zur Fernsehrezeption von Kindern sind in den angeführten Protokollen einige Momente enthalten, die man verallgemeinern kann: Das Filmerleben der Kinder kann – wie es der Medienpsychologe Martin Keilhacker schon in den 50er Jahren ausgedrückt hat – als ein ganzheitliches Empfinden, eine «körperlich-seelische Einheit» bezeichnet werden, die sich durch unterschiedliche Beteiligungsgrade unterscheidet. Da ist zunächst der unregelmäßige, manchmal gleichgültige, ja gelangweilte Kontakt mit der Sendung. Die Aufmerksamkeit wechselt ständig: Auf intensivere Sehphasen folgen Phasen der Abwendung. Dieser Beteiligungsgrad findet sich häufig bei kleineren Kindern, die einer Sendung intellektuell nicht gewachsen sind. Aber er ist auch bei älteren Kindern dann zu beobachten, wenn diese ein Thema gefühlsmäßig nicht aushalten können. Ein Satz wie «Das ist langweilig!» im Angesicht einer Gewaltszene gesprochen, muß nicht mit Gefühllosigkeit, gar Abstumpfung gleichgesetzt werden, er kann auch als Schutz vor unangenehmen Gefühlen, vor einem Überwältigtwerden gedeutet werden.

Der nächste Grad des Filmerlebens ist intensives Mitgehen, aktives Beteiligtsein. Hier findet sich eine hohe Aufmerksamkeit, ohne daß die Kinder völlig in den Bann geschlagen sind. Sie sind mit allen Sinnen aktiv beteiligt, spannende und entspannende Erlebnisphasen wechseln miteinander ab. Das darf nicht mit einem «Sich-einfach-berieseln-Lassen» gleichgesetzt werden. Die Kinder kommentieren Handlungen, drücken Gefühle aus, ihre Körperhaltung zeigt, wie intensiv sie mitgehen.

Der nächste Grad des Filmerlebens ist das Mitfühlen. Die Kinder reagieren nun weniger auf die Ansprache von außen, sie leben in einer eigenen Gefühlswelt. Nebentätigkeiten und Kommentare, Sprache und aktiver Mitvollzug treten in den Hintergrund.

 Die intensivste Zuwendung äußert sich in einem Gebannt- und

Überwältigtsein. Die Pulsfrequenz steigt an, der Atem stockt oder beschleunigt sich, die Augen werden weit aufgerissen, der Mund steht offen. Entlastung ist nur noch über kleinste Gesten möglich: Die Finger gehen in den Mund oder in die Nase, man beißt sich auf die Lippen, Hände und Finger greifen ineinander, man drückt sich in das Sofa, in das Kissen oder auf den Boden. Oder die Kinder umfassen Teddys und Puppen, suchen die Nähe und den Schutz von Bezugspersonen oder vertrauten Kameraden. Der Film hat das Kind völlig in den Bann gezogen. Beim Überwältigtwerden dürfte – zumindest oberflächlich betrachtet – das Bild vom passiv-regungslosen Fernsehzuschauer seine Bestätigung finden. Kinder wirken wie versteinert, machen krampfartige Bewegungen. Sie können sich kaum von der Glotze lösen. Entlastende Reaktionen (z. B. wegsehen, weggehen, Augen und Ohren zuhalten) kommen immer seltener vor.

Zweifelsohne stellt die Film- und Fernsehdramaturgie, vor allem das Nebeneinander von hörbaren und visuellen Elementen, Anforderungen an die kindliche Wahrnehmung und Verarbeitung dar. Aber anders als bei der Hörkassette, dem Buch oder der mündlich vorgetragenen Erzählung, bei denen Kinder ihre Phantasie ihren Möglichkeiten gemäß ausreizen, kann der Film mit Bildern konfrontieren, die ihren Gefühlshaushalt überfordern. Genau deshalb das Kind vor dem Fernsehen zu schützen oder zu bewahren wäre zu einfach, denn auch im Theater, in der Oper oder im Kino ist das Kind Bildern, Musik und Geräuschen ausgesetzt.

Zur Ausbildung einer Filmlesefähigkeit gehört deshalb das Erlernen von Techniken, mit denen man sich vor unangenehmen Empfindungen schützen kann:

- indem die Eltern um Unterstützung gebeten werden – dazu müssen sie allerdings in der Nähe sein –,
- sich das Kind durch Aktivitäten ablenkt oder
- kurzzeitig aus der Sendung aussteigt.

Kathrins Mutter hatte sich meine Deutung zum Fernsehgebrauch ihrer Tochter angehört. Ich hatte ihr Mut gemacht. «Das hat mich beruhigt. Also habe ich doch eine normale Tochter, was das Fernsehen anbetrifft.» Sie atmet durch und lächelt: «Aber warum, verdammt noch mal, macht sie das immer und immer wieder? Sie weiß doch, die Biene Maja ist so blöd und tappt immer in die gleiche Falle. Und Kathrin reagiert fast immer gleich. Immer und immer wieder braucht sie jemanden. Nur neulich hat's Kathrin allein geschafft. Da ist sie zu mir gekommen, ganz stolz: ‹Na siehst du›, hab ich gesagt, ‹du brauchst keine Angst zu haben.› – ‹Ich hab aber Angst gehabt›, hat sie gesagt. Wissen Sie, das versteh ich nicht, warum schaut sie sich das an, wenn sie Angst hat?»

Hier ist ein weiterer wichtiger Aspekt angesprochen, der für das kindliche Fernsehverhalten so typisch ist. Eine Sendung wird durch ständige Wiederholung nie langweilig: Im Gegenteil, das Kind erlebt die Wiederholung genauso angenehm und intensiv wie die Premiere. Anders ausgedrückt: Nur weil das Kind um die vertrauten Strukturen weiß, z. B. den siegreichen Helden, den glücklichen Ausgang, ist es bereit, sich auf die Handlung einzulassen, um so intensiver gestattet es sich Gefühle und Nervenkitzel. Je betroffener ein Kind durch einen Film ist, je mitreißender dessen Dramaturgie, um so stärker kommt der Wunsch nach Wiederholung: die Hörkassette, die Hunderte von Malen in der immer gleichen Lautstärke «aufgesogen» wird; die Geisterbahn auf dem Jahrmarkt, die nach anfänglichem Zögern immer und immer wieder durchfahren und mit gleicher Intensität durchlebt wird, oder das Vorlesen einer spannenden Geschichte, bei dem das Kind ausprobiert, wieviel es aushalten kann. Das Märchenerzählen liefert ein anschauliches Beispiel: Kinder verlangen eine Zeitlang nach demselben Märchen, nach einer besonderen Stimmlage, einem bestimmten Sprechrhythmus, nach Anfang und Ende und einer Erzählung ohne Kürzungen. Verändert der Erzähler seine Stimmlage, kommen schnell Proteste («Rede normal!»), kürzt er Stellen, verbessern die Kinder und ergänzen, verlangen nach allen Einzelheiten. Sie können das Märchen fast auswendig, erzählen es im stillen mit, und trotzdem bleibt die Betroffenheit.

In der Wiederholung, im wiederholten Hören und Sehen arbeitet das Kind sich immer aufs neue ab, spielt immer und immer wieder seine Wünsche, Träume und Phantasien durch, so lange, bis die mit dem Thema einhergehende Angst besiegt oder der Wunsch Wirklichkeit geworden ist – und es passiert manchmal von einem Tag zum nächsten, daß ein Held, ein Thema oder ein Märchen für das Kind langweilig geworden sind.

Jüngere Kinder und Mädchen zeigen mehr Gefühle

Ich hatte es betont: Die Filmlesefähigkeit entwickelt sich, sie ist an das Alter gebunden. Je jünger die Kinder, um so mehr sind sie dem filmischen Geschehen ausgeliefert, um so eher herrscht das Gefühl vor, überwältigt zu werden. Deshalb kommt den Eltern hier eine verantwortungsvolle Rolle zu. So überwiegen bei Vorschulkindern angespanntere Haltungen. Diese Anspannung zeigt sich in Mimik und Gestik (z. B. in Freude, in Lachen oder auch in Tränen). Die Aufmerksamkeitsintensität ist nur von kurzer Dauer. Intensive Phasen der Zuwendung gehen nahtlos und schnell in Abweichungen oder Nebentätigkeiten über.

Erst vom Grundschulalter an kommt es zu einem aktiveren Mitvollzug der Handlung, treten sogenannte Flow-Erlebnisse zutage. «Flow»-Erlebnisse lassen den Film zu einem Erlebnis werden, garantieren die Abwesenheit von Langeweile.

Ab dem 11. Lebensjahr wächst die Distanz zum Filmgeschehen. Aber nach wie vor kann man das Filmerleben an Gestik und Mimik, an Körperhaltungen und physiologischen Reaktionen festmachen.

Wie Mädchen und Jungen auf Filme reagieren, läßt sich am Sehverhalten von Petra und Robert zeigen, die wir bei der «Biene Maja» kennengelernt haben (vgl. S. 74 ff.). Als die Ameise eine Heuschrecke töten will, spielt Robert den abgeklärten Typen. Auf Petras Gefühlsausbruch («Sauerei! Gemeinheit!») reagiert Robert betont lässig – ähnlich wie bei einer anderen Filmszene (Petra: «War knapp!» Robert: «Ist immer so!»).

In vielen anderen Beobachtungen zum kindlichen Filmerleben ist festzustellen, daß vor allem Jungen vom 9. Lebensjahr an Gefühle während des Filmerlebens häufiger verleugnen, vor allem dann, wenn Mädchen oder Freunde anwesend sind und es darum geht, wer am längsten angstbesetzte Bildszenarien auszuhalten in der Lage ist. Mädchen lassen die durch Sendungen hervorgerufenen Gefühlen in der Regel offener zu, deuten ausdrücklicher Rührung und Betroffensein an. Sie suchen Schutz und Kontakt oder kuscheln miteinander. Mädchen setzen schneller Schutzmechanismen ein, um nicht von Gefühlen überrollt zu werden. Sie gehen vorsichtiger, zugleich gekonnter mit ihren gefühlsmäßigen Grenzen um. Jungen gehen dagegen häufiger bis an die Grenze des ihnen Möglichen, trauen sich nicht selten zuviel zu. Und weil sie sich gefühlsmäßig überfordern, überwiegen nach der Sendung lautstarke Nachspiele, die sich durch einen erheblichen Bewegungsdrang auszeichnen.

Eintauchen in die Filmwelt

Ich möchte nochmals auf die beschriebenen Reaktionen zurückkommen, die Petra, Robert, Jan und Kathrin bei der «Biene Maja»-Sendung zeigten. Sie lassen sich auf «ihre» Sendung ein, sie besetzen «ihren» Fernsehplatz vor dem Apparat, sie haben die Sendung in ihren Tagesablauf einbezogen. Die Kinder gehen mit den Medien orientiert an eigenen Bedürfnissen um. Sie leben mit der Heldin Phantasien aus, stellen «gute» Gefühle her. Petra und Robert, aber auch Kathrin, sehen gemeinsam fern, versichern sich des gleichen Geschmacks oder ähnlicher Interessen und grenzen damit nicht selten die Erwachsenen aus: Wer die «Biene Maja» nicht versteht, wer bei «Heidi» nicht mitleidet oder bei «Pumuckl» nicht mitlacht, gehört nicht dazu, kann auch nicht mitreden oder eingreifen. So wird vielleicht verständlich, warum viele Kinder ein Fernsehverbot «als absolute Gemeinheit» empfinden oder daß Karola das Ausschalten der Sendung durch die Mutter als Kritik an der eigenen Person und am eigenen Selbstverständnis erlebt. Und zugleich werden Gespräche über Lieblingshelden häufig so geführt, daß Erwachsene sie nicht verstehen sollen, ja sogar ausgeschlossen werden. Der abgrenzenden Funktion nach außen entspricht eine Gemeinsamkeit nach innen: So finden es viele Kinder toll, wenn sie sich über die Kenntnis von Sendungen in Szene setzen können – je spektakulärer das Abenteuer, um so mehr steigt das Kind in der Gunst der anderen, um so mehr hängen sie an seinen Lippen.

Medien gehören zum Alltag. Manchmal dienen sie nur der Geräuschkulisse. Ein anderes Mal sind sie Anlaß zu Tagträumen. Oder sie werden von Kindern gezielt dazu eingesetzt, alltägliche Enttäuschungen zu überspielen, positive Gefühle herzustellen, um sich aus psychischem oder sozialem Druck zu befreien. Der Kontakt mit Medien wird von Kindern deshalb als erfüllend erlebt, weil er die Abwesenheit von Langeweile garantiert, von Anforderungen entlastet. Der amerikanische Psychologe Csikszentmihalyi umschreibt ein solches Erlebnis mit dem Begriff «flow», d. h. ein kurzzeitiges Eintauchen in Situationen, die Selbstvergessenheit ermöglichen. Als ich diese Gedanken während einer Gesprächsrunde mit Eltern vortrage, platzt einem Vater der Kragen: «Jetzt reicht es mir, jetzt behaupten Sie sogar, das Fernsehen sei so gut wie das Spiel. Ich sehe nur, daß die Kinder nicht mehr spielen und daß das Spiel doch nun weiß Gott wesentlich wertvoller ist.»

«Flow»-Erlebnisse sind bei vielen Tätigkeiten möglich – beim

Fernsehen ebenso wie beim Spielen. Aber unverkennbar ist, daß Kinder das Spielen dem Fernsehen vorziehen, wenn ihnen das die Umwelt gestattet. Und: «Flow»-Erlebnisse, im Spiel erlebt, sind der Entwicklung von Vor- und Grundschulkindern angemessener. Daran besteht kein Zweifel. Doch auch das ist für mich in der Einschätzung des kindlichen Medienumgangs bedeutsam: Kinder wollen ein sinnvolles Erleben, wollen eine tätige und aktive Auseinandersetzung mit der Wirklichkeit. Diese suchen sie zunächst in der Auseinandersetzung mit der Nahwelt. Wird sie ihnen das allerdings verweigert, gewinnt das Fernsehen, gewinnen die Medien an Dominanz, weil der Knopf etwas ermöglicht, was die unmittelbare Welt vorenthält.

Die eigene Fernsehwelt der Kinder

Zweifellos sehen Kinder besonders gerne Sendungen, die nicht speziell für sie gedreht werden, gleichwohl auf ihre Vorliebe für Spannung, Abenteuer und Action spekulieren. Das Morgen- und Nachmittagsprogramm hält genauso wie das Vorabendprogramm entsprechende Serien parat. Sie heißen «A-Team» oder «Baywatch», «Knight Rider» oder «Power Rangers», «Beverly Hills Cops» oder «Hulk». Trotz aller Kritik von Kindern am immer wieder Gleichen solcher Serien fahren sie auf deren Gemenge aus Superheld und Rettung in letzter Minute ab. Das gilt auch für «Hulk», eine Serie, die auf einem amerikanischen Comic aus den 60er Jahren aufbaut, der damals bis weit in akademische Kreise Anerkennung fand. Kurz zum Verständnis der Geschichte: Auf «Hulk» lastet ein Fluch. Es handelt sich um einen amerikanischen Wissenschaftler, der sich infolge eines atomaren Unfalls immer dann, wenn er sich ärgert oder wütend wird, in einen grünlich-überdimensionalen Muskelprotz verwandelt, ohne daß er diese körperlichen Veränderungen kontrollieren kann. «Hulk» befindet sich ständig auf der Flucht vor Verfolgern, hilft dabei den Schwachen und Benachteiligten, bekämpft das Böse –

meist mit Hilfe seiner überdimensionierten Körperkraft. Über diese Serie hörte ich ein Gespräch zwischen 5- und 7jährigen Kindern, das ich in Ausschnitten wiedergeben möchte.

Paul: «Das ist 'n Riese, der war so dick.» Er unterstreicht das mit seinen Händen. «Der war so, so ganz dick war der. So ein richtiger Erwachsener, aber gut war der. Der ist immer gut. Auch wenn er wütend ist.»

Alexander lacht: «Nur wenn der schießt.» Alexander ahmt das Schießen mit Zeigefinger und Daumen nach.

Paul tippt sich an die Stirn: «Der schießt nicht, der kämpft, du Blödmann.»

Alexander läßt sich nicht beeindrucken: «Der schießt doch. Dann schalt ich um. Das ist mir zu gefährlich. Dann kann ich nicht hinschauen. Nur ein bißchen. Aber wenn das vorbei ist, schalt ich wieder um.»

Paul stößt Alexander kurz weg: «Der schießt aber nicht. Du hast keine Ahnung!» Tippt sich wieder an die Stirn.

Annette greift ein: «Der ist ganz stark, stärker als 'n Indianer oder 'n Ritter. Der würd sogar meinen Vater verprügeln.»

Sonja sieht Alexander an: «Und der braucht nämlich kein Schießgewehr. Der hat einfach nur Kraft. Ganz viel Kraft.»

Robert nickt heftig, stemmt die Hände in die Hüften: «Ja, und dann haben sie Musik gemacht.» Er zeigt mit dem Kopf nach oben. «Und da ist mein Vater wütend geworden. Und da ist er nach oben gerannt in die Wohnung. Und da hat er geschrien.» Er holt kurz Luft. «Und da haben sie die Musik nicht leiser gemacht.» Er lächelt. «Und da war bei Hulk auch so was. Da ist er auch hin. Da haben sie ihn auch nicht reingelassen. Und da ist er wütend geworden. Und da ist alles geplatzt. Und dann hat er nur so gemacht», Robert plustert sich auf, «und da war er drin.»

Sven unterbricht ihn: «Neulich, da war auch Gepolter vor der Tür. Und da dacht ich, jetzt kommt Hulk. Aber das war nur Papa. Und der war besoffen. Und da hat die Mama gesagt, gleich kotzt er wieder grün.»

Paul lacht: «Mein Papa kotzt auch grün.» Alle brechen in Lachen aus, machen Würgegeräusche.

Sonja ganz ernst: «Meiner aber nicht.» Sie schüttelt vehement den Kopf.

Alexander nickt heftig: «Meiner auch nicht. Der schläft immer gleich ein.»

Sven, zu Sonja gewandt: «Wenn mein Vater besoffen ist, dann ist er nicht gut.» Seine Stimme wird ernst. «Dann ist er ganz bös, dann verstecke ich mich schnell.» Sven zieht den Kopf ein, so als wolle er sich klein machen.

 Robert greift wieder ein, seine Hände nach wie vor in die Hüften gestemmt: «Dann hat er die Bösen bestraft. Hat sie durch die Luft geschmissen.»

Sven, ganz ernst: «Papa ist dann ein Ungeheuer, wenn er besoffen ist. Ein richtiges Ungeheuer.»

Sonja runzelt die Stirn, wirkt irritiert: «Ich hab neulich ein richtiges Ungeheuer gesehen im Fernsehen. Das war ganz schön gruselig. Aber das war nicht schlimm.»

Sven schüttelt den Kopf: «Sag ich doch. Nur ein richtiges Ungeheuer ist schlimm. Und wenn ich bös bin, heißt es immer» – seine Stimme wird leise –, «nachts kommen Ungeheuer und nehmen mich mit. Dann bleibe ich lange wach liegen und paß auf. Und dann hab ich meine Laser-Pistole in der Hand, dann kann ich die vertreiben. Und träumen tu ich dann auch nicht, weil ich träum sonst von Ungeheuern.»

Die anderen Kinder schauen sich verwundert an.

Nur *Gina* lächelt: «Aber Hulk ist gut, der ist sehr gut. Der ist ein gutes Ungeheuer. Und manchmal ist's mir gruselig dabei. Und dann dreh ich mich weg und schau Papa an. Und dann sagt er: ‹Jetzt hast du Angst.› Aber ich sag: ‹Ich hab dich so lange nicht gesehen. Ich hab keine Angst.› Denn wenn ich Angst hab, darf ich Hulk nicht mehr sehen.»

Vorschulkinder und Schulanfänger nehmen häufig nur Szenen und Sequenzen wahr, die für sie wichtig sind. Nicht der «rote Faden», die «richtige» Reihenfolge oder der dramaturgische Aufbau ist ihnen wichtig. So können sie ganze Teile eines Films übersehen. Dies macht ein Gespräch zwischen Erwachsenen und Kindern über Filme manchmal so schwierig, vor allem dann, wenn der Erwachsene auf seinem Filmverständnis und auf seiner Wahrnehmung beharrt. Der kurze Dialog zwischen einem Vater und Thomas, seinem 7jährigen Sohn, im Anschluß an «Hulk», veranschaulicht dies.

Thomas: «Hulk ist toll!»

Vater: «Warum?»

Thomas: «Das ist verdammt spannend.»

Vater: «Warum?»

Thomas: «Findest du das nicht auch spannend?»

Der Vater zuckt mit den Achseln.

Vater: «Ich weiß nicht.»

Thomas: «Ist ja auch was für Kinder.»

Vater: «Warum meinst du das?»

Thomas: «Weil das spannend ist!»

Vater: «Was ist denn daran spannend?»

Thomas: «Es ist einfach spannend. Reicht doch.»

Vater: «Aber das ist doch völlig blödsinnig. Da wird einer grün, dann tut er anderen weh. Und dann sieht man nicht mal, wie der wieder normal wird.»

Thomas: «Wenn er grün wird, dann wird er stark, und dann hilft er doch. Und wenn er wieder normal ist, dann hat er das gewonnen. Ist doch klar. Du mußt das nur häufiger sehen, dann verstehst du das auch.»

Hier stehen zwei Betrachtungsweisen nebeneinander: Der Vater versucht, Hintergründe für Thomas' Faszination zu ergründen, während Thomas sein Erleben in stereotype Formeln («Das ist spannend!») kleidet. Damit umschreibt er sein Filmerleben. Aufschlußreicher wäre es für den Vater gewesen, sich auf eine assoziative Gedankenkette einzulassen, wie sie Thomas gemeinsam mit seinem Freund Roman entwickelt.

Thomas: «Hast du gestern gesehen?»

Roman: «Geil, was!?»

Thomas: «Wie der die Müllmänner genommen hat.» Er hebt die Arme hoch.

 Roman: «Und dann boing und dann boing.» Er läßt seine Arme fallen. Beide lachen. «Hab ich neulich auch mit einem Stuhl gemacht.»

Thomas: «Und ich wollte das ...»

Roman: «Und dann mit dem.» Er zeichnet etwas mit den Händen nach. «Da, wenn der die angestiftet hat. Wußte ich gleich, daß da was war.»

Thomas: «Ich auch. Konnte nur der sein. Der sah schon so aus. Wie der die Pistole ...»

Roman: «War aber keine echte, nur eine Attrappe.»

Thomas: «Woher weißt du das?»

Roman: «Weiß ich. Sieht so aus, sieht aus wie meine Wasserpistole.»

Thomas: «Hast du eine?»

Roman: «Sagst du das nicht weiter?»

Thomas: «Nein!»

Roman: «Bestimmt nicht?»

Das Gespräch kommt dann auf eine Pistole, die sich Roman «heimlich» gekauft hat, geht zwischendurch nochmals auf «Hulks» Abenteuer ein.

Wer sich mit Kindern, vor allem jüngeren, auf Gespräche über ihr Filmerleben einläßt, tut gut daran, sich auf einen assoziativen Stil einzustellen, Ausschmückungen von Einzelheiten hinzunehmen. Vor allem sollte der Erwachsene vermeiden, die Geschichte auf «den Punkt zu bringen», «rote Fäden» herauszuarbeiten, seine Deutungen dem Kind aufzuzwingen – natürlich kann trotzdem die eigene Meinung über den Film ausgedrückt werden.

Und noch eines wird aus dem eingangs zitierten Gespräch über «Hulk» klar: Kinder – auch wenn sie noch so gefühlvoll und engagiert von einem Film berichten – müssen ihn nicht gesehen haben. Gerade eine Wahrnehmung, die sich an einzelnen Phänomenen orientiert, gestattet es Kindern, auch dann mitzuhalten, wenn ihnen der Film unbekannt ist. Der Blick in eine Programmzeitschrift, der Abdruck eines Szenenfotos genügen, um am nächsten Tag – alle Einzelheiten des Fotos genußvoll ausschmückend – im Freundeskreis zu berichten. So haben nur Paul, Sven und Gina Erfahrungen mit «Hulk», alle anderen Beteiligten am Gespräch kennen ihn aus Erzählungen oder eben von Fotos. Annette und Sonja dürfen den Film überhaupt nicht sehen. Sonjas «richtige Ungeheuer» stammen aus einem Dokumentarfilm über Dinosaurier. Robert und Alexander wollen sich aufspielen, um Paul zu imponieren, weil sie den «für einen echten Typ halten, weil der schon so viel im Fernsehen angukken darf».

Ein weiterer Gesichtspunkt macht es Erwachsenen manches Mal schwierig, sich auf die Gespräche von Kindern über ihre Fernseherlebnisse einzulassen. Dazu noch einmal Paul: «Wenn's ganz spannend war, dann erzähl ich auch ganz gruselig.» Der 10jährige Bernd drückt das so aus: «Wird's mal so richtig spannend bei einem Film, so schön spannend, dann erzählen wir uns das manchmal noch mal, und dann ist es noch mal so schön, manchmal noch viel schöner, als wir geguckt haben.» Anders ausgedrückt: Kinder schmücken aus, dramatisieren, übertrumpfen sich. Und indem sie das tun, verarbeiten sie. Sie durchleben im Gespräch nochmals angstbesetzte Situationen und empfinden Stolz, diese durchgestanden zu haben. Die Heftigkeit, mit der sie erzählen oder Szenen nachspielen, gibt Hinweise darüber, wie intensiv das Filmerleben war. Und dann darf ein gruppendynamisches Moment nicht übersehen werden: Nicht selten wird die überzogen detailgetreue Wiedergabe gerade brutaler Szenen von Heranwachsenden dazu benutzt, sich im Kreis Gleichaltriger darzustellen oder Erwachsene schlichtweg zu schockieren. Hierzu Ronny, 11 Jahre: «Wenn meine Lehrerin in der Nähe ist, fangen wir immer laut an zu erzählen. Meist von Krimis und Horror. Einer guckt dann, ob sie herschaut. Und dann geht's richtig los. Und dann wird sie ganz starr und geht dann nach einiger Zeit weg. Sie schüttelt den Kopf. Und wir lachen dann. Lehrer erschrecken nennen wir das.»

Vorschulkinder sind oft überfordert

Bis etwa zum 9. Lebensjahr bleibt ein Kind auf konkrete Operationen angewiesen, wenn es Dinge aus seiner Umwelt auf den Begriff bringen will. Begreifen geht über das Greifen – dieser Grundsatz gilt immer noch. Von daher kann man das Fernsehen als eine für jüngere Kinder wenig angemessene Beschäftigung einschätzen, vor allem dann, wenn es um das Erfahren von Welt geht. Kinder zeigen dies selber, indem sie während des Sehens tätig werden oder indem sie dem Nachspiel eine hohe Bedeutung beimessen. Lernprozesse, die über Medien gestaltet sind, erleben Kinder dann allerdings als schöpferisch, wenn sie in unmittelbare Erfahrungszusammenhänge eingebettet sind. Damit sind Vorschulsendungen nicht überflüssig, sie müssen nur altersspezifische Besonderheiten jüngerer Kinder berücksichtigen. Serien wie «Die Sendung mit der Maus», «Sesamstraße», «Pusteblume» oder «Siebenstein» gehen darauf ein. Sie verbinden auf eine hervorragende Weise das Bedürfnis der Kinder nach Unterhaltung und Wissensvermittlung.

Eine Mutter erzählt auf einem Elternabend: «Wenn ich mit meinem 4jährigen Jonas ein Bilderbuch anschaue, dann habe ich den Eindruck, als ob er zunächst danach sieht, was er kennt. Für das große Ganze ist er noch überhaupt nicht zu interessieren.» Diese Mutter beschreibt sehr genau eine Wahrnehmungsbesonderheit, die für Vorschulkinder kennzeichnend ist: die an Einzelheiten orientierte Bildwiedergabe. Dabei bevorzugt das Kind zunächst jene Details und Situationen, mit denen es etwas anfangen kann oder in denen es sich wiederfindet. Und auffallend ist, daß sehr häufig eine innere Verknüpfung der Einzelheiten fehlt. Statt dessen herrscht eine Und-Summen-Auffassung vor: «Und dann ... und dann ... und dann ...» Zwar existiert ein Grundverständnis der filmischen Handlung, dies vor allem dann, wenn dem Kind die Serie vertraut ist. Den roten Faden konstruieren sich die Kinder selbst.

Selbst bei 6- bis 8jährigen Kindern dominiert weiter eine Und-

Summen-Auffassung. Zwar finden sich nun erste Versuche, chronologisch zu erzählen. Doch nach wie vor bleiben Handlungsphasen unverbunden nebeneinander stehen. Manche Einzelheiten schmückt man dagegen besonders aus. Und Kinder heben jene Phasen besonders hervor, die für sie wichtig sind.

Erst vom 9., meistens erst vom 10. Lebensjahr an entwickelt sich die Fähigkeit, Sendungen in ihrer Vielschichtigkeit zu verstehen. Kinder geben Inhalte ausführlich wieder. Sie unterscheiden Haupt- von Nebenhandlungen. Doch sind ihnen nach wie vor Details wichtig. Und einzelne, für sie wichtige Szenen und Handlungsabschnitte werden besonders herausgehoben. Eine Vernachlässigung von Einzelheiten zugunsten des roten Fadens einer Serie ist etwa vom 11. Lebensjahr an zu beobachten.

Diese Altersangaben bieten nur eine ungefähre Richtlinie. Zweifelsohne erwerben Kinder immer früher eine Bildlesefähigkeit, die sich auf das Verständnis von Filmen positiv auswirkt. Kinder, die sich in jungen Jahren intensiv mit Bilderbüchern und deren Illustrationen auseinandersetzen, gehen häufig mit der Bildsprache des Fernsehens gekonnter um und lassen sich nicht «überfahren». Kinder können aber auch durch die Flut von Bildern gefühlsmäßig überfordert werden, vor allem dann, wenn Eltern ihren Fernsehwünschen gleichgültig gegenüberstehen. Doch Probleme ergeben sich auch für jene Eltern, die nur das Beste wollen und dabei die Bedürfnisse von Kindern verkennen. So gilt es, die richtige Balance zu finden und zu halten. Keine leichte Aufgabe: Denn wer Probleme, die sich aus dem Fernsehgebrauch von Kindern ergeben, beiseite schiebt oder verharmlost, macht sich nicht selten genauso handlungsunfähig wie jener, der Probleme aufbauscht und sich in ihnen verliert.

Frau Moser «hatte es gut gemeint». Nachdem sie mit ihrem 8jährigen Frank «Ronja Räubertochter» gelesen hatte («Das hat ihn wahnsinnig fasziniert. Ich glaube, dreimal haben wir das gelesen, manche Szenen noch häufiger»), hörte sie von der Verfilmung des Buches. Da sie bei ihrem Sohn einen einschränkenden Stil hinsichtlich der Medienerziehung «fuhr», wollte sie «Frank einen Gefallen tun. Das war ein gutes Buch, dachte ich, und so muß der Film es doch auch sein.» Sie ging mit ihm in eine Kindervorstellung und «war entsetzt. Nicht über den Film, der war schon in Ordnung. Aber über Frank und auch über mich. Frank zitterte bei vielen Szenen. Er hat sich fest an mich geklammert. Der wäre am liebsten in mich hineingekrochen. Dann hat er ein paarmal geweint, aber rausgehen aus dem Kino wollte er auch nicht. Das hat mich fürchterlich mitgenommen, sage ich Ihnen.»

Hier deutet sich wieder ein zentrales Mißverständnis an, dem viele Eltern aufsitzen. Sie meinen es gut und sind dann entsetzt, wenn die Kinder auf Szenen anders reagieren, als sie erwartet haben. Nicht immer sind es die überzogenen Actionfilme, die die Kinder verunsichern. Es sind häufiger jene Produktionen, die Erwachsene für angemessen halten: Tier- und Märchenverfilmungen, Vorschulsendungen, Dokumentarfilme oder filmisch aufbereitete Kinderliteratur. Kinder sind gegen Verunsicherungen und Verängstigungen niemals gefeit, weil sie mit eigenen Alltagserfahrungen an Filme herangehen. *Es gibt keine harmlosen, will sagen: einflußlosen Fernsehbilder für Kinder. Das Bild macht etwas mit dem Kind, wie umgekehrt das Kind etwas mit den Bildern macht.* Je mehr Medienkompetenzen ein Kind allerdings besitzt, um so weniger kann es in der Bilderflut ertrinken. Frank verfügt über sehr differenzierte Fähigkeiten, mit Sprache und auch mit den Hörmedien umzugehen. Seine Wiederholungswünsche beim Vorlesen des Buches weisen allerdings schon auf eine gefühlsmäßige Betroffenheit hin. Aber er kann mit seinen Phantasien so weit spielen, wie er sie aushalten kann; ja, er kann sich ganz eigene Bilder machen, um sich zu schützen. Frank beschreibt das so: «Immer wenn's im Buch gruselig wird, also wenn da ein Monster auftaucht oder wenn es spannend wird, dann stell ich mir das einfach schön vor. Und das ist dann nicht so schlimm. Oder ich les zuerst die nächsten Seiten, wenn das schon vorbei ist. Das war auch schon so beim kleinen Vampir. Den hab ich mir einfach lustig vorgestellt.»

Die Begegnung mit dem Film hat Frank dagegen mehr als verunsichert. Ihm fehlten Schutzmechanismen, ja er war den Bildern geradezu ausgeliefert, die ihn gefühlsmäßig völlig gepackt hatten. «Warum ich Ihnen die Geschichte erzähle», so Franks Mutter weiter, «weil er danach immer wieder nach dem Film gefragt hat. Oder er hat in seinem Zimmer Szenen aus dem Film nachgespielt. Mich hat das genervt. Immer wieder dasselbe. Häufig habe ich meine Entscheidung verflucht, mit ihm ins Kino zu gehen. Aber Frank wurde nach dem Reden und dem Spielen zusehends ruhiger. Neulich sagte er mir, er möchte das noch mal sehen. Ich soll ihm eine Videokassette mit dem Fim ausleihen. Kann ich das machen?»

Ich habe die Mutter ermutigt, zumal ich Frank in der Zwischenzeit kennengelernt hatte. Und zwar aus zwei Gründen: Kinder müssen Bildlesefähigkeiten entwickeln, weil Bildermedien zu ihrem Alltag gehören. Sie müssen fähig sein, Bildfolgen wahrzunehmen und mit den darin gebundenen Gefühlen umzugehen. Darüber hinaus wollte Frank sich freiwillig auf das Filmszenario einlassen. Beim ersten Mal hatte die Mutter ihn mehr oder weniger überredet. Frank schien deshalb nun besser vorbereitet. Er wußte, was ihn erwartet, gleichwohl war er schnell wieder von der Handlung gepackt. Er ließ sich hineinziehen, aber er war nicht mehr vollends überwältigt und damit gefühlsmäßig überfordert. In den folgenden Wochen wollte er den Film noch viermal sehen. Dann hatte er genug. Bei jedem Anschauen wiederholte sich sein Filmerleben, gleichzeitig nahm aber sein Vertrauen zu, sich auf die dadurch hervorgerufenen Gefühle einlassen zu können.

Vorlesen, lesen, erzählen oder fernsehen? Ich hatte es eben betont: Zweifellos passen sich die sprachlichen Medien, besonders das Erzählen, dem kindlichen Entwicklungsstand mehr an. Vor allem die Vorschulkinder haben mehr Zeit für die Verarbeitung. Beim Erzählen oder auch beim Vorlesen kann ein Kind weghören, vor allem sich jene Phantasien gestatten, die es sich zumutet. Zudem fällt auf, daß beim Erzählen oder beim Vorlesen noch mehr Einzelheiten erinnert werden als beim Anschauen einer Sendung. Dies mag auch daran liegen, daß der Erzähler unmittelbarer auf die Zuhörerschaft eingehen kann.

Aber das Prinzip des (Geschichten-)Erzählens läßt sich auf die Gestaltung von Fernsehsendungen für Kinder übertragen. Und die vielen anspruchsvollen Filme und Serien belegen dies immer aufs neue – egal ob es sich um Evergreens wie «Pan Tau» und die «Märchenbraut», verfilmte Klassiker wie «Der kleine Vampir» oder «Pumuckl» oder um Abenteuerserien wie «Clarissa» oder «Fünf Freunde» handelt. Diese Produktionen, die hier stellvertretend für viele andere genannt sind, unterstützen mit ihrer Dramaturgie Kinder bei der Verarbeitung des Gesehenen, indem sie Geschichten nicht nur vorantreiben, sondern Phasen der Ruhe einbauen, damit Kinder innehalten und verschnaufen. Und dies muß nicht Betulichkeit und Kindertümelei bedeuten, es kann eine gelungene Synthese aus Humor und Witz, Klamauk und Action entstehen.

Überragende Beispiele für kindgerechtes Erzählen und verständliche Kommentare finden sich in der «Sendung mit der Maus», vor allem dort, wo es um die Darstellung eines einzelnen Themas geht. Wie hier – z. B. in der «Nachkriegsmaus» oder der «Geschichte von Katharina» – Kinder angesprochen werden, wie man ihre Vorerfahrungen ernst nimmt, ist nicht nur dramaturgisch überzeugend, von der Vorgehensweise kann mancher Pädagoge, der so schnell über die Oberflächlichkeit des Fernsehens schimpft, viel für sein pädagogisches Handeln lernen. Der Realismus der Bilder überfordert Kinder nicht einmal dort, wo er – beispielsweise beim «Katharina»-Film –

ernste Themen wie den Tod eines Kindes behandelt. Bei aller berechtigten Kritik am «Programmschrott»: Ein Trend zum Erzählen von Geschichten im Kinderfernsehen ist unverkennbar.

Durch Fernsehen lernen?

Fernsehsendungen stehen dann hoch im Kurs, wenn Eltern meinen, Kinder könnten daraus etwas lernen. Zweifelsohne können Filme und Serien Wissen vermitteln, und der kognitive Entwicklungsstand von Kindern, die sich Magazine anschauen, zeigt dies eindrücklich. Gleichwohl kann man von den pädagogischen Absichten einer Sendung nicht unbedingt auf Wissenszuwächse beim Kind schließen. Nochmals: Vor- und Grundschulkinder lernen und begreifen über das Greifen. Dagegen vermittelt das Fernsehen häufig mehr Wissen *über* als ein Wissen *um* einen Sachverhalt. Letzteres gelingt vor allem in der unmittelbaren und direkten Auseinandersetzung mit der Umwelt.

Aber auch Fernsehsendungen können für die Wissensvermittlung genutzt werden. So haben verschiedene Untersuchungen zu Vorschulsendungen gezeigt, daß diese eben nicht zu intellektueller Passivität führen. Weil direkte Erfahrungen aus der Umwelt eine wesentliche Voraussetzung für das Verständnis bildlich vermittelter Informationen ist, holt man die Kinder bei ihren Alltagserfahrungen ab. Und viele Episoden in Vorschulsendungen sind so aufgebaut, daß sie an kindlichen Fähigkeiten und am kindlichen Wissen anknüpfen. Gleichwohl ist es wichtig, das Gesehene in unmittelbare Erfahrungszusammenhänge zu stellen. In meiner pädagogischen Arbeit mit Vorschulkindern habe ich immer wieder versucht, einzelne Episoden in die Nahwelt von Heranwachsenden zu stellen. Ich ermutigte Erzieherinnen und Eltern, die in den Filmen angesprochenen Gegenstände in der Umgebung aufzusuchen, um so der filmischen Vermittlung von Wissen die direkte Erfahrung hinzuzufügen. Ist der

Fernsehgebrauch in ein soziales und kommunikatives Netzwerk einbezogen, kommt es zu einem Ineinander von mittelbaren und unmittelbaren Erfahrungen. Und dies hat zweifelsohne positive Auswirkungen auf die Kreativität, die Phantasie, das Wissen und die Medienkompetenz von Kindern.

Was können Eltern tun?

Wer sich auf das Filmerleben und die Wahrnehmungsbesonderheiten von Kindern einläßt, sollte ein paar Grundsätze beherzigen, die die Fernseherziehung zwar nicht konfliktfreier machen, aber zu mehr Gelassenheit beitragen können und Kindern das Gefühl vermitteln, von ihren Eltern angemessener verstanden zu werden. Zu diesen Grundsätzen gehören:

1. Kinder nehmen Sendungen anders wahr als Erwachsene. Je jünger Kinder sind, um so größer sind die Unterschiede. Sie können von

Szenen, die Erwachsene als harmlos empfinden, berührt und verunsichert sein. Und umgekehrt: Was Eltern beunruhigt, muß für Kinder nicht unbedingt problematisch sein.

2. Kinder gehen mit Vorerfahrungen an Handlungen und Themen und Serien heran. Ihre Wahrnehmung ist somit durch Alltagseindrücke geprägt. Und deshalb sind Kinder niemals passive Empfänger. Sie wählen aus den Bilderfolgen aus, weisen einigen Details besondere Bedeutung zu. Schmücken diese aus, aber übersehen und ignorieren zugleich manche Einzelheiten. Wer diese Besonderheit verkennt, sie gar als Mangel bewertet, kann die Entwicklung der Bildlesefähigkeit behindern oder Konflikte provozieren.
3. Kinder brauchen Zeit und Raum, um die gefühlsmäßigen Einflüsse des Fernsehens zu verarbeiten. Eine gekonnte, sich an Kindern orientierende Medienerziehung wird deshalb darauf achten, Möglichkeiten zur Verarbeitung des Gesehenen anzubieten. Ob die Kinder von diesem Angebot Gebrauch machen, ist ihre Sache. Wenn sie aber nach der Sendung sofort ins Bett müssen und dann möglichst schnell einschlafen sollen, so ist das gerade nach einer sehr spannenden Sendung fast unmöglich. Wer Kinder in der Nachbereitungsphase ruhigstellt, erreicht häufig genau die umgekehrte Wirkung, z. B. Schlafstörungen oder Alpträume.
4. Die Nachbereitung von Sendungen sollte sich an jenen Wünschen orientieren, die Kinder äußern. Je eher es ihre eigenen Spiele und Rituale sind, desto kreativer können Kinder das Gesehene verarbeiten. Wohlmeinende Eltern versuchen manchmal fast zwanghaft ein Gespräch zu beginnen, weil es, wie eine Mutter erzählt, doch überall steht, man solle hinterher mit den Kindern reden. Der Effekt ist häufig Zerreden, das Gespräch wird *über* und nicht *mit* den Kindern geführt.

Probleme ergeben sich auch, wenn Eltern das Gesprächsthema bestimmen. So erlebe ich es häufig, daß Eltern mit den besten Absichten Themen ansprechen, die von den Kindern gar nicht wahrgenommen oder übersehen wurden.

Um nicht mißverstanden zu werden: Nachbereitende Gespräche sind keineswegs überflüssig. Sensibilität und Einfühlungsvermögen vorausgesetzt, helfen sie dann, wenn die Bereitschaft vom Kind ausgeht, wenn das angesprochen wird, was ein Kind an Problemen und Fragen, an Kommentaren und Hinweisen mitbringt.

5. Bedenken Sie: Falls Sie mit Ihren Kindern gemeinsam fernsehen, spielen Sie nicht den Besserwisser oder den gutmeinenden Beschützer. Vor allem ältere Kinder wünschen sich deshalb Gleichaltrige als Sehpartner, weil diese solidarischer sind, intensiver und mitfühlender das Filmerleben nachvollziehen können.
6. Für Kinder führt der Weg zum abstrakten Begriff über das Begreifen, die unmittelbare Berührung, den direkten Kontakt. Deshalb habe ich häufig auf die Bedeutung des Spiels hingewiesen. Das Fernsehen stellt sich für mich als eine wichtige, die direkten Erfahrungen ergänzende und unterstützende Tätigkeit dar. Deshalb sind Medien nicht minderwertig. Dies wissen Kinder, dies fühlen sie, indem sie das Filmerleben im Spiel oder einer Nachinszenierung fortsetzen. Kindliche Spiele oder Gespräche im Anschluß an Fernsehsendungen sind niemals Imitationen, sondern der Versuch, Unbegriffenes, Abstraktes in die eigene Realität umzusetzen. Pädagogische Handlungsmuster haben diese Besonderheiten aufzugreifen, zu unterstützen und zu fördern.

Es gibt keine folgenlosen Fernsehsendungen

Über Angst und Aggressionen

Seit meine Tochter intensiver fernsieht, geht es mit ihren Ängsten so richtig los. Begonnen hat's mit Märchen. Da hab ich zwar dosiert, aber Hexen und Monster gehören nun mal zum Märchen dazu», so klagt Sylvias Vater. «Ich dachte, ich könnte sie angstfrei er-

ziehen. Aber das war wohl ein Irrtum. Ich kann ja nicht überall Grenzen ziehen und ihr einen Schonraum bauen.»

Medien erzeugen keine Ängste, aber sie können Bilder, Szenen und Situationen zeigen, auf die ein Kind mit Unsicherheit und Betroffenheit reagieren *kann.* «Aber», so Sylvias Vater weiter, «ich denke mir, muß das denn sein, daß man Kindern so früh und überhaupt mit Ängsten kommt. Mit diesen gräßlichen Monstern, diesen Gespenstern?»

Man mag mit vielen Szenen und Grausamkeiten, mit Geräuschen und Musik in Filmen und Serien zu Recht nicht übereinstimmen, aber Erziehung muß Kindern dabei behilflich sein, mit Ängsten und Verunsicherungen umzugehen. Sie werden nicht dadurch bewältigt, daß man ihnen aus dem Weg geht, sie vermeidet oder verdrängt. Es ist vielmehr notwendig, Kinder auf eine lebenslange Auseinandersetzung mit unerwünschten Gefühlen vorzubereiten. Dies habe ich in meinem Buch «Ängste machen Kinder stark» ausführlich dargelegt. Erhält ein Kind keine Möglichkeit, sich seinen Ängsten in einem sicheren Rahmen zu stellen, um sie zu verarbeiten, kann sich eine *Angst vor der Angst* aufbauen, die Selbstbewußtsein und Eigenständigkeit nicht zuläßt. Ob in diesem Prozeß den Medien eine positive oder problematische Bedeutung zukommt, hängt von den Lebensbedingungen ab, in denen ein Kind aufwächst.

Kinder erzählen von Ängsten

Michaela, 8 Jahre: «Wir ziehen bald um, ich will nicht. Und da hab ich Angst davor.»

Gudrun, 6 Jahre: «Wenn ich Märchen hör, dann träum ich von einer Hexe. Die trägt mich auf ihrem Besen weit weg.»

Philipp, 7 Jahre: «Ich habe Angst, wenn ich im Keller alleine bin.»

Moritz, 6 Jahre: «Ich habe Angst, wenn ich im Dunkeln alleine bin.»

Boris, 5 Jahre: «Manchmal geht meine Mutter einkaufen, und ich bleibe allein zu Hause. Dann hab ich Angst, daß ihr etwas passiert, und ich bin dann allein, und ich weiß nicht, was ich machen soll.»

Simona, 6 Jahre: «Ich träum von Gespenstern. Und dann ruf ich ‹Hilfe› oder ‹Mama›. Dann kommt sie und tröstet mich.»

Sarah, 10 Jahre: «Meine Mutter ist immer so nervös, wenn sie von der Arbeit kommt. Und dann schlägt sie mich schnell.»

Daniela, 5 Jahre: «Mein Bruder macht mir immer so angst. Der ärgert mich.»

Sarah, 9 Jahre: «Neulich mußte ich vom Dreier springen, hat Papa gesagt. Und dann hat er geschimpft, weil ich nicht gesprungen bin. Und dann hab ich so arg Angst gehabt.»

Melanie, 6 Jahre: «Wenn Papa und Mama streiten, dann hab ich Angst, weil Papa dann immer weggehen will, sagt er.»

Tim, 4 Jahre: «Die lauten Düsenjäger, das find ich schlimm.»

Angst zählt zu den Grundgefühlen des Menschen. Sie ist nützlich und lebenserhaltend, aber sie kann auch einschüchtern und hemmen. Angst umschreibt einen Zustand körperlicher Erregung, die mal als Nervenkitzel und dann lustvoll, ein anderes Mal als unerträglich erlebt wird. Die Entstehung von Ängsten ist abhängig von psychischen Reifungs- und Entwicklungsschritten, aber genauso an kritische Lebensereignisse gebunden. Eltern reagieren auf kindliche Ängste schnell sorgenvoll, suchen häufig nach Ursachen für kindliche Unsicherheit und Betroffenheit, nach Schuldigen und finden diese im eigenen Haus oder in der Umwelt. Kinder haben da eine differenziertere Einstellung. Auch ihnen ist vieles nicht geheuer, aber sie spüren: Jeder Entwicklungsschritt führt zur Erkundung der Welt, ist mit der Entdeckung von Neuem und Unbekanntem verbunden. Das fordert heraus, spornt an – macht aber zugleich unsicher. Fünf zentrale entwicklungsbedingte Ängste lassen sich unterscheiden:

1. Da ist zunächst die *Angst* des Kindes *vor Verlust von Halt und Körperkontakt.* Diese Angst ist von Anfang an da, weil sie das Überle-

Jessika, 9 Jahre: «Das links bin ich, und da rechts kommt ein Monster hinter mir her. Ich laufe weg, aber ich kann mich nicht verstecken. Da bin ich gelaufen und gelaufen, und das Monster ist immer hinterher. Und als ich das nicht mehr aushalten konnte, ist die Sonne aufgegangen, da in der Mitte.»

ben des Säuglings sichert. Im vorgeburtlichen Zustand erfährt das Kind Wärme und Geborgenheit im Mutterleib. Und das Ungeborene wird durch die Nabelschnur versorgt. Nach der Geburt muß das Kind für sich sorgen. Es schreit, wenn es hungrig ist, dann bekommt es Nähe und Nahrung. So enthält der Akt des Stillens eine zweifache Versorgung: Die Mutter hält das Kind, gibt ihm damit Nähe und Geborgenheit, und sie versorgt es mit Milch. Sowohl die mütterliche Nähe wie die Nahrung sichern das Überleben des Kindes. In der Angst vor Verlust des Körperkontaktes sowie im häufig reflexartigen Versuch, diese Angst zu überwinden oder klein zu halten, stellt sich eine Urform der Angst wie der Angstbewältigung dar. Nicht nur Säuglinge, auch Heranwachsende suchen Nähe und Geborgenheit, wenn sie sich fürchten. Kinder wollen nicht den Satz «Du brauchst doch keine Angst zu haben» hören, wenn sie welche haben, sie wollen jemanden spüren, von dem sie sich angenommen fühlen. Angst ist ein Gefühl, eine physiologische Reaktion, die mit Herzklopfen, Schweißausbrüchen oder feuchten Händen einhergeht und die nicht mit dem Kopf aufzulösen ist. Wenn ein Kind Angst hat, dann hilft kein Wegreden dieser Angst. Dies gilt gleichermaßen für jene Ängste, die mit Fernsehbildern einhergehen. Der Hinweis darauf, das sei doch nur ein Film und deshalb brauche das Kind doch keine Angst zu haben, hilft nicht. Im Gegenteil: Es verstärkt nicht selten die Angst, weil sich das Kind nicht ernst genommen fühlt.

2. Die *Acht-Monats-Angst*, das «Fremdeln», ist gebunden an eine zunehmende Ausdifferenzierung der Wahrnehmung. Das Kleinkind lernt bekannte Bezugspersonen von fremden Personen zu unterscheiden. Es setzt sein Bedürfnis nach Geborgenheit mit der Anwesenheit von vertrauten Personen gleich, die Sicherheit geben. Je fremdartiger, undurchschaubarer und bedrohlicher sich die Gesamtsituation für das Kind darstellt, um so intensiver kann die Suche nach Bindung sein. Aber Überfürsorge und übertriebene Zuwendung können zugleich Ängste auslösen, wenn der Wunsch des Kindes nach Selbständigkeit und Autonomie nicht angemessen unterstützt wird. Kinder brauchen, wenn sie Ängste zeigen, Halt, aber dieser Halt ist nicht mit Festhalten gleichzusetzen.
3. Wenn das Kind gehen lernt, bildet sich die *Trennungsangst* aus. Voraussetzung für die eigenständige Erkundung von Welt ist das Gefühl von Geborgenheit. Je sicherer der Rückhalt bei den Eltern, um so eher sind individuelle Schritte in die Welt möglich. Einengende oder dominierende Erziehungsstile fördern dagegen Unsicherheit und Unselbständigkeit. Damit wird zugleich die Sensibilität für das Neue unterdrückt, Entwicklungsstörungen können die Folge sein.
4. Je älter die Kinder werden, desto mehr erleben und erfahren sie eine Vorstellung vom eigenen Körper. Aber mit der Entdeckung der Körperlichkeit geht das Wissen über physische Gefahren und Anfälligkeiten einher. Kinder fühlen sich bedroht – meist durch Tiere oder übernatürliche phantastische Geschöpfe, die es ver-

letzen, in das Kind eindringen, es zerstören oder vernichten wollen. In dieser Zeit entstehen die *Vernichtungsängste.*

Kinderängste sind Zeichen für Reife, sie haben mit der Suche nach Neuem und nach Selbständigkeit zu tun. Aber Kinderängste weisen auch auf Angewohnheiten und Unsicherheiten hin, die Eltern sich weigern zu sehen. Dies macht den Umgang mit jenen Verunsicherungen so verkrampft, die durch Medien hervorgerufen werden. «Ich weiß nicht», so eine Mutter in einem Gespräch, «worauf das hinausläuft, wenn ich mich darauf einlasse, mich mit meinem Sohn über die Angst zu unterhalten, z. B. über den Krieg. Er kommt dann vom Hundertsten ins Tausendste, und mit einemmal bin ich bei mir oder wir bei uns. Das fängt doch immer harmlos an. Und dann ist man plötzlich beim Tod. Dann merk ich, das Herz klopft mir rasend. Dann spricht er Dinge an, da bin ich verblüfft. Der redet da wie selbstverständlich, und ich ... ich bin gehemmt.»

Mit zunehmendem Alter treten neben jenen Ängsten, die sich mit der Entwicklung herausbilden, soziale Ängste auf, die sich aus dem familiären Zusammenleben oder den Anforderungen der Umwelt ergeben. Der Psychologe Arnd Stein führt soziale Ängste auf das «Bankkonto der Erziehung» zurück, darauf, daß Kinder häufig mehr Ablehnung als Zuwendung erfahren, mehr gegnerische Partei denn Partner sind. Solche Ängste ergeben sich aus einem inkonsequenten Erziehungsstil.

Der Fernsehalltag und die Angst der Kinder

Tina, 7 Jahre: «Ich hab da einen Märchenfilm gesehen, Hänsel und Gretel, und da kam eine Hexe, und das war Nacht. Und die sah so komisch aus und hat so gräßlich gelacht, so ganz gräßlich und so komisch gelacht, da hab ich mir die Ohren zugehalten.»

Christoph, 8 Jahre: «Also, das ist Robin Hood. Der nimmt immer welche gefangen. Und manchmal wird Robin Hood auch gefangengenommen. Aber dann ist er frei und reitet mit seinem Pferd in den Wald. Und dann gibt es so spannende Musik und so komische Geräusche, weil die Bösen dann hinter den Bäumen stehen. Ich hab dann immer so 'ne Angst, wenn die Musik kommt, weil, dann weiß ich, jetzt wird's gruselig.»

Gisela, 8 Jahre: «Da ist ein Flugzeug abgestürzt, das kam in den Nachrichten, und 200 Menschen sind gestorben. Und dann hab ich gedacht, ich bin da drin und Papa und Mama. Dann konnt ich nicht einschlafen.»

Jan-Ole, 6 Jahre: «Ich hab mal Dracula gesehen. Ganz allein. Das war gruselig. Ich durfte das nicht sehen. Und nachts hab ich dann davon geträumt. Und dann war es ganz dunkel und knisterte so komisch in meinem Zimmer. Und dann wollte ich zu meiner Mama. Aber die war nicht da, weil die eingeladen war. Die ist sonst immer da und beschützt mich. Da hab ich mich in ihr Bett gelegt.»

Kathrin, 6 Jahre: «Da hab ich neulich einen Film gesehen. Da haben sie die Frauenleiche gefunden im Wald. Die sah ganz gräßlich aus. Und meine Mama ist ganz fürchterlich erschrocken, und da hab ich auch Angst gehabt.»

Gero, 11 Jahre: «Als sie mal in der Schwarzwaldklinik operiert haben. Da hab ich geschrien, weil ich war im Krankenhaus. Und da hab ich viele Spritzen gekriegt. Und dann kam der Doktor, und ich dachte, das wär ein Skelett und schneidet dich jetzt auf. Immer wenn ich solche Filme sehe, wo die operieren, muß ich dran denken.»

Rebecca, 7 Jahre: «Wenn sie Gewitter zeigen im Film, und das wird dann spannend, dann bekomm ich Angst. Aber ich halt das aus.»

Sabine, 6 Jahre: «Wenn die sich streiten und anschreien im Fernsehen, das mag ich nicht. Das macht mir angst. Dann sag ich immer zu Mama, mach das aus. Aber die lacht dann nur und sagt, das ist doch nur 'n Film. Aber die streiten sich doch in echt.»

Timo, 6 Jahre: «Also bei Nils Holgersson, da hab ich Angst, daß er nicht mehr zu seiner Mutter nach Hause kommt.»

Andi, 10 Jahre: «Neulich war da ein Überfall von Gangstern. Die sahen aus wie Dracula. Ich weiß nicht mehr, wo. Das kam in den Nachrichten. Und die haben dann ein Mädchen getötet. Die ist dann gestorben. Aus nächster Nähe haben sie sie erschossen. Da konnt ich überhaupt nicht schlafen.» (Andi hat hier das Geiseldrama von Gladbeck gemalt.)

Kinder sind individuelle Angsttypen. Sie reagieren höchst unterschiedlich auf Fernsehbilder. Meist entsteht Angst – so der englische Psychologe John Bowlby – in zusammengesetzten Situationen. Dies gilt – nach meinen Beobachtungen – auch für jene Ängste, die durch Medien verstärkt werden. Zusammengesetzte Situationen können sein: ein unverhofftes Geräusch in der Dunkelheit, fehlende Geborgenheit und undefinierbare Geräusche während des Sehens, ein Ungeheuer, das komische Laute von sich gibt, der Schmerz einer geliebten Person, unbekannte Menschen, die gemeinsam mit einem fernsehen, etc.

Es gibt Urängste (z. B. Furcht und Schrecken bei Dunkelheit, Geräusche, unbekannte Situationen), die bei Erwachsenen und Kindern ähnlich auftreten. Andere Themen und Bilder machen Kinder besonders betroffen: z. B. Katastrophen, Tiere, Ungeheuer, das Ineinander von Phantasie und Realität, die Furcht bei anderen. Gefühlsmäßige Verunsicherungen bei Kindern sind dann zu beobachten, wenn geliebte und vertraute Personen bedroht sind, Opfer in Nachrichtensendungen gezeigt werden oder Bilder das Gefühl nahelegen, «das könnte mir oder meinen Eltern auch passieren». Ängste sind aber auch möglich, wenn Kinder dramaturgische Elemente (z. B. Kameraeinstellungen) nicht verstehen. Ben, der sich von einer Riesenameise bedroht fühlt, hatte diese nicht in einem Horror-, sondern in einem Tierfilm gesehen, der Ameisen in Großaufnahme zeigte.

Je jünger die Kinder, um so wahrscheinlicher ist es, daß sie über Äußeres (Ungeheuer, Monster, Geister), über nicht durchschaubare Trick- und Verwandlungseffekte (z. B. bei den «Power Rangers») erschrecken. Je jünger die Kinder sind, desto intensiver ziehen Geräusche und Musik in den Bann, wird manches Kind gefühlsmäßig überfahren. Etwa vom 7. Lebensjahr an reagieren Kinder betroffenverunsichert auf die Darstellung von Schmerz, Verletzung und Vernichtung, auf realistische Situationen und soziale Ängste, die ihrem Alltag nahe sind und mit verdrängten und vermiedenen Ängsten konfrontieren.

Medienängste – Alltagsängste

Nicht das Fernsehthema macht angst, es ruft vielmehr Gefühle und Wünsche wach, auf die die Kinder mit Angst und Verunsicherung reagieren können: der Kobold, der Unordnung stiftet, die man selber vielleicht gerne machen möchte; die Maus (ein Kind), die die Katze (den Erwachsenen) mit Gewalt besiegt; die Naturkatastrophe, die Menschen vernichtet und damit den möglichen Tod enger Bezugspersonen vor Augen führt; der Streit in der Familienserie, bei der die Konflikte in der eigenen Familie aktuell werden; der Einbrecher und der Mörder, die vernichten und verletzen und dabei körperliche Verletzlichkeit eindringlich vor Augen führen; die Heidi, die sich zwar zu helfen weiß, aber die Erinnerung an die Trennung von Vater und Mutter erneuert, oder die Biene Maja, die ständig Abenteuer erlebt, die einem selbst untersagt sind.

Ob die Begegnung mit angstbesetzten Symbolen als produktiv oder als hemmend erlebt wird, hängt entscheidend davon ab, was das Kind an Ur- und Selbstvertrauen mitbringt. Gefühlsmäßig leere Kinder, denen Geborgenheit fehlt, die sich abgelehnt fühlen, fürchten sich schneller als andere. Ihre Verarbeitung der Angst kann man als zwanghaft bezeichnen. Ein Problem ergibt sich für ein Kind immer dann, wenn es aufgrund einer verunsichernden Nahwelt im Kreislauf der Medien gefangen bleibt. Dazu ein Beispiel:

Steffen ist 6 Jahre. In seinen Zeichnungen zur «Biene Maja» stellt er immer wieder dar, daß die Figur des Willi wie gehetzt hinter der Biene Maja herjagt. Zentrales Thema seiner Bilder ist die Rettung und der Schutz von Maja durch Willi. Sein Kommentar zu einem der Bilder lautet: «Also das ist der Willi, der fliegt immer hinter der Maja her. Die war eingesperrt bei den Hornissen. Wenn Willi nicht gewesen wäre, dann wären die Hornissen gekommen. Na ja, das geht sowieso immer gut aus. Wenn das nicht ist, dann guck ich das nicht. Aber der Willi hat es schwer, weil die Maja immer wegfliegen will, immer will sie weg – und der Willi hält sie fest, damit sie nicht zu den Hornissen zurückgeht. Denn dann ist sie für immer weg.» Auf meine Frage: «Aber das geht doch gut aus?» antwortet Steffen: «Ja, das geht gut aus, aber das ist trotzdem nicht zum Aushalten.»

Ich spiele mit Steffen das Bild nach, indem ich die Maja auf der Flucht bzw. beim Wegfliegen darstelle. Steffen ist Willi. Ich will weg, doch Steffen hält mich mit großer Kraft fest. Auch auf weiteren Bildern ist die Dynamik zwischen Maja und Willi von großer Bedeutung. Bei der Erklärung der anderen Bilder sagt Steffen Sätze wie: «Der Willi hat's schwer. Manchmal schafft er das nicht. Die Maja will immer weg, und Willi hält sie fest.»

Meine Frage an Steffen: «Kennst du jemand, der wegmöchte? Der weggehen will?» Steffen kommt ganz nah zu mir heran und flüstert: «Mama!»

«Wohin?»

«Weg, ganz weg!»

«Und dann hältst du sie fest?»

«Ja, und Papa auch.»

«Und bleibt sie da?»

«Nicht immer. Manchmal geht sie einfach, und dann sind wir traurig!»

«Dann geht's dir wie dem Willi?»

«Nee, Willi ist irgendwie stärker, der schafft das ja, daß die Maja zurückkommt.»

Steffen lebt in einer gespannten Familienatmosphäre. Steffens Mutter hat ihren Sohn im Alter von achtzehn Jahren bekommen, sich dann aus dem Beruf zurückgezogen. Sie will nun wieder arbeiten. Dieses Vorhaben wird von ihrem Mann nicht bzw. nur halbherzig unterstützt. Sie bricht aus, geht häufig mit ihren alten Freundinnen in Kneipen. Ihr Mann steht den Wünschen seiner Frau insgesamt verständnislos gegenüber. Er will ihre Suche nach Selbständigkeit einschränken, droht seinerseits ständig damit, wegzugehen. Er versucht, seine Frau mit Drohungen im Hause zu halten, scheitert aber häufig. Wenn Steffens Mutter zu Hause ist, nimmt sie sich für ihr Kind viel Zeit. Steffen ist dann im Kindergarten ganz ausgeglichen. Hat es aber Krach gegeben, zieht er sich am nächsten Tag in die Puppenecke zurück und spielt dort mit der selbstgebastelten Maja und dem Willi. Drinnen im Puppenhaus herrscht eine «heile Welt», draußen dominieren die Feinde. Maja will in diese feindliche Welt, doch Willi hält sie fest. Außerdem baut Steffen die Fenster und Türen des Puppenhauses mit Bauklötzen zu. Maja kann nicht entweichen. Trotzdem gibt es regelmäßig Streit, den Steffen mit Rollenverteilungen laut inszeniert. Er droht Maja mit Krokodil und Löwen, die sie fressen würden, wenn sie das Haus verläßt.

In der Sendung mit der «Biene Maja» sieht Steffen ein Stück seiner eigenen inneren Wirklichkeit gestaltet. Im Spiel nimmt er seine Erfahrungen selbst in die Hand, versucht, sie auf den Begriff zu bringen: Er und auch sein Vater sind Willi, die die Mutter, verkörpert in der Biene Maja, festhalten. Auch bei Steffen drängen Träume und Phantasien in die Realität, wie die Spielinhalte zeigen. Steffens Probleme sind in seiner kritischen Lebenssituation begründet, die er allein nicht bewältigen kann. Spiel, Phantasie und Magie sind zuwenig, um die familiären Konflikte zu lösen. In seinen Zeichnungen, seinem Spiel, seinen Gesprächen zeigt er, wie er die Wirklichkeit haben möchte.

Als sich Steffen immer mehr in seine Medienwelt zurückzieht, die Biene Maja und Willi nahezu reale Gestalt für ihn annehmen, reagieren seine Erzieherinnen im Kindergarten besorgt. Es gelingt ihnen, seine Mutter davon zu überzeugen, gemeinsam mit ihrem Mann und ihrem Sohn eine Familienberatungsstelle aufzusuchen. Das tut der Familie gut. Die Konflikte können offener und gekonnter ausgetragen werden. Steffens Vater lernt, den Wunsch seiner Frau nach einer Berufstätigkeit zu unterstützen und sie in ihren Bedürfnissen nach mehr Selbständigkeit zu akzeptieren. Als sie kurz darauf einen Arbeitsplatz erhält, stabilisiert sich die Beziehung. Auch Steffen wird ruhiger, seine Bindung an Willi lockerer. Die Biene Maja findet er nach wie vor «unvorsichtig, weil sie sich immer in Gefahr begibt». Und Willi stellt sich für Steffen weiter als der «Klügere» dar. Wenn seine Mutter abends hin und wieder loszieht, kann er nicht einschlafen, bevor sie wieder im Hause ist. Er hat dann ein Spielzeuggewehr in der Hand, das ihm seine Mutter geschenkt hat: «Damit kann ich sie beschützen, wenn ihr draußen was passiert.» Steffens fast zwanghafte Zuwendung zur Biene Maja hat sich gelöst, gleichwohl ist sein Vertrauen in die neue Situation noch nicht hergestellt.

Aber es gibt auch den kreativen Umgang mit Angst. Bilder und Themen fordern Kinder heraus, legen etwas offen, konfrontieren mit Situationen. Wenn Kinder sich den Ängsten stellen können, erleben sie sich als stark, fühlen sich nicht ausgeliefert. Solch gekonnt-schöpferischer Umgang mit Angst gelingt um so leichter, je größer das Vertrauen in eigene Fähigkeiten ist. Dies macht dann auch die Faszination aus, die spannende Filme auf Kinder ausüben: Sie wollen sich ausprobieren, sie wollen spüren, wie weit sie gehen können, sie wollen erleben, ob sie Ängsten standhalten. Erinnert sei hier nochmals an die angeführten Gesprächsausschnitte: Da ist Christoph, der bei Robin Hood die Geräusche und Musik nicht mag. Er geht nach dem Film in sein Zimmer und schreit minutenlang mit schriller Stimme – so als wolle er Gespenster und Geister verjagen, oder er macht auf seiner Blockflöte nervende Töne. Stephan, der sich von King Kong bedroht fühlt, bespricht mit seinem Kuscheltier, wie beide den Riesenaffen besiegen können, sollte er doch einmal auftauchen. Schließlich Kathrin, die Angst vor einem katastrophalen Hochwasser hat und sich eine Fee herbeiwünscht, die das Wasser wegzaubert. Solche Geschichten wiederholen sich unendlich viele Male und meist in immer gleichen Abläufen. Die Rituale und Regeln geben Hinweise darauf, wie intensiv Kinder von Bildern betroffen sind. Und diese können für Kinder dann zu einem Problem werden, wenn sie über wenig Selbstvertrauen verfügen, mit Konflikten konfrontiert werden, für die sie keine Lösungsstrategien besitzen.

Den schöpferisch-lustvollen Umgang mit Ängsten will ich an einigen Geschichten veranschaulichen. Sie enthalten nicht nur Hinweise darauf, wie man auf Kinderängste eingehen kann, sie verdeutlichen zugleich, wie schnell Nervenkitzel und Grusel in Unsicherheit und Schrecken umschlagen können.

Angst-Lust

Der 5jährige Alex und sein Vater stehen vor der Geisterbahn auf dem Jahrmarkt. Sie überlegen, ob sie hineingehen sollen. Nach längerem Hin und Her entschließen sich die beiden, die Fahrt zu wagen. Alex drückt sich während der Fahrt durch das Dunkle ganz eng an seinen Vater, hält die Hände vors Gesicht, so daß er die Gespenster gerade noch sehen kann. Oder aber er versucht, sie durch lautes Rufen zu erschrecken. Kaum ist die Fahrt zu Ende, will Alex das Ganze noch einmal machen.

«Also», erzählt mir die 7jährige Nadja, «ich hab doch schon Angst, wenn die Biene Maja mal wieder irgendwo so Unsinn macht. Wie neulich mit den Hornissen. Da war sie eingesperrt, und die wollten sie fressen. Aber dann hat sie das doch noch geschafft. So gerade eben noch. Also, wenn ich das nicht wüßte, dann könnte ich das niemals aushalten.»

Kinder haben Lust, sich in angstbesetzte Situationen zu begeben, sie zu erleben – wenn dies im gesicherten Rahmen, mit selbstgeschaffenen und -bestimmten Regeln und Ritualen geschieht, so bleiben Verunsicherungen erträglich und beherrschbar. Angst-Erleben bedeutet eine erhöhte physiologische Erregung und geht mit der Hoffnung auf Sicherheit, dem guten Ende einher: Alex kommt gestärkt aus der Geisterbahn, und Nadja weiß, daß Maja sich in jeder Situation befreien kann.

Von der Lust an der Angst, auch Nervenkitzel oder Thrill genannt, kann man sprechen, wenn drei Grundvoraussetzungen zugleich gegeben sind:

1. Das Kind setzt sich *freiwillig* einer gefährlichen, gefühlsmäßig verunsichernden Gefahr aus, die aber einem vertrauten und gewohnten Schema unterliegt. Hier weisen das Spiel, aber auch das Filmerleben Ähnlichkeiten auf.
2. Es existiert eine *äußere objektive Gefahr*: das Ungeheuer in der Geisterbahn, das prickelnde Gefühl im Karussell, der schwarze Mann beim Versteckspielen oder der geliebte Medienheld, der sich in Gefahr begibt. Das Kind läßt sich auf das Spiel oder die Sendung ein und *verzichtet*
3. *auf gewohnte Sicherheit.* Das Wissen um einen positiven Ausgang

des Spiels, das gute Ende schaffen Vertrauen und bieten die Sicherheit, nicht überfahren zu werden.

Tritt eine dieser Voraussetzungen nicht ein, bleiben Schrecken und tiefe gefühlsmäßige Verunsicherung. Setzen sich Kinder unfreiwillig einem Film aus, oder es fehlt das Happy-End, kann sich eine starke gefühlsmäßige Betroffenheit aufbauen.

Die Lust an der Angst ist für ein Kind nur deshalb auszuhalten, weil es um den Ablauf des damit einhergehenden Erlebnisses weiß: Es ist mit Haut und Haaren beteiligt, fühlt und geht mit, es spürt sich und seinen Körper. Aber es weiß auch, daß nach dem Erregungsgipfel ein als angenehm erlebter Gefühlsabbau kommt. Kinder atmen tief durch, lachen, toben, geben der Nervenanspannung Ausdruck: «Das war spannend!» – «Das war knapp!» – «Das war kaum zum Aushalten!» Die Nacherzählungen und Nachspiele zeugen von den intensiven Gefühlen, machen deutlich, wie Kinder nun das innere Gleichgewicht herstellen müssen. Und sie sind stolz darauf, solche Erlebnisse bestanden zu haben.

Die Lust an der Angst zeigt sich an körperlichen Symptomen: Der Blutdruck steigt, Kinder erröten, bekommen feuchte Hände, werden unsicher, halten sich Augen und Ohren zu, verkrampfen sich oder erstarren, stöhnen, lachen auf, schreien, setzen sich aufrecht hin, kommentieren erleichtert, suchen Nähe und Geborgenheit oder zeigen Kleinkinder-Verhalten: Sie lutschen, stecken den Finger in den Mund oder kauen Fingernägel.

Die Lust an der Angst ist für Kinder mithin ein Balanceakt, den sie häufig mit großer Sicherheit ausführen, der aber manchmal in einem emotionalen Absturz enden kann. Denn für Kinder gibt es keine harmlosen, folgenlosen Medienprodukte.

Wenn Angst wirklich wird

Das Kind *kann* sich schöpferisch mit seinen Ängsten auseinandersetzen. Es kann aber auch verunsichert werden. Das Spiel mit der Angst schlägt dann jäh um in Enttäuschung und Vernichtung. Aus Lust wird Unlust, aus einer spielerisch-geschützten Konfrontation wird eine wirkliche Auseinandersetzung. Lust und Angst werden als getrennt erlebt. Der Alltag hat das Kind wieder. Einige der Situationen, die ich nun beschreibe, mögen die Vielfalt und Unvorhersehbarkeit kindlicher Angstreaktionen verdeutlichen. Sie mögen Mut machen, nicht nach Schuld zu suchen, sondern Kinder bei der Angstverarbeitung zu unterstützen. Denn eine Erziehungshaltung, die Kinder vor der Angst bewahren will, schwächt sie, hält sie klein, macht sie unmündig und nicht selten abhängig von den Eltern.

Christians Mutprobe

Christians Eltern waren außer Haus. Sie hatten ihm verboten fernzusehen, obgleich die «Schlacht um den Planet der Affen» kam. Christian ist 9 Jahre alt, sein Bruder Ralf 8 Jahre. «Also, die Kiste bleibt aus. Wenn ihr wollt, ein Videofilm, von mir aus Bud Spencer, aber sonst nichts mehr. Sonst braucht ihr nicht zu kommen, wenn ihr Angst habt! Klar?» Beide nicken, grinsen sich jedoch vielsagend an. Und natürlich haben sie den Film gesehen. Christian hat mir einige Tage später ein Bild gemalt und dazu erzählt.

«Also das war vielleicht gruselig ... Ralf und ich haben uns festgehalten. Manchmal hab ich kaum noch hingeschaut, und Ralf hat sich die Ohren zugehalten. Das war ganz schön schrecklich.» Und dann deutlicher: «Also, ich mein, das war kaum zum richtigen Aushalten.» Gleichwohl empfand Christian die Sendung im nachhinein als «geile Sache», aber nach dem Schluß blieb er noch lange im Wohnzimmer sitzen. Nach einiger Zeit stand er auf, machte zuerst im Wohnzimmer, dann im ganzen Haus Licht. Gemeinsam suchten die Brüder nach Affen. Ralf holte dazu eine Spielzeugpistole, Christian ein Seil, «um den dann zu fesseln». Beide gingen dann in ihr Kinderzimmer, einer hielt Wache an der Tür, während der andere im Bett schlief. Aber der Schlaf übermannte Christian, als er die Tür bewachen sollte. Erst die lauten Worte seines Vaters: «Ich glaube, ich spinne», weckten ihn. «Was ist denn hier los, alles hell?» Christian: «Hab ich vergessen.» – «Habt ihr ferngesehen?» – «Nein, nur den Videofilm.» – «Im Wohnzimmer sieht's aus wie in einem Affenstall.» – «Den Film haben wir aber nicht gesehen.» – «So, nun schlaft. Gute Nacht!»

Christian erzählt mir, daß er wochenlang nicht einschlafen konnte, geträumt und phantasiert habe. «Überall waren Affen. Aber ich konnte mit niemandem reden, weil, dann hätte das schwer Ärger gegeben.» Und Ralf ergänzt: «Gut, daß Papa nicht da war. Dann ist es besser mit dem Fernsehen. Dann kann ich richtiger fernsehen.» – «Was ist richtiger?» – «So mitschreien und mitschießen und so. Mich verstecken.» – «Das kannst du nur mit deinem Bruder?» – «Ja, wenn Papa merkt, daß ich Angst habe, dann sagt er gleich: ‹Also wenn du das nicht abkannst, dann gehst du jetzt raus.› Deshalb sitz ich meistens immer ganz ruhig da, wenn er dabei ist.»

Nicht allein die Bilder konfrontieren Kinder mit unangenehmen, verdrängten Gefühlen, Ängste können dadurch verstärkt werden, daß Eltern darauf unangemessen und unsensibel eingehen. War es für Christian und Ralf schon schwer genug, den Film richtig zu genießen, weil sie es heimlich taten, so können sie mit ihren Angsterlebnissen nun nicht einmal offen umgehen. Sie sind auf sich allein gestellt, Hilfestellung und Unterstützung wagen sie nicht in Anspruch zu nehmen.

Die geschilderte Situation deckt ein Mißverständnis auf, das ich häufig erlebe. Zeigen Kinder während des Fernsehens angstbetonte Reaktionen, hören sie nicht selten einen Satz, der für sie einer Drohung gleichkommt: «Wenn du Angst hast, schalt ich aus!» Es zeigen sich dabei zwei typische Reaktionen: Entweder die Kinder unterdrücken ihre Gefühle, um sie dann später in einem Nachspiel um so vehementer auszuleben, oder sie gehen zu Freunden, um den Film heimlich zu sehen. Mit den hervorgerufenen unangenehmen Emotionen bleiben sie dann auf sich gestellt, weil sie erneut die Reglementierung durch die Eltern fürchten. Damit wird den Kindern ein gekonnter Umgang mit Ängsten erschwert, und Eltern vergeben sich eine wichtige Möglichkeit, ihre Kinder bei der schöpferischen Verarbeitung der Ängste zu begleiten.

Klaus, 6 Jahre, hat in seinem Zimmer ein unbeschreibliches Chaos angerichtet. Viele Sachen liegen durcheinander. Er selber kauert unter seinem Bett, als der Vater das Zimmer betritt.

Vater: «Sag mal, Klaus, was ist denn hier los?»

Klaus: «Hier war ein Erdbeben, und ich hab überlebt.»

Vater: «Sag mal, spinnst du?»

Klaus: «Nein.»

Vater: «Räum das sofort auf!»

Klaus: «Ich hab Angst.»

Vater: «Wovor?»

Klaus: «Vorm Erdbeben. Das siehst du doch.»

Vater: «Das gibt es bei uns nicht.»

Klaus: «Wieso?»

Der Vater gibt umständliche Erklärungen, warum es in der Gegend keine Erdbeben geben kann. Klaus hört aufmerksam zu, schüttelt den Kopf.

Klaus: «Aber es kann doch sein!»

Vater: «Nein! Die gibt's bei uns nicht. Hab ich dir eben doch ausführlich erklärt.»

Klaus: «Aber wenn's eins gibt. Sind wir dann alle tot?»

Vater: «Klaus, es gibt kein Erdbeben bei uns. Es kann keins geben, verdammt noch mal!»

Klaus: «Kann aber doch sein, daß wir tot sind.»

Vater: «Oh, Klaus.»

Klaus: «Rettest du mich, wenn ich verletzt bin?»

Vater: «Mein Gott! Mußt du denn immer zuhören, wenn wir uns unterhalten? Du schnappst dabei alles auf, und dann bekommst du das in den falschen Hals.»

Die Mutter betritt den Raum.

Mutter: «Was ist denn hier los?»

Vater: «Erzähl ich dir gleich. Wir müssen aufpassen bei den Gesprächen und was der sich ansieht. Auch in der Zeitung. Wir können das nicht immer rumliegen lassen. Der kann manches doch nicht verarbeiten.»

Mutter: «Klaus, räum das auf! In einer halben Stunde bin ich wieder da.»

Klaus: «Mutti hat ja auch Angst. Wenn du nicht da bist, sagt sie immer, hoffentlich ist da nichts passiert! Und dann macht sie sich Sorgen.»

Die Eltern verlassen den Raum.

Klaus hatte in der Tagesschau Bilder von einem Erdbeben gesehen und von vielen toten Kindern gehört. Er war nach dem Fernsehbericht sehr verstört.

Klaus hat das für ihn Unbegreifliche eines Erdbebens in seinem Zimmer inszeniert. Hat Chaos im wahrsten Sinne des Wortes hergestellt, um einen sinnlichen Eindruck der Katastrophe zu gewinnen. Er drückt seine Angst aus, um mit ihr umgehen zu können. Die Eltern mißverstehen seine Symbolik, nehmen vor allem Klaus' Betroffenheit, seinen Wunsch nach Nähe nicht an. Der Versuch des Vaters, der Verunsicherung seines Sohnes durch Erklärungen zu begegnen, muß scheitern. Er spricht Klaus auf eine Weise an, die ihn momentan nicht erreicht. Klaus geht es vor allem um die Bearbeitung seiner Trennungs- und Vernichtungsängste, die das Erdbeben wachgerufen hat. Dazu braucht er Vertrauen und Nähe. Wissenschaftliche Erklärungen über Erdbeben mögen notwendig sein, helfen in dieser Situation aber nicht.

Nachrichtensendungen sorgen bei vielen Kindern für gefühlsmäßige Verunsicherungen, können intensive Angstreaktionen hervorrufen. Kinder setzen sich diesen Berichten selten freiwillig aus. Sie sehen meist mit, weil sich Eltern diese Sendungen anschauen. Da Erwachsene Nachrichten einen bildenden und informativen Wert beimessen, werden Wirkungen auf Kinder übersehen oder unterschätzt. Aber Katastrophen und Kriegsberichte überfordern Kinder gefühlsmäßig. Sie erkennen sich in den dargestellten Situationen wieder, beziehen sich ein. Das macht angst, ist aber manchmal auch der erste Schritt zu einer Bearbeitung der Angst.

Svenja, knapp 6 Jahre, hatte von einem Flugzeugunglück gehört. Eine Maschine der Swiss-Air war vor der amerikanischen Küste abgestürzt. Svenja muß mit ihrer Mutter nach New York fliegen, weigert sich nun aber strikt, weil sie Angst hat abzustürzen. Die Mutter versucht, ihr die Ängste auszureden. Ihr Hauptargument, man fliege mit der Lufthansa, und deren Flugzeuge würden nicht abstürzen, hat bei Svenja keine Chance. Sie läßt sich von keinem noch so rationalen Argument überzeugen. Im Gegenteil, je ungeduldiger die Mutter auf Svenja einredet, um so sturer wird diese. Sie hält sich die Ohren zu und ruft: «Ich fliege nicht! Ich fliege nicht!» Zwei Tage vor Abflug – die Situation zwischen Mutter und Tochter eskaliert – kommen beide in die Beratung. Svenja fragt als erstes, ob ich mit Lufthansa-Flugzeugen reisen würde.

«Klar, fast jede Woche!» antworte ich.

«Glaubst du, daß sie abstürzen können?» Sie blickt mich ernst an. Ich zucke mit den Schultern:

«Ich hoffe nicht!»

«Aber abstürzen könnten die auch?» Ihre Stirn liegt in Falten. Sie schaut mich genau an.

«Das kann schon passieren!» meine ich.

«Siehste!» sagt sie, zu ihrer Mutter gewandt. «Siehste!» Dann grinst sie mich an:

«Aber das passiert nicht so schnell, nicht?»

«Denk ich auch nicht!» sage ich.

«Ja, fliegst du denn jetzt?» will die Mutter wissen. Svenja schüttelt den Kopf.

«Was müßte Mama tun, damit du fliegst?» frage ich sie.

Sie überlegt.

«Na, nun komm schon!» drängt die Mutter.

 «Nun laß mich doch mal!»

Nach kurzer Zeit kommt Svenjas Antwort: «Mama muß die ganze Zeit neben mir sitzen und mich anfassen!»

«Sitz ich doch sowieso!»

«Die ganze Zeit?» Svenja sieht zur Mutter hoch.

«Aber warum denn?» fragt die Mutter.

«Wenn wir abstürzen, dann bin ich nicht allein. Und wir fliegen zusammen in den Himmel. Sonst bin ich da so ganz allein!» Ihre Antwort klingt ernst und kommt völlig selbstverständlich.

Beide versprechen, sich beim Flug nicht aus den Augen zu lassen. Svenja besteigt das Flugzeug, ist beim Start kein bißchen aufgeregter als sonst, spielt, ißt, sieht Filme. Irgendwann – nach einigen Stunden – fragt Svenja unvermittelt: «War das hier?»

Ihre Mutter denkt an etwas ganz anderes: «Was?»

«Du weißt schon, Mama! Das Unglück!»

Während einige Passagiere entsetzt schauen, lächelt Svenja: «So Mama, jetzt festhalten!» Nach einigen Minuten entzieht sich Svenja dem Griff der Mutter und blättert weiter in ihrem Comic.

Svenja war durch den Halt, den die Mutter bot, stark genug, die Situation auszuhalten, weil sie einen eigenen Weg gefunden hatte. Erwachsene haben ihr sicherlich dabei geholfen. Aber diese sind nicht immer zur Stelle. Dann versuchen Kinder, Wege zu entwerfen, zu eigenen Lösungen zu kommen, und diese enthalten nicht selten eine Menge an Kreativität und Phantasie.

Jessica und Veronika, beide 5 Jahre, fingen eines Tages an, eine Wanne mit Wasser zu füllen, bastelten sich kleine weibliche Strohpuppen und ließen diese dann aus großer Höhe in das Wasser fallen. Dann trieben sie die Puppen an den Rand, nahmen sie heraus, trockneten sie und betteten sie neben die Wanne. Beide sprachen wenig miteinander, aber das Spiel wiederholte sich tagelang und in unendlich vielen Variationen. Die Erzieherin ließ beide Kinder gewähren, fragte nicht, unterstützte sie aber durch das Gefühl von Nähe: «Wenn ihr wollt, bin ich da.» Erst nach mehreren Wochen, das

Spiel wurde seltener, kamen Jessica und Veronika auf die Erzieherin zu: «Wenn ein Mensch von so hoch (sie zeigten das) aufs Wasser fällt, ist er dann tot?» Die Erzieherin bejahte. Veronika: «Unsere Puppen nicht.» Die Erzieherin: «Eure Puppen wohl nicht?» Jessica: «Und Mama eben auch nicht.» «Eure Mama?» «Ja, die auch nicht.» Die Erzieherin beobachtete das Spiel nun genauer, hörte Satzfetzen, kam nochmals mit den Kindern ins Gespräch. Dabei stellte sich heraus, daß die beiden das Challenger-Unglück in der Tagesschau gesehen hatten, bei dem eine Astronautin, eine Mutter von zwei Kindern, tödlich verunglückt war. Davon waren beide stark betroffen. Sie entwickelten ein Spiel, um die eigenen Trennungsängste («Was machen wir, wenn unsere Mutter tot ist?») so zu bearbeiten, daß sie damit leben konnten; sie vergewisserten sich im Spiel, daß ihre Mutter lebt und Unglücke übersteht.

Vorschulkinder werden durch Nachrichten, die sich mit Katastrophen oder Unglücken beschäftigen, nicht selten verunsichert und berührt. Die Sendungen beleben tiefsitzende Ängste von Kindern. Das heißt nun nicht, ihnen den Zugang zu diesen Sendungen grundsätzlich zu untersagen. Zudem begegnen sie solchen Meldungen häufig zufällig oder nebenbei – und im übrigen sind Kinder alltäglich mit Tod und Zerstörung konfrontiert. Vermeidung, die Verdrängung von Ängsten, hilft weder Eltern noch Kindern. Auch Trennungs- und Todesängste haben ihre Funktion. Sie können auf Reife- und Entwicklungsschritte hindeuten. Diese bringen neue Aufgaben und Anforderungen mit sich – und damit auch Ängste, die es zu bewältigen gilt. Kinderängste rütteln eben auch an Tabus. Hier ist es besonders wichtig, die Kinder bei der Verarbeitung ihrer Ängste zu unterstützen, ihnen Vertrauen zu geben, sich mit ihren meist sehr anschaulichen Mitteln auf jene Ängste einzulassen, die durch die Bilder- und Hörwelten aktualisiert sind. Eltern können bei der Angstverarbeitung viel von den Kindern lernen. Und umgekehrt können Eltern ihren Kindern Vertrauen geben, sich den Ängsten zu stellen, sie zu verarbeiten.

Frederick, 7 Jahre, sitzt am 28. September 1994 am Frühstückstisch, als die Radionachrichten über das Unglück der Fähre «Estonia» in der Ostsee berichten. Er blickt entsetzt auf: «Ob auch Kinder überlebt haben?» lautet seine erste Frage. Die Eltern sind irritiert und schweigen. «Wenn sie alt genug sind, können sie schwimmen!» gibt sich Frederick selbst die Antwort. Danach ist er ruhig, fragt beim Hinausgehen, wo Finnland und Estland liegen und ob «wir schon mal da gewesen sind.» Er gibt seiner Mutter einen längeren Abschiedskuß als sonst.

Als er mittags nach Hause kommt, will er sofort weitere Nachrichten hören. Dann fragt er, so seine Mutter, «mir viele Löcher in den Bauch». Frederick will alles ganz genau wissen: wie die Fähre ausgesehen habe, warum die so schnell gesunken sei, die Menschen sich nicht haben retten können. Frederick zeigt ein großes Interesse an technischen Details. Die Mutter kann keine befriedigenden Antworten geben: Zum einen ist sie selbst erschüttert, zum anderen verfügt sie – wie auch? – nicht über die erforderlichen Sachkenntnisse. Aber sie bleibt geduldig, stellt häufig Rückfragen, die ihren Sohn ermuntern, eigene Vorstellungen zu formulieren. Was ihr besonders auffällt, sind seine Ideen, wie man bei einem solchen Unglück dennoch überleben könne. Er weiß: Im Sommer geht die Reise nach Norwegen, und hierfür muß die Familie eine Fähre benutzen. Fredericks Mutter vermeidet Hinweise darauf, ihnen würde das nicht passieren, weil die Fähren nach Norwegen sicher seien.

Frederick entwickelt die Idee von einer Wache, die rund um die Uhr arbeitet, wenn die anderen Familienmitglieder im Sommer auf der Fähre schlafen würden. Einer müsse «halt immer aufpassen», und wenn dann «etwas passiert», dann «warnt er die anderen». Die Mutter streichelt sein Haar, Frederick scheint zufrieden.

Nachmittags holt er sein Spielzeugschiff aus Plastik, geht damit zum Gartenteich und spielt – in unendlichen Wiederholungen – den Schiffsuntergang nach. Am Abend erklärt er seinem Vater, die «Estonia» habe keine Chance gehabt. Wenn ein Schiff «erst mal richtig Schlagseite hat, dann säuft es schnell ab». Das Spiel mit dem Schiffsuntergang erstreckt sich über einen längeren Zeitraum. Nachdem Frederick vom Untergang gehört hat, wirkt er in den Nächten unruhig, schläft nicht durch, hat Alpträume und Angstphantasien. Der Vater will ihm angesichts der besonderen Situation erlauben, im elterlichen Schlafzimmer zu bleiben, obgleich sein Sohn nicht darum bittet. Die Mutter hat deshalb eine andere Idee: «Wir üben schon mal die Wache für die Fahrt im Sommer», erklärt sie ihrem Sohn am Morgen. Frederick strahlt, er will mit der Wache am Abend als erster beginnen. Man einigt sich darauf, eine Stunde zu wachen, dann soll der Wechsel erfolgen. Als die Mutter in der Nacht aufwacht, findet sie Frederick im Flur auf ein Kissen gekuschelt – tief schlafend. Die Müdigkeit hat ihn eingeholt. Als die Mutter ihn ins Bett trägt, blinzelt er. «Jetzt bist du dran, Mama!» Sie legt ihn ins Bett, bleibt eine kurze Zeit sitzen, er schläft sofort ein.

Das Wachritual wiederholt sich in den nächsten Nächten: Frederick übernimmt die erste Wache, schläft dabei ein und wird von seiner Mutter ins Bett getragen. Seine nächtliche Unruhe, seine Alpträume und Angstphantasien verschwinden schnell. Gemeinsam haben er und seine Mutter einen Weg gefunden, mit den Ängsten umzugehen, die durch eine Katastrophe konkrete Gestalt angenommen hatten. Sowohl sein Spiel, das Untergang und Zerstörung zum Inhalt hat, als auch die Art, wie seine gefühlsmäßige Unsicherheit durch das von ihm entwickelte Ritual konstruktiv bewältigt wird, zeigen, wie einfühlendes Verstehen dem Kind bei der Bewältigung von Krisen helfen kann. Der Weg, den Fredericks Mutter gefunden hat, hält ihn nicht von der Krise fern, er gibt ihm vielmehr die Kraft, diese zu bestehen.

Wie Erwachsene manchmal die psychischen Verarbeitungsprozesse stören, macht nachstehende Situation deutlich. Es geht um «Bambi», jenen Walt-Disney-Klassiker, der über Jahrzehnte hinweg kleine und große Leute begeistert und – wenn Bambis Mutter den melodramatischen Filmtod stirbt – alt und jung, je nach psychischer Tagesform und Identifikation mit dem dramatischen Geschehen, zum Schluchzen, zu Tränen und momentaner Verzweiflung treibt. So war es beim 8jährigen Jan-Ole. Er hatte den Film als Videokassette mit Vater und Mutter im Kreise seiner älteren Geschwister zu Hause gesehen. Da die Eltern den Filmablauf kannten, beobachteten sie ihren Jüngsten beim Tod von Bambis Mutter ganz genau. Jan-Ole nahm – kurz bevor die kritische Szene sich aufbaute – seine Kuschelpuppe in die Hand, drückte sich fest an die Mutter und «wirkte» – so die Eltern – «völlig entspannt». Der Vater hatte den Eindruck, «als würde er durch den Fernseher hindurchsehen». Am Ende wirkte Jan-Ole irgendwie erleichtert, «aber diese coole Reaktion meines Sohnes hat mich auch wieder erschreckt», so der Vater. – «Und wir hatten uns auch», so die Mutter, «darauf eingestellt, daß er den Film nochmals sehen wollte. Das kannten wir von ihm. Wenn er sehr erregt war, dann konnte er nicht genug von solchen Filmen oder solchen Kassetten bekommen.»

Jan-Ole zog sich in sein Zimmer zurück und zeichnete. Die Inhalte der Bilder ähnelten sich: Bambi in der Begegnung mit großen und gefährlichen Tieren, Bambi als starkes Tier mit großen Augen, langen Ohren und – mehr einem Raubtier gleich – gefährlichen Zähnen. In der rechten oberen Ecke schwebte auf einer Wolke ein weiteres Reh, das – so schien es – auf Bambi herabblickte und es begleitete. Nach etwa zehn Tagen – «uns schien es eine lange Zeit, wo ihn der Film offensichtlich doch stark beschäftigte und er nicht fragte», so der Vater – kam Jan-Ole mit seinen Zeichnungen zu den Eltern und fing – ohne daß diese fragten – an, von Bambi zu erzählen. Er beschrieb anhand der Zeichnungen einen, besser: seinen ganz eigenen Film, er erzählte von gefährlichen und grausamen Abenteuern, die Bambi durchstehen mußte, viel gefährlichere und grausamere Abenteuer, als sie der Film anbot, erzählte mit leuchtenden Augen davon, wie Bambi – wenn auch knapp und unter Lebensgefahr – diese bestand.

«Und was ist da oben?» fragte der Vater und zeigte auf das Reh am oberen rechten Bildrand.

«Das ist Bambis Mutter. Die ist immer dabei», antwortete Jan-Ole selbstbewußt.

«Ist die aber nicht gestorben?» fragt die Mutter zögerlich.

«Nein, die ist nur weg. Bambi kann sie nicht sehen. Aber die Mutter kann Bambi sehen!»

Das Gespräch dreht sich kurze Zeit um Bambis Mutter, die Jan-Oles Meinung nach nicht «tot, sondern nur nicht richtig da» wäre. «Die Mutter kann Bambi immer sehen!» beharrt Jan-Ole, er wirkt überzeugt.

«Aber dann hast du doch den Film nicht verstanden, Jan-Ole. Die Mutter ist tot!» wirft der Vater etwas genervt ein. «Ich hab's ja gesagt, der Film ist nichts für ihn. Der hat ihn überhaupt nicht kapiert», wirft er seiner Frau zornig zu. Jan-Ole besteht auf seiner Meinung, geht keinen Deut von seinen inneren Bildern ab, bis dem Vater der Kragen platzt, er aufspringt, die Bambi-Kassette nimmt, sie bis zur fraglichen «Todes-Szene» vorlaufen läßt, dann die Pause-Taste des Videorecorders betätigt und das Standbild mit der sterbenden Bambi-Mutter erscheint. «Hier!» ruft Jan-Oles Vater und zeigt dabei auf den Monitor. Jan-Ole, der auf dem Schoß der Mutter sitzt, schaut mit weit aufgerissenen Augen auf den Bildschirm, dreht den Kopf weg, legt ihn an die Schulter der Mutter, er weint leise.

«Sag mal, hast du noch alle Tassen im Schrank!» zischt Jan-Oles Mutter mit unterdrückter Wut ihrem Mann zu. Sie verläßt den Raum, geht mit ihrem Sohn ins Kinderzimmer, der immer wieder beteuert, die Mutter sei aber nicht tot. Als sie nach einiger Zeit Jan-Ole verlassen will, hält dieser seine Mutter fest: «Bleib bitte hier!»

Am Abend entzündet sich ein Streitgespräch zwischen den Eltern.
 Die Frau wirft ihrem Mann vor, völlig unangemessen eingegriffen,

Jan-Oles Phantasien mißachtet zu haben; er meint, nur wenn Kinder Filme verstünden, könnten sie sie verarbeiten. «Was nützt es, wenn er das nur in der Phantasie klar hat. Aber Phantasien haben nichts mit dem Leben zu tun. Der flüchtet sich in Traumwelten, und wenn mal etwas in der Wirklichkeit passiert, dann steht er alleine da. Dann helfen seine Träume auch nicht weiter!» Die Eltern kommen zu keiner Einigung; Jan-Ole sucht nach einer weiteren Lösung. Parallel zu seinen Zeichnungen über Bambi will er nun jede Nacht bei den Eltern schlafen, läßt die Mutter kaum noch los – «selbst der Gang zum Einkaufen wurde zum Problem», so die Mutter – und beginnt, seine Eltern über Tod und Teufel, Gott und die Welt auszufragen. Er treibt sie mit seinen Fragen in die Enge, ihre rationalen Antworten passen ihm nicht, er macht sie ohnmächtig und hilflos.

Die Mutter kommt – weil sie das «Bambi»-Beispiel in meinem Buch «Kinder können fernsehen» noch in Erinnerung hat – in die Beratungsstunde, erzählt mir die Situation. Es wird schnell deutlich: Jan-Ole hat die für ihn bedrückende Filmsituation auf ebenso einfache wie kindgerechte Weise verarbeitet. Indem er die «Film-Mutter» auf eine phantastische Weise – und dies im doppelten Sinne – weiterleben läßt, findet er eine Lösung für eine für ihn bedrohliche Situation. Daß der Film tiefergehende Ängste – die Angst vor dem Verlust der eigenen Mutter – wachruft, beweist seine Reaktion beim Anschauen: Jan-Ole versichert sich der Nähe seiner Mutter, er sucht Schutz und Sicherheit bei ihr. In den Zeichnungen arbeitet er mit diesem Phantasma: Auch wenn die Mutter nicht real anwesend ist, symbolisch wacht sie, gibt sie Sicherheit. Jan-Ole deutet hier an, wie er den hypothetischen Verlust seiner Mutter – wenn auch über lange Zeit hin andauernd – verarbeiten könnte. Der Vater zerstört diese phantasievolle Trauer- und Beziehungsarbeit seines Sohnes. Er fordert Rationalität und überfordert ihn damit. Die Folge: massive Trennungsängste, die um so stärker sind, als Jan-Ole sich seiner phantastischen Kräfte beraubt sieht.

In den Beratungsstunden, die ich in der Folge mit Jan-Ole durchführe – sein Vater ist zu keiner Kooperation bereit –, lasse ich mich auf seine Bilder ein, nehme seine Geschichten ernst, gebe ihm wieder Vertrauen in die Kraft seiner magisch-phantastischen Möglichkeiten. Er gewinnt zunehmend Selbständigkeit und Urvertrauen zurück, doch es dauert noch zwölf Monate, bis er allmählich aufhört, sich an seine Mutter zu klammern.

Die Mutter des 5jährigen Stefan berichtet in einer Beratungsstunde vom ungewöhnlichen Verlangen ihres Sohnes. Sie habe vier Söhne, erzählt sie, 13, 12, 9 Jahre alt und Stefan. Die ältesten hätten den Wunsch gehabt, «König der Löwen» im Kino zu sehen, und Stefan habe «unbedingt mitwollen». Sie sei unsicher gewesen, habe ihn dann «aber mit dabeigehabt. Der gab keine Ruhe.» Während des Films hat «er eigentlich nur auf meinem Arm gehockt, er hat auch schon mal kurz hingesehen. Aber bei den wirklich schrecklichen Szenen hat er sich weggedreht, ich hab's gespürt. Auch bei der Szene, in der der Vater umkommt, hat er nur mich angeschaut. Als die Szenen vorbei waren, hat er sich vorsichtig zur Leinwand gedreht, und irgendwann hat er den Film auch wohl ganz gesehen.» Nach dem Film sei Stefan sehr aufgewühlt gewesen, beschreibt die Mutter weiter. «Und dann kommt's» – sie sieht mich fest an –, «dann sagt er, er wolle nochmals hin. Gut, hab ich gedacht, vielleicht braucht er das. Obgleich ich meine Zweifel hatte. Eine Freundin sagte, davon werde er nur noch aufgeregter. Und ich hatte so meine Phantasien von Abhängigkeit und Sucht im Kopf. Aber ich bin dann doch nochmals mit ihm ins Kino. Aber mit ihm allein. Alles war wie beim ersten Mal. Ich hatte nicht den Eindruck, als verhalte er sich anders. Kaum aus dem Kino hinaus, wollte er wieder hinein. Also bin ich am übernächsten Tag wieder hin. Nun war ich schon fünfmal in diesem Film. Ich kann alles mitsingen, und Stefan hat noch nicht genug!» Sie klingt einigermaßen verzweifelt.

«Vom Film schon», antworte ich, «aber er ist sich noch nicht sicher, was seine Gefühle und die persönliche Lösung anbetrifft.»

«Wie meinen Sie das?» fragt Stefans Mutter.

Ich erläutere ihr meine Überlegungen: Stefan sei zumindest von der Todesszene im Film gefühlsmäßig sehr stark betroffen, auch wenn er sie nicht gesehen habe, so sei er doch von den Hörelementen des Szenarios in den Bann gezogen worden. Musik und Geräusche hätten ihn tief berührt. Seine Wünsche nach Wiederholung seien sein Versuch, immer wieder in das unvollendete Gefühlsdrama einzutauchen, um es zu Ende zu bringen. Ich erinnere sie daran, daß Kinder sich ein Märchen oder eine Kassette oft unzählige Male anhören, so lange, bis sie im wahrsten Sinne des Wortes genug davon hätten. Dann hätten sie auch die damit einhergehenden Gefühle bearbeitet. Stefans Mutter hört aufmerksam zu. Dann erzählt sie mir, Stefan habe sich vor einem Jahr mit seinen Brüdern «In einem Land vor unserer Zeit» als Videokassette nur bis zur Todesszene angeschaut – auch in diesem Film kommt eine nahe Bezugsperson des Helden ums Leben –, «dann ist er hinausgerannt, wollte den Film nie mehr sehen, ja, er hatte vor allem Angst, was mit Dinos zu tun hatte.»

«Stefan hat sich so geschützt. Er war gefühlsmäßig nicht so weit, sich auf die Bilder und das Drama bei diesem Film einzulassen. Er hat sehr selbstbewußt gehandelt. Er spürte, wie die mit der Szene einhergehenden Trennungs- und Verlassensängste nicht auszuhalten waren, weil sie intensive Empfindungen hervorgerufen hätten.» Stefans Mutter überlegt, sieht mich an: «Aber was soll ich nun machen?» Ich schlage ihr vor, eine Kassette mit dem Original-Soundtrack vom «König der Löwen» zu kaufen und diese Stefan zu schenken: «Nicht die Bilder sind sein Problem, er muß die über die Töne hervorgerufenen Gefühle verarbeiten. Beobachten Sie Stefan, wie er mit der Kassette umgeht, und geben Sie ihm dabei Nähe, falls er es wünscht.» Etwa fünf Wochen später ruft Stefans Mutter mich an und berichtet von einer – wie sie formuliert – «aufregenden Reise». Sie habe ihrem Sohn die Kassette geholt, er habe diese in den Recorder eingelegt, sei damit zur Mutter gegangen, habe sich an sie gekuschelt und «die Musik in sich hineingesogen. Als die Todesszene kam, habe ich gespürt, wie er sich verkrampfte, stark an mich drückte. Dies ließ dann nach.» Am nächsten Tag hatte Stefan die Musik-Sequenz mit der ihn bewegenden Szene auf eine andere Kassette überspielt und – von da an hörte er nur noch diese Stelle. Er saß in seinem Zimmer, gekuschelt in sein Bett, sein Lieblingstier im Arm. Und hörte und hörte und hörte «... bis ich dachte, ich werde wahnsinnig! Oder ist er's schon?!» Sie atmet tief durch: «Als ich ihm vorschlug, mit mir nochmals die ganze Kassette zu hören, kam er an, betätigte den Vorlauf... bis zu der fraglichen Stelle. Dann kuschelte er bei mir, aber er wirkte nicht mehr so verspannt, er war gelassener, ruhiger, er kam mir gelöster vor. Und nach fünf Wochen lag die Kassette achtlos herum.»

An dieser letzten Situation sind die folgenden Aspekte verallgemeinerbar:

1. Nicht das Gespräch ist die entscheidende Methode, um offene Situationen zu schließen, starke Gefühle auf den Begriff zu bringen: Es ist das – am Beispiel Stefans – gelungene Ineinander aus vertrauter mütterlicher Nähe und seinem ebenso selbstbestimmten wie selbstbewußten Versuch, seine Verunsicherung auf den musikalischen Begriff zu bringen. Statt vor der angstbesetzten Situation davonzulaufen, ist er in sie eingetaucht, hat auf eine ebenso freiwillige wie eigenständige Weise mit seinen Gefühlen gespielt. Aus der verunsichernden Angst entstand im Laufe der Zeit eine lustvolle Begegnung mit ihr, weil sich Stefan immer sicherer wurde, die intensiven Gefühle auszuhalten und sie zu beherrschen.
2. Und Stefan hat erfahren, den starken Gefühlen, die durch einen Film ausgelöst werden können, nicht schutzlos ausgeliefert zu sein. Indem seine Mutter ihn ernst nahm, ihn nicht wie ein «armes Kind» vor Gefühlen bewahrte, ihm vielmehr auf der Grundlage ihrer Nähe einen verläßlichen Rahmen bot, entwickelte er Kraft, sich der verunsichernden Situation zu stellen. Er erlebte sich als selbständiges Kind, dem man Verantwortung übertrug.

3. Im Ritual des wiederholten Hörens erwarb Stefan Sicherheit. Seine Mutter beließ ihm dieses Ritual. Damit gab sie ihm ein Mittel an die Hand, sich nicht als ohnmächtiges Subjekt zu fühlen. Eltern bewerten Stereotype, Klischees und Rituale in den Nachspielen manchmal vorschnell als phantasielos. Meine Beobachtung geht in eine andere Richtung: Je stärker die Gefühle, die durch Medien hervorgerufen sind, um so ritualisierter sind die Nachspiele, ja es hat den Anschein, als versuchten Kinder, der Aufgewühltheit, dem Durcheinander im Inneren eine Struktur in ihrer äußeren Wirklichkeit zu geben. Nicht oberflächliche Kritik von Eltern ist mithin in solch Situationen angesagt, sondern ein erzieherisches Handeln, das Beziehung und Nähe herstellt, weil es Halt und Orientierung bietet.
4. Unvollendete Situationen lassen bei Kindern Gefühle und Verunsicherungen zurück. Kinder versuchen dann, solche Filme und Berichte auf eine für sie passende Weise zu Ende, zum Abschluß zu bringen. Offene Szenarien bedeuten für ein Kind auch Offenheit der Gefühle, fehlende Klarheit und Verläßlichkeit. Dies kann gefühlsmäßige Verunsicherungen hervorrufen, wie die nachstehende Geschichte zeigt.

Spannung bis zum guten Ende

Ingrid, 6 Jahre, hatte ihre Mutter seit Tagen gedrängt, in die sonntägliche Kindervorstellung zu gehen. Sie hatte von ihrer Freundin gehört, daß es «Bambi», den berühmten Zeichentrickfilm von Walt Disney, geben würde. Frau Meins ließ sich überreden und ging mit ihrer Tochter ins Kino. Ingrid hatte vorher erst drei oder vier Märchenfilme gesehen. Fernsehen gab's für sie nicht, Theater schon gar nicht.

Ingrid war ganz schnell von der Handlung gepackt, das Interesse für die Nah- und Umwelt ließ nach, sie nahm die Anwesenheit ihrer

Mutter kaum wahr, sie lebte den Film mit, war völlig versunken und nur mit sich beschäftigt. Je dramatischer das Szenario wurde, um so aufgeregter, angespannter und starrer setzte sie sich hin, äußerlich regungslos, innerlich aufs höchste bewegt. Als die Handlung einer für Kinder höchst verunsichernden Situation entgegensteuerte – Bambis Mutter kommt bei einem Waldbrand ums Leben –, brach Ingrids Gefühlsstau auf, im Kino ein emotionales Chaos aus. Ingrid schlug die Hände vors Gesicht, schaute weg, trampelte mit den Füßen, sie beruhigte sich aber nicht. Frau Meins erschrak darüber, war zunächst selbst starr, dann hilflos, aber als Ingrid – wie andere Kinder auch – immer noch stark reagierte, als das Schluchzen heftiger und heftiger wurde, riß ihr der Geduldsfaden. Sie packte ihre Tochter mit den Worten: «So, nun komm, dieser verdammte Film», stand auf, drängelte sich durch die engen Sitzreihen und rannte zum Ausgang, ihre Tochter hinter sich herziehend. Andere Mütter taten es ihr nach, die eine fluchend, die andere das Kind tröstend, die dritte verärgert, die vierte selber in Tränen aufgelöst. Im Kinofoyer fing Ingrid wieder stärker an zu weinen, aber sie bat darum: «Ich will weitersehen.» Nun platzte der Mutter endgültig der Kragen: «Ich glaub, du

hast nicht mehr alle Tassen im Schrank.» Und mit den Worten «Du bist völlig übergeschnappt» nahm sie ihre Tochter an der Hand, zog sie aus dem Kino und zerrte sie durch die Straßen nach Hause. Ingrid unterdrückte ihre Tränen aus Furcht vor weiteren Sanktionen («Wenn du noch weiter jaulst, sieh zu, wie du nach Hause kommst»). Zu Hause angekommen, schlich sie in ihr Zimmer.

Diese Szene spielte an einem Herbsttag Ende der 50er Jahre, 30 Jahre später erinnert sich Ingrid Reber, mittlerweile Erzieherin und Mutter zweier Söhne: «Ich konnte tagelang nicht schlafen, immer war das Bild mit dem Feuer da, und Bambi schrie so erbärmlich. Und ich fühlte mich so allein ... Mich hat das eigentlich dann jahrelang verfolgt, ich hab davon geträumt. Nur mit meiner liebsten Freundin konnte ich darüber reden. Bei der war's genauso. Meine Mutter, mein Vater waren da ohne Verständnis, eher hilflos, würde ich heute sagen, sie waren überfordert, und schuld waren der Film und ich, die den Film sehen wollte.»

Frau Rebers Kinder, 7 und 9 Jahre alt, kommen aus der Schule nach Hause und haben einen Kinowunsch: «Bambi!» Frau Reber erschrickt, läßt sich überreden, und «mit klopfendem Herzen bin ich ins Kino». Das Filmszenario nimmt seinen Lauf, das Gefühlsdrama der Kinder auch. «Und wie damals geht das ganze Theater los. Alles heult und schluchzt und schreit. Ich war wieder klein, ich sah meine Mutter, alles war wie damals. Mein Herz klopfte, und ich denke, die armen Kinder, und will, mein Gott, stellen Sie sich das vor, ich will die Kinder packen, und da sag ich mir: ‹Blöde Kuh!› Ich hab den einen in den rechten Arm genommen, den anderen links, ich hab sie an mich gedrückt, die haben geheult, ich auch, nach zehn Minuten hat sich der eine gelöst, dann der andere, der Größere hat mich richtig weggedrückt. Die waren gespannt wie die Flitzebögen, die sind mitgegangen, haben mitgefiebert, aber hinterher, gut, die Kinder haben viel geredet über alles, gefragt und 'ne Menge genervt. Aber das war's.»

Frau Reber erzählt dann ihren Kindern abends ihre eigene Geschichte, worauf ihr Sohn am Ende meint: «Das war ganz schön gemein von Oma, gell?»

Gefühlsmäßige Verunsicherungen sind durch das Vertrauen in die eigenen Fähigkeiten und das Wissen um das gute Ende auszuhalten. Tritt letzteres nicht ein, trifft das die Kinder tief. Dazu Ingrid Reber nochmals: «Ich hab mir ja danach immer gedacht, wie das wohl ausgeht. Immer und immer wieder hab ich gedacht, wie geht das wohl aus? Und ich konnte mir nicht vorstellen, daß das gut endet. Das war wie ein Teufelskreis.»

Offene Schlüsse können Kinder dann über lange Zeit gefühlsmäßig begleiten. Länger andauernde Verunsicherungen sind durchaus möglich. Und dies besonders dann, wenn den Kindern elterliche Unterstützung fehlt.

Kinder machen den Erwachsenen vor, wie sie angemessen mit Angst umgehen. Wieder andere wollen die Unterstützung ihrer Eltern, fordern sie auf, gestaltend in die Angstbearbeitung einzugreifen. Bei der Aufgabe, *gemeinsam* nach Lösungen zu suchen, kann man von den Kindern lernen, indem man ihre Rituale und Regeln der Angstbearbeitung sensibel deutet. Kinder machen den Eltern vor, wie sie sich von Angst befreien, wie sie Ängste meistern. Spiel, auch das Spiel mit der Angst, bedeutet Erfindung, Vergnügen, zieht Vertrauen in eigene Lösungen nach sich.

Freilich: Ein Kind kann auch scheitern, weil es noch nicht so weit entwickelt ist, sich überfordert hat oder die Nahwelt Angst nur als ein bedrohliches Gefühl vermittelt, das lebensuntüchtig macht.

Philip, 8 Jahre: «Ich habe immer Angst bei Dracula-Filmen. Aber das sag ich dann nicht, weil Papa gesagt hat, sieh zu, wie du damit fertig wirst.»

Oder Agnes, 10 Jahre: «Mama tröstet mich immer, wenn ich Angst hab, aber Papa schimpft. Und Papa sagt dann zu meiner Mutter, laß sie zufrieden, damit muß sie allein klarkommen.»

Hier bedrückt Angst, hemmt Entwicklungen. Statt dessen brauchen Kinder aber Stärkung und Ermutigung, wie in der folgenden Situation.

Inga, 5 Jahre, schaute sich einen Märchenfilm an. Sie saß mit ihrem Vater auf dem Sofa. Sie war gebannt, suchte Körperkontakt, brauchte immer wieder die Vergewisserung, daß ihr Vater neben ihr saß. Sie fühlte und litt mit Hänsel und Gretel. Der Vater fragte: «Wollen wir ausmachen?» Inga schüttelte heftig den Kopf und drückte sich fester an den Vater. Sie wurde immer stärker in den Bann gezogen, und zugleich nahm ihr Wunsch nach Nähe zu. Als dann die Hexe auftauchte, ging ihr Blick zum Vater: «Gell, zusammen schaffen wir das nun?» Ingas Vater nickte, und sie entspannte sich.

Aggression und Gewalt

Alex, 3 1/2 Jahre, kommt ins Wohnzimmer gerannt, sieht seinen Vater Zeitung lesend auf dem Sofa sitzen, schreit: «Papa!» Der schaut auf.

«Was ist, Alex?»

Alex hebt einen Lego-Stein, zielt auf den Vater: «Peng! Peng!» Der Vater schmunzelt. Alex ist irritiert.

«Du mußt umfallen!» ruft Alex.

«Warum?»

«Das ist ein Spiel. Das gehört dazu!»

Der Vater schüttelt den Kopf. «Du weißt», sagt er mit strenger Stimme, «ich mag das nicht, wenn du auf mich zielst. Ich will das auch nicht!»

Alex läßt die Hand mit dem Lego-Stein fallen, dreht ab:

«Nie kann ich mit dir spielen!» Er sieht seinen Vater strafend an: «Mit Jonas kann ich das richtig spielen. Der fällt hin und steht dann wieder auf!»

Später, als ich beide auf einem Seminar sehe, fragt der Vater: «Ich weiß nicht, woher er das hat. Vom Fernsehen jedenfalls nicht. Solche Sendungen sieht er nicht!»

Als Alex das hört, sagt er: «Das ist doch nur Spaß, wenn ich das spiele. Das ist Wildwest-Spiel! Und ich bin der Sheriff und du der Böse!»

Stephan, 5 Jahre, hat zwei Brüder, Olaf, 11, und Valentin, 13 Jahre. Eines Tages kommt er zur Mutter und fragt, ob er denn immer der jüngste der Geschwister bleiben würde. Sie nickt.

«Wirklich? Für immer?» Er schüttelt den Kopf, runzelt die Stirn, denkt angestrengt nach. Dann verläßt er den Raum. Und nach einiger Zeit kommt er zurück und lacht seine Mutter an. Jetzt wisse er es, er werde nicht immer der Kleinste sein. Er klingt triumphierend. Als die Mutter lächelnd darauf beharrt, er bleibe eben der kleine Stephan, bekommt seine Stimme einen trotzigen Klang: «Doch! Wenn Olaf und Valentin tot sind, bin ich der Größte von uns!»

«Stephan!» ruft die Mutter erschrocken. Ihre linke Hand fährt zum Mund. Und als sie die Sprache wiedergefunden hat, erklärt sie lächelnd: «Aber das dauert noch sehr lange!»

«Quatsch!» ruft Stephan und zieht eine Wasserpistole aus der Tasche: «Ich geh jetzt raus und bring die um. Dann bin ich der Größte!»

Als mich Stephans Mutter auf diese Szene anspricht, meint sie verzweifelt: «Ich weiß nicht, woher er das hat. Er ist doch ansonsten so friedlich! Aber in letzter Zeit will er ständig Märchen hören. Und die sind ja grausam. Vielleicht hat er das davon! Aber Kinder würden doch auch Märchen brauchen, hört man immer wieder! Ich weiß da nicht mehr weiter!»

Marion, knapp 6 Jahre, hat seit einiger Zeit ein Meerschweinchen und umsorgt es mit großer Behutsamkeit und Intensität. Sie geht mit Paul, wie sie ihr kleines Kuscheltier nennt, äußerst liebevoll um. Eines Tages erschrickt Anja Schrader, Marions Mutter. An einem Winternachmittag setzt Marion den Käfig mit Paul auf die mit Schnee bedeckte Terrasse und beobachtet vom warmen Wohnzimmer aus, wie sich Paul durch das «Überlebensprogramm» quält. Marions Gesicht hat einen sadistisch-lustvollen Ausdruck, als sie sieht, wie Paul zittert, verzweifelt in Richtung Wohnzimmer schaut. «Hättest du nicht gedacht, daß ich so sein kann!» lächelt Marion gemein. Als die Mutter diesen Satz hört, springt sie auf Marion zu: «Bist du denn völlig durchgeknallt? Wieso machst du das? Bist du denn verrückt geworden?» Sie holt den Käfig ins Wohnzimmer. «Sag mal, tickst du denn nicht richtig?»

Marion zuckt mit den Schultern: «Paul war böse. Das ist seine Strafe. Er muß das spüren!»

«Du bist ja völlig durchgedreht!» Die Mutter ist außer sich. «Wenn das noch mal passiert, kommt Paul in ein Tierheim! Hörst du?» Die Mutter verläßt das Zimmer. Als sie einige Minuten später an der Tür vorbeigeht, hört sie, wie Marion flüstert: «So, Paul. So ist das, wenn du frech bist! Ich kann eben auch anders! Nicht nur lieb sein! Verstehst du?» Dann streichelt sie ihn: «So, und nun wollen wir uns wieder liebhaben!»

Ein paar Tage darauf. Die Mutter ist immer noch aufgewühlt, zumal sie schon zuvor solche Szenen beobachtet hat. Auf meine Frage, welche Erklärung sie für das Verhalten ihrer Tochter habe, zuckt sie die Schultern: «Seit einiger Zeit sieht sie «Tom & Jerry» im Fernsehen. Und ich weiß nicht, da geht's ja nun wirklich brutal zu. Ich glaube, sie verwechselt Wirklichkeit und Phantasie!»

Roswitha Langer ist Erzieherin in einem Kindergarten und über Boris' Verhalten seit einiger Zeit mehr als beunruhigt. Boris ist knapp 6 Jahre alt und «fällt», wie sie beschreibt, «mehrmals am Tag Mädchen an. Besonders die kleinen und zierlichen Mädchen haben's ihm angetan.» Wie aus heiterem Himmel würde er – fast wie «Dracula oder Godzilla» – Mädchen am Hals packen, sie auf den Boden werfen, und dann «tut er so, als ob er zuschlägt. Er sitzt dann auf ihnen. Und die schreien dann natürlich, weil die sich erschrocken haben! Und er tut dann so, als ob er ihnen ins Gesicht schlägt.» Sie überlegt:

«Das hat fast den Anschein, als ob er mit ihrem Erschrecken spielt, ja, ihm gefällt es, wenn sie Angst vor ihm haben. Er weidet sich geradezu daran!» Und dann, so die Erzieherin weiter, lasse er sie gnädig los, als drücke er aus, wer hier das Sagen und die Macht habe. «Ich habe gehört, zu Hause würden Gewaltvideos angeschaut. Vor allen Dingen vom Vater.» Sie habe deshalb mit den Eltern geredet. «Aber die haben das verneint. So etwas gäbe es nicht. Boris würde nur Kindersendungen oder mal am Samstagabend Shows sehen!» Sie lacht auf: «Kindersendungen! Die verkaufen mich für blöd, wenn der wie King Kong oder ein wild gewordener Rächer durch meinen Kindergarten tobt! Und Boris sagt auch, er sehe keine schlimmen Sendungen. Die haben's ihm sicherlich verboten, daß er mir das beichtet. Aber ich sehe es doch, was er zu Hause sieht.»

Kaum ein Thema, das mit dem Fernsehen zu tun hat, wird so einseitig und reduziert behandelt wie der Zusammenhang von TV und Gewalt. Wenn ich für mehr Gelassenheit auch in diesem Zusammenhang plädiere, ja zu mehr Sachlichkeit und Differenzierung auffordere, dann nicht, um medial inszenierte Gewalt zu verharmlosen, gar zu verniedlichen und zu behaupten, Medien hätten überhaupt keinen Einfluß. In Medien dargestellte Gewalt macht sicher nicht friedlicher – ebensowenig wie angedrohte oder ausgeübte Gewalt in der Erziehung.

Spannender und folgenreicher – gerade für die pädagogische Beratung von Eltern oder Institutionen – ist es, jene problematischen sozialen Rahmenbedingungen zu benennen, unter denen die fiktive Gewalt in Filmen in real ausgeübte Gewalt – und dies meine ich im wahrsten Sinne des Wortes – umschlägt.

Vor allem der populistisch verengten Diskussion über Gewalt in den Medien fehlt allerdings ein verläßlicher Bezugsrahmen. So wird Gewalt – vor allem zerstörerische Gewalt – mehr oder minder unbewußt mit Aggression gleichgesetzt. Damit wird die produktive und konstruktive Kraft von Aggression abgewertet und zugleich ein Ventil verstopft, um mit aggressiver Energie so umzugehen, daß sie weder Sachen noch Personen schadet. Ohne Aggression – im ganz ursprünglichen Sinn des Wortes, von lateinisch *a-gredi*: auf jemanden zugehen, etwas beginnen – ist Leben unmöglich, wären Eigenständigkeit und Selbstbewußtsein nicht umzusetzen. Aggression will weg vom Erreichten, bedeutet Aufbruch zu neuen Ufern. Die Helden und Heldinnen der Märchen (und mancher Fernsehserien) führen dies in wechselnden Abenteuern immer aufs neue vor. Und davon geben manchmal auch die «Gewalt»-Phantasien der Kinder einen Eindruck: Alex will groß sein, zeigen, daß er alleine kann, nicht mehr der Mithilfe, nur noch der Unterstützung der Eltern bedarf. Stephan will der «Größte» sein und überlegt – auf eine ebenso kind- wie zweckorientierte Weise –, wie er dieses Ziel erreichen kann. Ihre aggressiven Ausdrucksformen lassen sich zunächst weder auf mediale noch erzieherische Einflüsse zurückführen, sie drücken notwendige Entwicklungsschritte aus – Schritte in die Selbständigkeit, das Umsetzen eigener Pläne. Beide wollen weg vom Erreichten, sie sind süchtig nach Neuem, weil sie spüren, daß Beharren intellektueller und gefühlsmäßiger Stillstand bedeutet.

Marion überprüft Grenzen, will wissen, wie weit sie gehen kann, setzt sich mit ihren liebevollen – aber auch zerstörerischen – Persönlichkeitsanteilen auseinander. Sie spürt, daß sie «gut» und «böse» sein kann und es wichtig ist, die gewalttätigen Anteile so anzunehmen, daß niemandem Schaden zugefügt werden kann. Nicht Verdrängung und Verleugnung ihrer bösen Schatten helfen ihr dabei, sondern begleitende Unterstützung durch Bezugspersonen, die Kinder auch dort annehmen, wo sie über die Stränge schlagen. Aber jemanden annehmen meint nicht, sein Tun und Handeln dort zu akzeptieren, wo moralische und zwischenmenschliche Grenzen verletzt sind. Möglicherweise hat Marion in ihrer Lieblingssendung «Tom & Jerry» einen Spiegel entdeckt, in dem sie sich mit ihren anarchisch-destruktiven Anteilen wiederfindet, einen Spiegel, der sie reizt, sich zu trauen, zu ihren Schatten zu stehen. Entscheidender ist allerdings ein tieferer

Aspekt: Eine Entwicklungsaufgabe zwischen dem 4. und 7. Lebensjahr besteht darin, sich mit widerstreitenden Persönlichkeitsanteilen auseinanderzusetzen, die «bösen» Anteile so zu zivilisieren, daß man ein Mitglied des sozialen Gemeinwesens wird.

Ganz anders sieht die Lebenssituation bei Boris aus. Seine Aggressionen deuten nicht auf notwendige Entwicklungsschritte hin, sie sind vielmehr Ausdruck einer höchst problematischen Lebenssituation. Boris wächst in gespannten Familienverhältnissen auf. Er erlebt, wie sein Vater die Mutter regelmäßig verprügelt, manchmal «nur» so tut, als bekomme sie Schläge. Er spielt mit ihrem Schreck, er macht sie klein.

Boris sieht tatsächlich vor allem Kindersendungen. Er haßt Sendungen, die offene Schlüsse haben. Serien, die ein harmonisches Familienleben vorführen, mag er besonders. Vor Action-Sendungen hat er dagegen panische Angst, sie erinnern ihn an die alltäglichen brutalen Inszenierungen, die er hautnah mitbekommt. Diese bedrücken und verunsichern ihn, lassen Bilder zurück, die ihn gefühlsmäßig belasten und überfordern. Seine Aktionen im Kindergarten sind unbewußte und ungekonnte Verarbeitungen, sie sind zugleich Hilfeschrei, mit dem er seine Umwelt auf eine kritische Lebenssituation aufmerksam machen will.

Auch wenn manch vorschnelle Schuldzuweisung an die Medien sich als «heiße Luft» erweist: Kinder haben sehr wohl Probleme mit medial dargestellter Gewalt – nur andere, als Erwachsene meinen. Und dies mit durchaus kritischen Konsequenzen: Kinder fühlen sich nicht selten dort von Erwachsenen allein gelassen, wo die Bilderwelten sie bedrücken; sie empfinden sich dort gegängelt, wo sie gefühlsmäßig allein klarkommen würden. Hierzu eine Gesprächsrunde eines Expertenteams, das sich aus 6- bis 7jährigen Kindern zusammensetzt:

«Also» fängt Robert an, «ich mag Zeichentrickfilme. Die können gar nicht wild genug sein. Aber ich mag keine Nachrichten oder so was, wo Kriege kommen. Das find ich schrecklich. Da denke ich, die Kriege kommen auch zu uns. Und dann bin ich allein. Und dann hab ich Angst.»

«Das ist bei mir auch so, so die Tagesschau, die find ich brutal», bestätigt Anna. «Da sind so viele Leichen. Und wenn die Menschen in Afrika verhungern oder wenn die Wale sterben, dann kann ich nicht schlafen. Dagegen kann man ja auch fast nichts tun. Da werde ich traurig, weil ich nicht helfen kann. Wenn ich das sehe, dann muß ich bei Mama und Papa schlafen.»

«Ich bin traurig, wenn die sich im Fernsehen streiten. So in den Serien mit Familien. So die Lindenstraße», erklärt Nico. «Das ist irgendwie so wirklich. Und meine Eltern streiten sich ja auch oft. Also, das ist keine gute Sendung, die Lindenstraße, die macht traurig.»

«Ich finde Tiersendungen so schlimm. Also, wo über Tiere berichtet wird», sagt Mareike. «Die darf ich ansehen, weil meine Eltern die Sendungen gut finden. Aber bei den Tieren geht's brutal zu. Find ich jedenfalls. Also, da sind mir die Schlümpfe oder die Familie Feuerstein doch lieber. Auch so bei Lassie oder so, also, Sendungen mit Tieren guck ich schon. Aber da bin ich wirklich aufgeregt.»

«Die schlimmste Sendung ist für mich Aktenzeichen XY. Die darf ich sogar sehen», berichtet Annette. «Meine Eltern meinen, ich kann davon was lernen. Ich soll vorsichtiger sein, wenn ich allein weggehe, oder nicht mit jedem mitgehen und so. Aber das weiß ich doch selber. Also die Sendung find ich blöd. Wenn ich die gesehen hab und dann in meinem Zimmer liege, dann horch ich immer, ob ein Entführer kommt und so. Oder wenn meine Mama nicht nach Hause kommt, weil sie beim Einkaufen ist, dann denk ich, jetzt ist ihr was Schreckliches passiert!»

Kinder nehmen Gewalt in den Medien nicht nur anders wahr. Sie bewerten sie auch verschieden. Heranwachsende nehmen die Gewalt in Dokumentar- und Informationsfilmen als gefühlsmäßig bedrohlicher wahr als mancher Erwachsene, der nach Schreckensbildern schnell zur Tagesordnung übergeht. Und physische und psychische Gewalt – seien es nun Kriege, Unfälle oder Katastrophen – können bei Kindern dazu führen, Gewalt als allgegenwärtige Bedrohung, nicht nachvollziehbaren Eingriff in Entwicklungsverläufe zu empfinden. Die emotionalen Konsequenzen sind bei Kindern eher in Verunsicherung oder der Wiederbelebung von Trennungs- und Vernichtungsängsten zu suchen. Ähnliches gilt für Serien aus dem Bereich des Reality-TV (z. B. Aktenzeichen XY, Explosiv), aber auch realistische Familienserien, die für Erwachsene unterhaltsam sein können, bedeuten für Kinder nicht selten eine gefühlsmäßige Überforderung.

Hinzu kommt ein weiterer Aspekt, der Beachtung verdient. Ob eine Szene, ein Bild oder ein Thema vom Kind als (bedrohliche) Gewalt gefühlt und gedeutet wird, hängt auch vom Genre ab: So wird die strukturelle Gewalt in Familienserien (z. B. Mann gegen Frau, Erwachsene gegen Kinder) oder die archaische Gewalt in Naturfilmen von Heranwachsenden als verunsichernder und brutaler erlebt als manch überzogen-aufgesetzte Gewalt in Zeichentrick oder Western.

Erwachsene setzen nicht selten «gute» Filme mit «guter» Wirkung, «schlechte» Filme dagegen mit «schlechter» Wirkung gleich. Eine solche Vorstellung ist naiv und hat bisweilen gefährliche Folgen. Nach einem Kindergottesdienst rief ein Pfarrer aufgeregt an: Er habe Kindern jene Wundergeschichte von Jesus erzählt, in der dieser übers Wasser wandelte. Zwei Mädchen, 5 und 6 Jahre alt, seien davon dermaßen fasziniert gewesen, daß sie es auf dem Nachhauseweg ihrem großen Vorbild gleichtun wollten. Es wäre fast zur Katastrophe gekommen, wären nicht zwei Radfahrer am Teich vorbeigekommen, die die um Hilfe schreienden Kinder retteten.

Es gibt eben keine harmlose (mediale) Kommunikation. Aber zu kurz wäre es gegriffen, das Handeln der Mädchen nun ausschließlich auf den Besuch des Gottesdienstes oder die Geschichte zurückzuführen. Nicht um monokausale Erklärungen (aus a = Film / Botschaft folgt zwangsläufig b = Handlung) kann es gehen, sondern vielmehr darum, jenen vielfältigen und komplexen Rahmenbedingungen nachzuspüren, unter denen sich Wirkungen vollziehen. Denn Einflüsse medialer Gewalt ergeben sich niemals automatisch. Zentral für eine Folgeabschätzung medialer Gewaltdarstellung sind jene Erfahrungen, die Kinder mit erzieherischer Gewalt und Zurichtung im Elternhaus machen: Sei es, daß Eltern körperliche Gewalt als Mittel zum Zweck anwenden oder akzeptieren, sei es Laissez-faire, ein gleichgültiges Gewährenlassen, wenn Kinder sich über Gewalt grenzüberschreitend ausdrücken.

Hierzu ein paar Ausschnitte aus Gesprächen mit 10- bis 13jährigen Kindern, die bevorzugt Action-Filme nutzen und entsprechende Angebote auch gern im Kino oder auf Video sehen.

Thorsten, 12 Jahre, gilt als «Schläger» in seiner Schule, der einer Rauferei fast niemals aus dem Wege geht.

«Wenn was los ist, bin ich dabei. So ist das nun mal. Sonst ist ja nicht viel los.» Ziemlich allein auf sich gestellt sei er. Freunde und Geschwister habe er kaum, seinen Vater kenne er nicht. Die Mutter sei in Ordnung, aber die «macht sich zu viel Sorgen». Thorsten liebt Science-fiction-Filme, Kämpfe in fernen Welträumen, «wirklich Superkämpfe. Da bin ich voll dabei. Wie da einer gegen den Rest der Welt gewinnt, das find ich absolut gut. So was schaue ich mir schon dreimal oder viermal hintereinander an. Andere besaufen sich in meinem Alter, ich mach eben das ... Ich hab ja auch für nichts anderes Geld ... Da laufen die Dinger eben. 'ne Handlung muß schon dasein, nicht nur Ballerei, sonst komm ich nicht rein in den Film. Die einzige Scheiße, wenn Schluß ist im Film, dann ist es genauso öde bei mir wie vorher. Meine Mutter schreit nach den Hausaufgaben, oder ich muß wieder zur Schule. Dann hab ich schon 'nen Haß, bin geladen, und wenn dann einer ein falsches Wort sagt, dann kracht es schon mal. Da bin ich dann auch nicht zimperlich.»

Christian, 11 Jahre, legt sich mit jedem an, der ihm in die Quere kommt. Er ist für sein Alter sehr groß, wirkt frühreif, ist Chef einer kleinen Gang. «Aber wir sind nicht wirklich gefährlich. Wir nennen uns nur Bande. Aber wenn uns jemand falsch kommt oder so ein Waschlappen, der sich nicht wehrt, das reizt uns schon. Du mußt kämpfen, sonst bist du nichts und hast du nichts. So einfach ist das ...» Mit seiner Gang schaue er sich Videos an. Die Filme im Fernsehen seien «Baby-Kram», weil «härtere dürfen die im Fernsehen ja nicht zeigen». «Karate-Filme» finde er gut: «Da kann ich echt was lernen, wie man Schläge ansetzt. Oder auch das Kick-Boxen. Wenn du Tricks beherrschst, bist du der absolut Beste. Da hat keiner eine Chance.» Krimis finde er nicht so gut. Vor allem realistische, also die, «die viel mit uns zu tun haben, die mag ich nicht. Die sind mir zu gruselig.» Da blicke er auch nicht durch, weil alles durcheinander gehe und «man muß ja schon wissen, was auf einen zukommt. Mein Vater sieht gerne Krimis, solche Filme, wo die Bullen gewinnen, und hinterher spielt er sich auch noch auf. Wehe ich tue dann nicht, was er sagt, dann setzt es was. Oder ich werd in den Keller gesperrt. Der kann absolut brutal sein, mein Alter!»

Miriam, 13, hat auch schon brutale Filme gesehen, aber «nur wenn Jungs dabei waren und ich mitsehen mußte. Ich finde Prügeleien, egal wo, blöde.» Sie mag lieber «schöne Familienserien, wo es nett ist. Oder den Bergdoktor oder Marienhof oder so etwas. Das ist ja auch spannend, aber irgendwie zum Aushalten.» Sie könne diese ganze Gewalt im Fernsehen «nicht ab, weil, das hab ich ja schon bei meiner Familie. Mein Bruder klaut Autos, sitzt jetzt im Gefängnis, mein Vater brüllt, meine Mutter heult, und die Oma, die bei uns wohnt, findet alles schlimm. Dann schimpft sie auf meinen Vater, und dann steckt sie ihm doch, wenn er das Geld versoffen hat, wieder was in den Hintern.» Sie ziehe sich, wenn «Chaos ist» in ihr Zimmer zurück. Dort «hab ich 'nen Fernseher und 'nen Video, 'ne CD-Anlage sowieso. Das ist meine Traumwelt. Das ist wie so ein Rettungsboot auf der Titanic. Die anderen können untergehen. Ich überleb.» Sie macht eine Pause: «Hoffentlich!»

 Adrian, knapp 12 Jahre, meint auch, seine «Rambo-Filme» würden ihn ablenken. «Irgendwie fühle ich mich dann ganz stark. Ich kann solche Filme auch nur allein sehen. Da darf keiner dabeisein. Wenn ich so richtig down bin, dann zieh ich mir die rein. Ich glaub, da bin ich wie ein Junkie, der Drogen nimmt. Manchmal wird es mir richtig unheimlich. Ich hab schon mal ausprobiert, diese Filme nicht zu sehen. Aber dann ging's mir nur noch dreckiger. Da mochte ich gar nicht mehr aus dem Haus. So nach Rambo und so, kann aber auch Terminator sein, solche Filme jedenfalls», fühle er sich stark, das sehe man ihm auch an. «Ich gehe dann anders!» Und dann passiere ihm nichts. Neulich «hab ich mal E. T. gesehen, meine Schwester hatte davon ein Video». Bei dem Film habe er nur geheult. Solche Filme könne er absolut nicht vertragen, die seien ja schlimmer als das, was er alltäglich erlebe. «Ich bin ja auch allein. Aber E. T. hatte doch ein Zuhause. Ich irgendwo nicht!» Seine Schwester sei der große Star, und er laufe nebenher. Er habe ansonsten alles, «meine Eltern stopfen mich voll, aber ich bin ein E. T. Aber der kann in Wirklichkeit nicht überleben. Nur der Rambo hat eine Chance!»

Wenn ich mir die Vielzahl der von mir durchgeführten Interviews mit älteren Kindern ansehe, fällt mir die Oberflächlichkeit auf, mit der in der Öffentlichkeit die Diskussion über Fernsehen und Gewalt geführt wird. Es ist eben ein Irrtum, daß aus der Nutzung medial dargebotener Gewalt ursächlich zerstörerische Aggressionen resultieren müssen. So ist aus der Forschung bekannt, daß auch Angst oder Verunsicherung zu beobachten sind, wenn Kinder Filme mit Gewaltszenen nutzen. Und nimmt man letzteres ernst, dann hätte man ein Bindeglied zu soziologischen oder psychologischen Untersuchungen von Heranwachsenden; die Forschungen von Klaus Hurrelmann, Wilhelm Heitmeyer oder Christian Büttner z. B. erklären die Bereitschaft von Heranwachsenden, verstärkt zerstörerische Gewalt zur Durchsetzung von Eigeninteressen anzuwenden, mit existentiellen sozialen Ängsten, deuten zerstörerische Brutalität als verzweifelten Hilfeschrei der Heranwachsenden.

Auf der Grundlage der von mir durchgeführten Interviews aus Forschungsprojekten oder Beratungsgesprächen lassen sich weitere Trends erkennen:

1. Ängstliche und verunsicherte Kinder und Heranwachsende mit wenig Selbstwertgefühl haben eine Vorliebe für Actionfilme, in denen sich ein einzelner im Kampf bewähren muß. Heranwachsende brauchen solche Filme als «psychische Prothese», um sich zu stabilisieren. Dabei kann es zu starken gefühlsmäßigen Bindungen an die Filme kommen.
2. Gefühlsmäßig «leere» Kinder nutzen Medienangebote, um in Traumwelten zu fliehen. Oder diese dienen dazu, Konflikten und Auseinandersetzungen auszuweichen. Nur über die Symbolik der Filme setzt man sich mit der eigenen Realität auseinander. Man braucht und gebraucht Filme, weil man sich in ihnen wiederfindet. Nur sie geben Verläßlichkeit, Orientierung und Vertrauen, nur sie stiften Sinn in einer Welt, in der es für Kinder keinen Sinn mehr gibt. Solch ein Mediengebrauch hat meist etwas Zwanghaftes an sich. Und auffällig ist: Die Flucht in die Welt der Medien hat meist mit dem Versagen der Umwelt zu tun.
3. Aggression wird in den Filmen nur als Zerstörung und Vernichtung, als Selbstzweck und männliche Gewalt vorgestellt. Dabei legt die Dramaturgie nahe, daß es keine andere Wahl gibt, als sei Gewalt mit Erfolg, mit Belohnung verbunden. Die Folgen der zerstörerischen Gewalt sind ebensowenig zu sehen wie die Leiden der Opfer, die nur in den Nachrichten in drastischen Bilderfolgen vorgeführt werden. Aggression erscheint in den Actionfilmen nicht als lebenserhaltend-konstruktive, vielmehr als auslöschend-destruktive Kraft. Eine Persönlichkeitsbildung jedoch, die bei sozial isolierten Heranwachsenden mehr oder minder über die Auseinandersetzung mit zerstörerischer Gewalt läuft, bringt Probleme mit sich: Die produktiven Anteile der Aggression bleiben ebenso ausgeblendet wie eine Ausbildung von Identität, in der sich der Heranwachsende als ganze Person angenommen fühlt.

4. Mädchen reagieren auf medial inszenierte Gewalt häufiger mit Angst und Verunsicherung. Sie verweigern sich nicht selten den Action-Szenarien. Mädchen können mit der in den Filmen gezeigten Gewalt nichts anfangen. Sie sind sogar schon durch «harmlose» Prügeleien gefühlsmäßig überfordert. Sie tauchen demgegenüber in die Traumwelten von Comedy, Soap Opera und Heile-Welt-Serien ab, in denen es zwar auch regelmäßig Chaos gibt, von dem sie aber wissen, daß es sich in einem Happy-End auflöst, wie sie es in der Realität nicht kennen.
5. Die Folge von Mediengewalt scheint nicht ausgeschlossen und bei vielsehenden sozial isolierten Kindern durchaus denkbar: Ängste und gefühlsmäßige Verunsicherungen, die sozial, psychisch oder ökonomisch oder lebensgeschichtlich geprägt sind, *können* einen hohen Medienkonsum nach sich ziehen. Die Kinder fahren auf bestimmte Medienhelden ab, die für sie nicht austauschbar sind. In der Faszination, die diese für die Kinder haben, spiegelt sich deren krisenhafte Lebenssituation wider. Da aber das Abtauchen in die Welt der Medien nichts an der realen Situation ändert, können weitere Verunsicherungen und erhöhte Angst, können starke Minderwertigkeitsgefühle auftreten. Der damit verbundene Gefühls- und Angststau kann sich in zerstörerischen Aggressionen entladen.

Warum manche Kinder Angst vor «Tom & Jerry» haben

Die Flucht in die Bilderwelten der Fernsehserien kann jederzeit, wenn deren Handlungen Kinder an die eigene Wirklichkeit erinnern, zu Ende sein. Dies kann bei jedem – noch so unterhaltsamen – Film passieren; sogar bei einer Zeichentrickserie wie «Tom & Jerry». Während die Mehrzahl der Kinder diese Serie liebt, weil sie Machtverhältnisse auf den Kopf stellt, den Sieg der «Kleinen» über die «Großen» gleichnishaft in Szene setzt, gibt es eine Minderheit, der das Lachen vergeht, bei der aus einer lustvollen Begegnung mit einem Film regelrechte Angst übrigbleibt.

Ich möchte das an einer Situation verdeutlichen. Fünf Kinder sahen einen Film aus der Serie «Tom & Jerry», weil sie die Lieblingssendung der Kinder war. Während Dirk und Oliver tobten und schrien, sich ihre Bäuche vor lautem Lachen hielten – «Immer wenn ich das sehe, kribbelt das so schön bei mir auf dem Rücken. Das könnt ich stundenlang aushalten», so der 7jährige Oliver –, verhielten sich die etwas älteren Freunde Beate, Mario und Dennis komplett anders. Kaum war die Titelmelodie verklungen und die Handlung hatte begonnen, verstummten sie, verfolgten den Film fast versteinert und ließen sich auch von der Fröhlichkeit der beiden anderen nicht anstecken. Als der Film zu Ende war, tobten sie zwar herum, ließen die Spannung abklingen. Aber danach waren sie schnell zu einem Gespräch bereit.

«Ihr wolltet ‹Tom & Jerry› doch sehen», eröffnete ich das Gespräch. «Aber ihr wart fast traurig. Als wir aber neulich Knight Rider

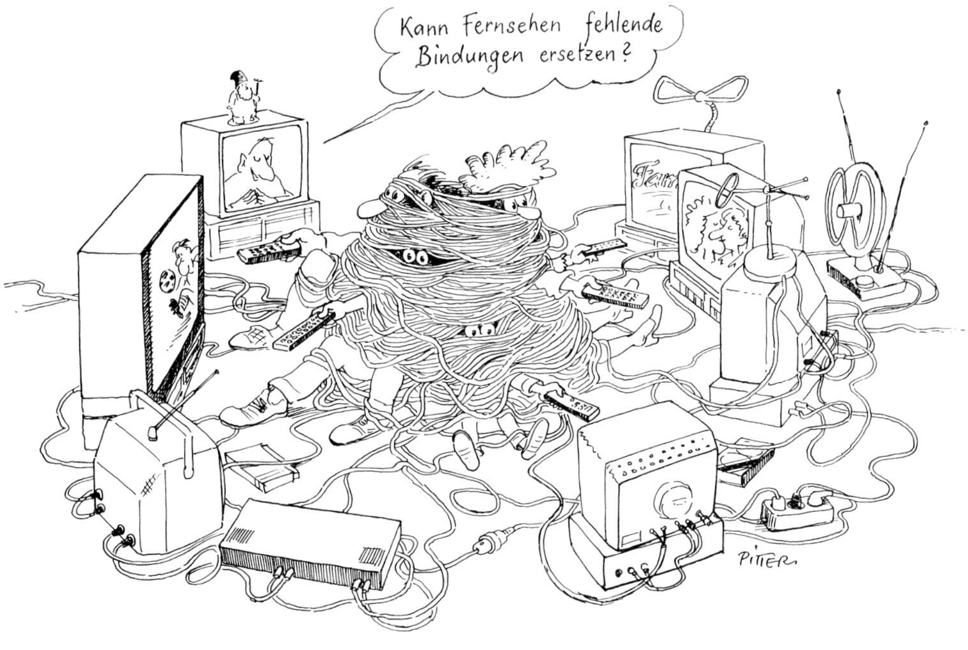

oder Baywatch angeschaut haben, da wart ihr richtig lustig und habt eure Witze über die Sendung gemacht. So traurig habe ich euch noch nie beim Fernsehen gesehen.»

Beate lächelte mich an. Sie finde «Tom & Jerry» schon gut. «Das ist ein Film», und beide hätten sich ja auch hinterher lieb. Sie sieht mich ernst an. Wer sich denn nicht liebhabe, will ich wissen. Schlimm finde sie, antwortet sie, wenn sich im Fernsehen welche streiten. «Eltern eben, Mann und Frau, na, wenn die sich streiten. Ich denk dann immer, wenn meine Eltern sich streiten, dann sind die ganz laut und ganz schlimm miteinander. Und dann reden die danach nicht mehr miteinander. Oder mein Vater sagt, jetzt haut er ab. Er hat die Schnauze voll.» Sie macht eine Pause. «Ich kann dann manchmal nicht wirklich abschalten, weil ich denk, meine Eltern müßten wie ‹Tom & Jerry› sein. Aber das sind sie nicht. Und dann bin ich eben traurig!»

Und Dennis berichtet, er habe vor Tom geradezu Angst.

«Vor der Katze aus dem Film?» frage ich nach.

Er nickt: «Weil die so stark ist!»

«Aber die verliert doch!»

«Aber nur im Film, in Wirklichkeit ist sie stärker.» Er macht eine Pause: «Erwachsene sind eben immer stärker. Die machen, was sie wollen. Wir Kinder können nichts machen.»

«Du kannst nichts machen?»

«Wenn ich zu Hause was sag, dann prügelt er mich.»

Mario ist hinzugekommen, hat zugehört: «Papa schlägt Mama. Und manchmal würgt er sie auch. Der ist eben stärker. Aber dann geh ich dazwischen und schrei: Laß Mama, laß Mama! Aber Papa ist stärker, der stößt mich eben weg. Die Großen sind eben stärker.»

Für Dirk und Oliver wird in dieser Serie Wirklichkeit auf den Kopf gestellt, Angst lustvoll bewältigt. Beate, Mario und Dennis dagegen können sich nicht gelassen und entspannt auf den Film einlassen, die brutale Wirklichkeit holt sie ein. Geradezu zwanghaft sehnen sie ein gutes Ende herbei, das die Umwelt aber für sie nicht bereithält. Nicht

Aggression, sondern Angst breitet sich aus. Während also die einen Kinder Größenphantasien durchleben, werden die anderen mit Niederlagen und Vernichtung konfrontiert. Das Happy-End (des Films) stellt sich bei ihnen gefühlsmäßig nicht ein. In den Köpfen bleibt ein offener Schluß, den sie nur schwer aushalten können.

Dazu nochmals Dennis: «Nach so einem Film habe ich dann ein ganz komisches Gefühl im Bauch. Das brummt immer so. Und wenn mir dann jemand doof kommt, dann bin ich schon manchmal gemein.»

«Was heißt das?»

«Na ja, den ärger ich dann oder mach ihm was kaputt!»

«Aber das machst du ja nicht nur nach dem Film. Wie ich weiß, machst du das auch woanders. Gestern mittag hast du Hendrik die Nase blutig geschlagen, und davor hast du nicht Tom & Jerry gesehen!»

«Hendrik hat so blöd geschaut. Der ist sowieso ein absolutes Arschloch. Dem kannst du nichts sagen. Schon gar keine Geheimnisse. Der petzt alles!» Er sieht mich an. «So ein blöder Kerl. Da bin ich dann eben wie eine Katze. Im richtigen Leben gewinnen eben doch nur die Stärkeren. Nur im Film gewinnt die Maus!»

«Genau», fährt Mario fort, «zu Hause krieg ich doch sofort was auf den Po, wenn ich mal frech bin. Wenn mein Vater hört, ich habe im Hort jemandem weh getan oder ihm was kaputtgemacht, dann krieg ich sofort was. Dann ist mein Vater sauer. Ich hab schon genug Ärger, sagt er mir. Und ich mache ihm nur Scherereien, und wenn ich so weitermache, steckt er mich endlich in ein Heim!»

Macht Fernsehen aggressiv?

Die kurzen Gesprächsausschnitte machen deutlich, wie oberflächlich es ist, mit vereinfachenden Erklärungsmodellen die Einflüsse medialer Gewalt zu interpretieren. Die öffentliche wie veröffentlichte Meinung bedient sich dabei gern der Nachahmungs- und Gewöhnungsthese, soll heißen: Das Ansehen medialer Gewalt erzeuge beim Heranwachsenden zerstörerische Aggressionsbereitschaft bzw. führe *ursächlich* zu einem Abstumpfen gegenüber brutaler Gewalt. Doch auch die entgegengesetzt Argumentierenden sind nicht in der Lage, den komplexen Einfluß medialer Gewaltdarstellung zu erklären: Sie reinigen Heranwachsende nicht von aggressiven Persönlichkeitsanteilen, wie es die Katharsisthese nahelegt, und sie bauen auch keine Aggressionshemmungen auf, wie es die Inhibitionsthese nahelegt.

Wenn ich mir die Vielzahl der Interviews ansehe, die ich mit Kindern und Heranwachsenden über die Faszination der Mediengewalt – aber auch das unverhohlene Erschrecken darüber – geführt habe, scheinen mir zwei andere Theorien über die Bedeutung medial inszenierter Gewalt plausibler, weil sie familiäre, soziale und psychische Rahmenbedingungen der Heranwachsenden ins Blickfeld nehmen.

Da ist zunächst einmal die Erregungsthese. Sie geht von gefühlsmäßigen Einflüssen der Sendungen aus und stellt gefühlsmäßige Bindungen zwischen Film und Zuschauer fest. Diese können sich darin äußern, daß das Kind Lust und Leiden des Helden oder der Heldin nachvollzieht, sich in sie einfühlt und hineinversetzt. Die Bindungen werden um so intensiver, je näher sich das in der Sendung vorgestellte Milieu an den Erfahrungen des Kindes orientiert, je mehr der Film für das Kind nicht ein «so könnte es sein», sondern ein «so ist es» darstellt.

Sendungsdramaturgien werden vom Kind – darauf habe ich schon hingewiesen – auf der Grundlage persönlicher Erfahrungen gedeutet, d.h., es werden jene Voraussetzungen wichtig, die ein Kind mit cinbringt, wenn es sich auf Sendungen einläßt. Bezogen auf Dennis und Mario bedeutet das: Beide haben unterschiedliche Gewalterfahrungen in der Familie gemacht. Beiden war es nicht möglich, aggressive Persönlichkeitsanteile gekonnt auszuleben. Und gleichzeitig wurde ihnen durch den Vater vorgelebt, daß Aggressionen zur Durchsetzung eigener Interessen sehr wohl zu verwenden sind.

Hier knüpft das zweite Erklärungsmuster, die Lerntheorie, an. Sie stellt nicht kausale Bezüge zwischen dem Konsum medialer Gewalt und zerstörerischen Handlungen im Alltag her, sondern argumentiert wesentlich differenzierter. Sie unterscheidet zwischen dem Erwerb und der Ausführung eines bestimmten Verhaltens.

Ob beispielsweise das Verhalten eines Filmhelden vom Kind als aggressiv eingeschätzt wird, hängt vom Alter, dem Geschlecht, den aktuellen Erfahrungen in der Familie und dem verinnerlichten Normen- und Wertesystem ab. Für das Erlernen zerstörerischer Aggressionen – so die Lerntheorie – sind unter anderem entscheidend

- die Erziehung in der Familie,
- die spezifischen Gewalterfahrungen, die ein Kind macht, sowie
- die Möglichkeiten zur Kultivierung von zerstörerischer Aggression.

Lerntheoretiker haben nachdrücklich darauf verwiesen, daß zerstörerische Handlungen einer «vorausschauenden Kontrolle» unterworfen sind. Solche Kontrollen können die Furcht vor Bestrafung, die Angst vor Vergeltung, ein verinnerlichtes Wertesystem oder Schuldgefühle sein. Allerdings sei auch ein Abbau von Hemmschwellen möglich, und zwar unter folgenden Bedingungen:

- wenn zerstörerisches Verhalten belohnt wird bzw. zerstörerische Aggressionen zum Handlungsinventar des Kindes gehören;
- wenn vor der Beobachtung des angebotenen Modells im Film ein Kind in seinen zerstörerischen Persönlichkeitsanteilen Bekräftigung erfahren hat. Dies ist um so wahrscheinlicher, je mehr persönliche Vorbilder entsprechende Handlungen an den Tag gelegt haben.
- Wenn mögliche Schuldgefühle verhindert werden, so behindert eine Entmenschlichung des Opfers – wie bei Dennis und Mario – die persönliche Verantwortung.

- Wenn Kinder keine wirklichen Möglichkeiten haben, soziale Ängste abzubauen. Verunsicherte Kinder fliehen in die Welt der Medien, um sich durch die Aneignung aggressiver Inhalte zu stabilisieren. Solch eine verordnete «Eigentherapie» bindet Kinder aber nur noch stärker an solche Gewaltszenarien.

Die Lerntheorie bietet mithin Untersuchungsperspektiven und Erklärungen an, unter welchen Bedingungen zerstörerische Gewaltbereitschaft im Anschluß an entsprechende Szenarien in den Medien möglich sind.

Dies kann der Fall sein, wenn sich die Umwelt der Aufgabe entzieht, Heranwachsende darin zu unterstützen, Aggressionen in Form von Ritualen, Spielen und Regeln auszuleben. Da läßt sie Heranwachsende allein und überläßt das Feld den Medien. So schafft die öffentliche Empörung über Gewalt und Aggression (nicht nur im Fernsehen, bei Computerspielen oder auf Video) die gewaltverherrlichenden und menschenverachtenden Angebote genausowenig aus der Welt wie eine Strategie, die Kinder vor solchen Angeboten pädagogisch und technisch bewahren will. Denn die Faszination, die die medial inszenierte Gewalt für Kinder hat, ist unbestritten. In ihr lebt auch etwas auf, was verboten und unterdrückt werden soll, zugleich aber nach vielfältiger Bearbeitung verlangt. In der Aneignung medial inszenierter Gewalt lebt das Kind aus, was es gefühlsmäßig nicht zeigen kann, dort durchlebt es Persönlichkeitsanteile, die Erwachsene negativ bewerten und sanktionieren. Der pädagogische Prozeß kann die Bedeutung, die Gewaltszenarien für Kinder haben, nur dann relativieren, wenn das Recht der Kinder auf ein gekonntes Ausleben von Aggressionen anerkannt wird und ihnen Räume und Zeiten angeboten werden, diese – an Regeln und Rituale gebunden – zu bearbeiten. Dies gilt insbesondere für jene Kinder, die Gewalt im Alltag und in den Medien nur als Zerstörung und Vernichtung kennengelernt haben.

«Dagegen bist du doch machtlos!»
Kinder und Fernsehwerbung

Die Gewalt im Kinderprogramm», so schimpft Volker Maier, Vater zweier Kinder, «also diese Brutalität im Zeichentrick, mein Gott, vielleicht muß das sein. Ich hab ja früher auch Western gesehen. Und vielleicht sind meine Kinder ähnlich. Aber gegen die Werbung hast du keine Chance. Die ist so hundsgemein gemacht. Die untergräbt jede Autorität. Da stehst du im Supermarkt, willst was Billigeres kaufen, da quakt der Jüngste einen Werbespruch, ich solle doch das andere kaufen, weil das besser schmeckt oder riecht oder was weiß ich. Wenn mir einer von diesen Werbefritzen unter die Finger kommt …», er lacht böse auf, «der hat die längste Zeit Werbung gemacht.»

«Ich gebe Volker da recht», ergänzt Marion Weber, Mutter dreier Kinder im Vorschulalter, «schon die Kleinsten haben die Sprüche drauf. Und das kennen sie ja nicht allein vom Fernsehen. Überall sind diese süßen Anzeigen. Überall. Und die Sprüche sind so eingängig. Aber irgendwann wird's bestimmt Kinder geben, die zuerst McDonald's oder Lila Pause und dann erst Mama sagen. Aber das ist wohl ein Trend zur Vermarktung, wo wir nichts gegen machen können. Und ehrlich gesagt, ich bin ja auch nicht frei davon. Ich stehe ja auch auf Marken, wenn ich ehrlich bin!»

«Aber Sie», so unterbricht Elvira Heinz, Mutter einer Tochter, «Sie durchschauen das vielleicht. Sie können nein sagen, aber das können Kinder doch nicht. Die mögen die Biene Maja oder die Turtles, und dann entdecken sie die Figuren überall. Auf jedem Ding. Und dann heißt es, die und die will ich haben. Da ist die Maja drauf. Da kannst du argumentieren, wie du willst. Die beharren einfach drauf. Du bist machtlos gegen die Macht der Werbung. Das ist alles Geschäftemacherei. Die haben's nur auf das Geld von uns und den Kleinen abgesehen!»

Kein Thema – nimmt man die Gewaltdebatte aus – erzürnt die Eltern so wie die TV-Werbung, kein Thema wird so heiß und gefühlsbetont diskutiert. Und dabei sind sich alle in der Rolle des Davids einig, der gegen den Goliath namens Werbung kämpft. Die TV-Werbung mit all ihrer vermeintlich teuflischen Macht, sich des Geldes der Kleinen und Kleinsten zu bemächtigen und den Eltern alltäglich ihre Machtlosigkeit vorzuführen.

Und tatsächlich sind die Kinder eine nicht unerhebliche Marktgröße, Zielgruppe für Nahrungsmittel-, Süßwaren- und Spielzeughersteller. «Skippies» – School-kids with income and purchaising power – wird die Zielgruppe im anglo-amerikanischen Sprachraum genannt: Schulkinder mit Einkommen und Kaufkraft. Sie versprechen Absatz, sind Kaufkraftfaktor und Warenpropagandisten in einem, haben mithin Einfluß auf Kaufentscheidungen von Eltern. Wer diese also zum Kauf von Bonbons, Spielsachen und Pullovern bringen will, muß zuvor die Kids überzeugen, schließlich geht es um ein Konsumvolumen von ca. 7 Milliarden DM, das sich

aus Taschengeld, Geldzuwendungen oder Ersparnissen zusammensetzt.

Folgerichtig findet sich TV-Werbung überall dort, wo Kinder zusehen oder -hören. Aber nicht nur das: Kinder fühlen sich durch die Werbung angesprochen, und dieses Gefühl, ernst genommen zu werden – vielleicht auch nur des Portemonnaies wegen –, geben sie an die Eltern weiter.

Und wehe, Eltern sagen nein zu den Konsumwünschen ihrer Kinder, dann sind lautstarke Auseinandersetzungen ebenso programmiert wie beleidigt-weinerliches Schweigen oder die Drohung, zur Oma zu ziehen, weil diese jeden Wunsch sofort erfüllen würde.

Werbung erreicht die Kinder überall. Sie wird als Block zwischen den redaktionellen Teilen des Fernsehprogramms präsentiert. Die Werbefilme sind dabei nicht selten in Handlung und Botschaft genau auf das jeweilige Zielpublikum abgestimmt.

Zunehmend gewinnt Sponsoring an Gewicht. Hier verschwimmt der Unterschied zwischen redaktionellem Teil und der Werbung. Wenn Barbie-Puppen und Masters-of-the-Universe-Figuren im Film auftauchen und danach für sie geworben wird, dann gehen Fiktion und Werbung ein manchmal nicht mehr zu unterscheidendes Gemenge ein.

Eine andere Werbevariante setzt sich in Deutschland erst seit Mitte der 70er Jahre durch: die Verwertung von Trickfilmfiguren, Merchandising genannt, eine Verwertung auf allen möglichen Gegenständen – vom Schal und dem T-Shirt, der Kakao-Tasse bis hin zur Kuschelpuppe oder dem Nachttopf. Diese Vermarktung begann mit Cartoons wie «Heidi» oder «Biene Maja», die schon vor mehr als 20 Jahren auf weit über 100 Gegenständen auftauchten. In der Zwischenzeit hat sich das Merchandising perfektioniert, existiert eine schnelle und umfassende Vermarktung von TV-Serien. Hinzu kommt: Viele Trickfilmproduktionen sind in der Zwischenzeit so kostspielig, daß nur die Einbeziehung in einen Merchandising-Kontext Gewinnmaximierung bringen kann. So sind viele Kinofilme, z. B. «König der Löwen», ohne Merchandising nicht mehr denkbar. Anders ausgedrückt: Werbung wird in Zukunft noch umfassender und allgegenwärtig sein. Und das Kinoerlebnis hört nicht mit dem Happy-End auf, wenn man den Figuren anderntags im Kaufhaus begegnet. Dann geht der Kampf zwischen Eltern und Kindern von vorn los. Und dieser endet nicht immer im Happy-End, manchmal in einer lautstarken Auseinandersetzung, wenn Eltern nicht bereit sind, diese Produkte zu kaufen. Doch dies ist die eine Sichtweise der Medaille – die des kritischen Erwachsenen.

Aus der Sicht der Kinder

Kinder haben ihre ganz eigene Einstellung zu diesem Thema, die manchem Werbekritiker Schweißperlen auf die Stirn treibt. Hierzu Ausschnitte aus einer Gesprächsrunde mit 9- bis 11jährigen Kindern.

Er finde Werbung doof, erklärt mir Stephan. Die wollen doch nur, daß du das kaufst. «Aber wenn die Werbung kommt, dann schalt ich schnell um oder geh raus!»

«Nee, ich bleib schon dabei», ergänzt Adrian. «Manche Werbung ist einfach gut gemacht. Also, die ist manchmal spannender als der

Film, der vorher war oder danach kommt. So die Sprüche und so. Das gefällt mir schon.»

Bei den meisten Werbefilmen », meint Thorben, «merk ich doch, die wollen was von mir. Ehrlich! Und manchmal fall ich dann doch darauf rein und kauf etwas, nur weil ich das gesehen hab. Das bleibt irgendwie hängen. Egal wie bescheuert das ist!»

«Na ja», lacht Nicole. «Mir geht's eigentlich ähnlich. Irgendwie spür ich, die Werbung lügt. Aber trotzdem kauf ich dann doch die Sachen aus der Werbung. Und die können noch so beknackt sein!»

«Also jetzt blick ich ja schon mehr durch», sagt Sandra mit einem ernsten Gesicht. «Aber früher, da wollt ich nur das haben, was ich gesehen hatte. Und wehe, ich hab das nicht bekommen. Dann hab ich meine Eltern schon genervt, oder ich bin zur Oma gegangen. Und meine Schwester, die ist jetzt erst fast fünf. Der geht es genauso. Die schnallt gar nicht, wenn die Sendung zu Ende ist und Werbung kommt. Das ist manchmal schon gemein von denen. Also ich denk, die ganz jungen Kinder, die sind schon unkritisch. Zum Beispiel, wenn meine Schwester ‹Wetten, daß› sieht, den Gottschalk, den find ich ja toll, aber wenn dann der in der Werbung auftaucht, dann denkt meine Schwester schon, das ist noch die Show.»

«Aber», unterbricht Sylvia, «du kaufst doch auch das, weil du das gesehen hast in der Werbung und das geil rüberkommt. Wir wollen doch alle dazugehören. Ist doch so! Wenn ich mir was einkaufe, 'ne Klamotte und so, dann guck ich auch erst nach den Sachen, den Markensachen, die ich aus der Werbung kenn! Da kann meine Mutter noch so gute Argumente haben, ich hör dann immer die Werbung und seh die tollen Frauen mit der Klamotte! Tja, und dann denk ich, so siehst du auch aus, wenn du das hast. Irgendwann hör ich dann schon auf meine Mutter, vor allem, wenn das zu teuer ist und ich mitbezahlen muß. Das ist das beste Argument. Weil, die Werbung gibt dir ja doch kein Geld dazu, damit du's kaufen kannst!»

«Natürlich sind wir alle beeinflußbar», schmunzelt Fritz. «Die Eltern und Lehrer machen doch auch auf Werbung, wenn sie von uns was wollen. Wenn ich da an meine Mutter denk! Wenn du aufräumst, darfst du fernsehen. So säuselt sie dann. Gut, ich mach's dann. Aber das ist eine Scheißwerbung, die da bei meiner Mutter abläuft, ehrlich! Da sind mir doch die Onkels und Tanten aus der Fernsehwerbung lieber. Die sind jünger, und alles ist wenigstens gut gemacht. Und du weißt, was sie von dir wollen: Ran an dein Geld. Ich glaub, die Erwachsenen sind nur sauer auf die Werbung, weil die Kinder der Werbung mehr glauben.»

Kinder sind Experten, was Werbung anbetrifft, und obendrein sind sie ehrlich. Kinder stehen der Werbung nicht unkritisch gegenüber, durchschauen manche Muster und bleiben trotz allem beeinflußbar. Dabei gilt es allerdings zu differenzieren. Mit steigendem Alter der Kinder steigen auch die Zweifel an den Werbebotschaften, reagieren Heranwachsende nicht selten mit Zynismus und beißendem Spott. Jüngere Kinder weisen dagegen eine weniger distanzierte Haltung auf – ja ein Drittel der Vorschulkinder hat sogar Probleme damit, die Werbung vom redaktionellen Teil des Programms zu unterscheiden. Gleichwohl läßt sich der überwiegende Teil der jüngeren Kinder nicht so ohne weiteres überfahren, wie es manche Werbekritiker fürchten oder die Werbestrategen insgeheim wünschen.

Faßt man einige Ergebnisse der Werbewirkungsforschung zusammen, kann man nachstehende Trends erkennen:

1. Werbung findet die Aufmerksamkeit der Kinder. Sie sind als Kaufkraftfaktor ebenso wichtig wie als Propagandisten für Spielzeug, Süßigkeiten, Kleidung und Getränke. Gleichwohl sind die Kinder nicht die Konsumfetischisten, für die sie häufiger gehalten werden. Sie gehen mit dem eigenen Geld bewußt um, treffen wohlüberlegte Entscheidungen beim Kauf.
2. Es gibt keinen nachgewiesenen Zusammenhang zwischen dem Appell eines Werbespots und der Kaufhandlung. Allerdings hat der Erziehungswissenschaftler Dieter Baacke mit Recht darauf hingewiesen, daß nicht nachgewiesene Zusammenhänge sehr wohl existieren können und es bisher nur an verläßlichen Untersuchungsmethoden mangelt, diese zu belegen. Denn zweifelsohne können sich die emotionalen Einflüsse der Fernsehwerbung nur im Zusammenhang mit einem Konsumklima entfalten, in dem Kinder heute aufwachsen. Werbung manipuliert nicht, aber sie nutzt ihre Chance, indem sie mit den Motiven des Dazugehörens, des Lebensstils und des Erfolgsgefühls arbeitet.
3. Die Werbespots kommen diesen Motiven entgegen, und deshalb kommen sie sowohl bei jüngeren wie bei älteren Kindern an. Sie arbeiten mit Bildern und Schnitteffekten, mit Musik und Slogans, die positive Stimmungen und Assoziationen wecken. Der Spot ist dabei nicht selten anspruchsvoller gestaltet als mancher Serienschrott, der auf Kinder im redaktionellen Teil eindröhnt. Die formale Gestaltung berücksichtigt die Aufnahmefähigkeit und Verarbeitungskapazität der Kinder, indem sie eine Geschichte mit einer klaren Handlung, mit vertrauten Alltagsstrukturen und einer Identifikationsfigur anbietet. Eine prächtige Kulisse, ausdrucksstarke Bilder, Geräusche und Musik sind so komponiert, daß sie schnell aufgenommen werden können. Allerdings: Spots, die zu

aufdringlich oder langweilig daherkommen, werden von Kindern ebenso abgelehnt wie Spots, bei denen die Überredung überdeutlich ist.

4. Mit zunehmendem Alter ist eine zunehmend kritische Einstellung gegenüber der Werbung sichtbar. Aber obgleich Heranwachsende die Manipulation benennen, kann ein gut gemachter Werbespot begeistern. Und natürlich bedeutet kritische Distanz zur Werbung nicht, unbeeinflußbar zu sein. Die Forschung hebt bei jüngeren Kindern deren mangelnde Fähigkeit, zwischen Werbe- und redaktionellen Sendungen zu unterscheiden, kritisch hervor – dies vor allem dann, wenn der Programmteil nahtlos in den Werbeteil übergeht und zudem ähnliche Gestaltungsprinzipien zu beobachten sind. Daß das Gemenge aus Werbung und dem übrigen Programm durchaus kalkuliert ist, dürfte kein Geheimnis sein. Manche Zeichentrickserie ist ein Marketing-Instrument der Spielzeugindustrie, und wenn Show-Stars in Fernseh- und Hörfunkwerbung auftreten, dann lohnt sich das für alle Beteiligten.

Doch bei aller sich hier abzeichnenden Problematik darf man die Medien- und Werbekompetenz der Heranwachsenden nicht unterschätzen. Darauf hat der Medienwissenschaftler Hans-Dieter Kübler mit Recht hingewiesen.

«Werbung», so meint Oliver mit ernster Stimme, «ist doch kein richtiges Fernsehen, weil, die wollen doch damit nur Geld verdienen.» Zwar können Kinder häufig nicht genau beschreiben, worauf Werbung abzielt, gleichwohl haben sie ein unbestimmtes Gefühl, was Werbung will. Je älter die Heranwachsenden sind, um so zweckorientierter hören sich die Begründungen an (z. B. «Es ist doch klar, die wollen nur an unsere Knete!» – «Die wollen, daß ich ihre Sachen kaufe!»), jüngere Kinder haben da ihre eigenen, manchmal ganz verblüffenden Ansichten. «Weil die Sendung zu kurz war, kommt jetzt Werbung», erzählt die 5jährige Bianca. Und der gleichaltrige Björn meint: «Werbung kommt, damit Papa aufs Klo gehen kann.» Und

Tanja erklärt ernst: «Da gibt's so viele Sachen zu kaufen in den Geschäften. Und die Werbung sagt, was am besten ist!»

Die Werbesprüche, dic Kinder so gerne, laut und nachhaltig wiederholen, geben – oberflächlich betrachtet – Hinweise darauf, daß sich die Spuren der Werbung, die ja Kinder nicht allein aus dem Fernsehen kennen, im Denken, Fühlen und Handeln zeigen, auch wenn das Vorhandensein der Einflüsse noch nichts über Kaufentscheidungen aussagt. Überblickt man Äußerungen der Kinder, dann lassen sich einige Bereiche festmachen, die Spurenelemente der Werbung aufweisen:

- Zweifelsohne erfreuen sich aus der Fernsehwerbung bekannte Produkte größerer Aufmerksamkeit.
- Kinder glauben den Argumenten der Werbung manchmal mehr als den Überzeugungskünsten der Eltern.
- Werbung schafft ein Konsumklima, in dem Kinder aufwachsen. Und wer am Konsum teilhaben will, läßt sich auf die Versprechungen der Werbung gern ein.

Werbung verkündet die Botschaft, daß man nur etwas ist, wenn man kauft. Entsprechend setzen Kinder Ware und Geld mit Status und Prestige gleich und sehen Konsum als die einzige Lebensperspektive, die wirklich zählt.

Zu Recht wird von der Medienforschung hervorgehoben, Kinder hätten große Schwierigkeiten, Werbung vom redaktionellen Programmteil zu unterscheiden. Deshalb sei sie so verführerisch. Dabei wird allerdings übersehen, daß Kinder keineswegs als unbeschriebene Blätter an die Fernsehwerbung herangehen. Die Vehemenz, mit der Medienforschung wie -pädagogik, Verbraucherschützer wie Eltern auf die Werbung einprügeln, scheint meines Erachtens darauf hinzudeuten, daß diese sich in ihrem eigenen Handeln wiedererkennen. Auch sie versprechen Belohnung für erwünschtes Verhalten. «Früher», erzählt mir Katharina, «als ich 5 war, durfte ich eine Sendung im Fernsehen mehr sehen, wenn ich mein Zimmer aufgeräumt hab. Jetzt bin ich 8 und räum nur noch auf, wenn ich drei Sendungen mehr sehen darf. Mama flucht zwar, aber sie hat sich das selber eingebrockt.» Christina lacht laut auf, als sie das hört: «Wenn ich mal nicht bekomme, was ich will, sag ich nur, du hast mich nicht richtig lieb. Und dann schau ich ganz traurig, und dann hat Mama ein schlechtes Gewissen, weil die soviel arbeitet, und dann bekomm ich, was ich will. So einfach ist das.»

Diese beiden Kinder bringen Alltagserfahrungen auf den Punkt, in denen mit Belohnung und Bestrafung gearbeitet wird. An die Stelle von Auseinandersetzungen tritt eine Ware. «Wenn du dies und jenes tust, hab ich dich lieb» läuft auf etwas Ähnliches hinaus wie die Werbebotschaft: «Wenn du etwas kaufst, bist du mehr!»

Noch ein anderer Aspekt wird aus den Äußerungen der Kinder deutlich: Je weniger Eltern zu eigenen Wertorientierungen stehen, je geringer ist deren Autorität, und um so mehr gewinnt die Werbung an Gewicht. Anders ausgedrückt: Je konsequenter Eltern zu eigenen Normen und Werten stehen, je mehr sie bereit sind, sich persönlich in die Beziehung zu Kindern einzugeben, um so relativer wird die Werbung. Ausschließen kann man Einflüsse ebensowenig wie sich dagegen immunisieren, aber man kann eine kritisch-konstruktive Haltung einnehmen. Dies macht Erziehung nicht einfacher, gar konfliktfreier – aber ehrlicher und offener.

Nochmals: Werbung manipuliert nicht, aber sie nutzt ihre Chancen. Kinder sind süchtig – süchtig nach Leben, nach Leistung, nach Bestätigung, nach Beziehung. Wird ihnen diese in der Realität vorenthalten, dann nutzt Werbung dieses Defizit aus. Der kritische Konsument ist ja kein Asket, auch der kritische Konsument genießt. Aber Genuß heißt nicht, alles, und das sofort, einlösen zu müssen. Genuß kann ich auch erreichen, wenn ich abwarte und mir dann einen Wunsch erfülle. Auch Kindern genügt es nicht, daß gebratene Tauben in ihren Mund fliegen, sie sind durchaus bereit, dafür etwas zu leisten. Verwöhnte Kinder sind unzufrieden und beziehungslos, weil ihnen die Auseinandersetzung und Herausforderung fehlt.

Weniger ist manchmal mehr

Philip, 9 Jahre, kommt vom Spielplatz nach Hause und verkündet: «Wenn wir nächste Woche meine neuen Jeans kaufen, muß das aber eine richtige sein!» Was eine richtige sei, will Verena Blume, Philips Mutter, wissen.

«Eine echte! Eine Levis!» Wie teuer die denn sei, fragt die Mutter. Philip nennt einen Preis, der weit über hundert Mark liegt. Sie runzelt die Stirn.

«Achtzig Mark gebe ich aus! Mehr nicht! Das war vereinbart!» Philip mault und schimpft herum. Er sei ohnehin schon ein Außenseiter, und die anderen würden ihn wegen der «Baby-Jeans» auslachen. Alle hätten schon eine «richtige Jeans». Nur er habe so eine «blöde Hose». Er sieht trotzig aus: «Ich will eine Markenjeans!»

«Du hast mich verstanden!»

«Du bist gemein! Nie kaufst du mir was. Alle Mütter sind besser als du!»

Die Mutter bleibt ruhig: «Philip! Ich hab dich sehr gern! Aber du hast Pech, solch eine Mutter wie mich zu haben! Wirklich!» Sie sieht ihn an: «Ich gebe achtzig Mark aus. Wenn du mehr ausgeben willst, mußt du was dazutun!» Er habe kein Geld, antwortet Philip ungehalten. «Du hast Taschengeld!»

«Das brauche ich für Spielzeug und Süßigkeiten. Nicht für Kleidung. Du mußt dafür sorgen, daß ich was zum Anziehen habe!»

«Richtig! Eine Jeans für achtzig Mark, Philip!»

«Du bist ja eine tolle Mutter!» schimpft Philip und verläßt fluchend das Zimmer.

Ein paar Stunden später beim Abendbrot. «Kaufst du mir die Jeans?» fängt Philip an.

«Für achtzig Mark! Natürlich! Ich habe es dir versprochen!»

«Weiß ich! Das mit den achtzig Mark, weiß ich! Hör auf!» Philip runzelt die Stirn. «Ich hab mir überlegt, daß ich den Rest von meinem Taschengeld doch dazugebe!»

«Hast du wirklich so viel?»

«Ich hab gespart.» Er macht eine Pause. «Aber irgendwie muß ich mir jetzt überlegen, wie ich zu Geld komme. Marco trägt Zeitungen aus. Dazu hab ich keine Lust. Mal sehen! Was meinst du dazu?» Die Mutter nickt.

Am nächsten Tag kommt Philip und erzählt, er habe mit dem alten Nachbarehepaar darüber geredet, daß er am Wochenende den Bürgersteig säubern könne. Die seien erfreut gewesen, und er bekomme etwas Geld.

«Und Mama», lächelt Philip, «kauf mir erst die billigen Jeans, die richtigen haben noch bis Weihnachten Zeit.»

«Und warum?»

«Ach, ich muß mir erst einmal ein Computerprogramm kaufen. Das ist jetzt wichtiger, und die Hose tut es jetzt auch noch.»

«Und wie bist du denn darauf gekommen?»

Philip lächelt: «Ach, nur so!»

Eine typische Situation. Und eine ebenso elegante Lösung. Immer mehr Eltern vermeiden Frustrationen im materiellen Bereich, drükken Zuwendungen zu Kindern über das Schenken und Kaufen von Waren aus. Wer aber Kinder unablässig materiell verwöhnt, verwehrt ihnen eigenständige Erfahrungen. Das eigene Zimmer aufzuräumen, den Tisch abzudecken, selbstbestimmte Leistungen in der Schule zu erbringen – dafür verdienen Kinder Ermutigung, positive Bestärkung und Annahme. Wer ständig verwöhnt, erzeugt beim Kind Stillstand und motiviert nicht dazu, sich neuen Herausforderungen zu stellen, läßt Kinder beziehungslos. Philips Mutter hat sich für einen anderen Weg entschieden. Sie hat sich den Wünschen ihres Sohnes nicht verweigert, ihm jedoch gezeigt, daß sie nicht willens ist, jeden seiner Wünsche rückhaltlos zu erfüllen. Sie mutet ihm eine Frustration in der Sache zu. Sie setzt ihm eine Grenze, die den Anstoß liefert, nach anderen Wegen zu suchen, um zur heißersehnten Jeans zu kommen. Ihr «Nein!» – ein «Nein!» zur Sache, nicht zum Kind – hat

Philip gezeigt, daß er materielle Frustrationen aushalten und dies als Herausforderung betrachten kann, nach eigenen Wegen zu suchen, zur Markenjeans zu kommen – wenn auch mit zeitlichem Aufschub.

«Weniger ist manchmal mehr» – so hat es der Psychoanalytiker Wolfgang Schmidbauer bezüglich des Konsums ausgedrückt. Dieses «mehr» ist Beziehung, ist Spannung, ist Auseinandersetzung. Verwöhnt-grenzenlose Kinder haben demgegenüber «weniger» – weniger an Erfahrung, weniger Vertrauen in eigene Fähigkeiten und weniger Ermutigung, sich Neuem zu stellen. Der kritische Konsument kauft nicht unbedingt weniger, aber er kauft bewußt, genießt und weiß, daß man Bedürfnisse nicht jederzeit und sofort befriedigen kann. Wenn Eltern dieses Prinzip den Kindern vorleben, werden die Auseinandersetzungen um die Werbung und deren Folgen nicht weniger – aber vielleicht lust- und humorvoller.

«Kinder können fernsehen – Eltern aber nicht!»

Familienleben, Fernsehen und Erziehung

Der eingeschaltete Fernsehapparat», so urteilte 1973 der amerikanische Psychologe Uri Bronfenbrenner, «versteinert alles; sie werden ausdruckslos, konzentrieren sich auf das Bild, den Bildschirm, und all das, was zwischen Personen vorzugehen pflegte – die Spiele, die Diskussionen, emotionale Szenen, von denen her sich Persönlichkeit und Fähigkeiten entwickeln –, ist abgeblockt. Das Einschalten des Fernsehapparates ist somit gleichbedeutend mit dem Abschalten des Vorgangs, der Menschen menschlich macht.»

Das Fernsehen ist *der* Sündenbock schlechthin, verantwortlich für

viele gesellschaftliche Fehlentwicklungen. Das gilt gleichermaßen für die Beeinträchtigung, wenn nicht gar Zerstörung der Gesprächskultur in Familien. Mit solchen vorschnellen wie pauschalen Urteilen lassen sich positive wie problematische Aspekte, die das Fernsehen für das Familienleben haben kann, nicht einmal ansatzweise begreifen. Sicher macht Fernsehen Erziehung nicht einfacher, bringt Beziehungskonflikte mit sich. Aber es wäre zu vereinfachend, jedwedes Problem auf die Existenz des Fersehens zu schieben.

Die Auseinandersetzungen um den Fernsehgebrauch weisen häufig auf viele grundlegende Schwierigkeiten und Unsicherheiten im Familienleben hin – sei es, daß Uneinigkeiten in der Kindererziehung bestehen oder Spannungen zwischen Mann und Frau. Im Fernsehgebrauch spiegelt sich Zwischenmenschliches – und viele wollen nicht wahrhaben, was sie dort sehen: sich und die vielleicht verdrängten Probleme. Dies macht im übrigen auch die pädagogische Auseinandersetzung um das Fernsehen so schwierig, geht es doch in vielen Fällen weniger um einen Sach- denn um einen verdeckten Beziehungskonflikt.

«Diese Sendungen am frühen Abend», schimpft Isabel Schneider, «mit dieser Gewalt und diesen aufgesetzten Lösungen, wo sich am Ende alle nur liebhaben, diesen Mist muß man nun wirklich nicht sehen. Und vor allem Kinder nicht. Aber warum senden sie denn so etwas? Und dann noch zu einer Zeit, wo die Jüngsten zusehen können. Es ist einfach zum Verrücktwerden!» Als ich sie frage, welche Sendungen sie konkret meine, druckst sie herum, kann mir keinen Titel nennen. Selbst als ich ihr mit Namen von Serien nachhelfe, fällt ihr keine ein. «Ach», ruft sie dann ziemlich ärgerlich aus, «es geht doch auch gar nicht darum!» – «Und worum geht es?» bin ich neugierig. – «Da kommt mein Mann nach Hause, von der Arbeit. Ich bekomme ein kurzes ‹Hallo!›, vielleicht noch einen Kuß. Dann geht er schnurstracks zur Glotze, Füße hoch. Und die Kinder rufen: ‹Papi! Papi! Dürfen wir mit fernsehen?› Und er» – sie wird immer ärgerlicher – «sagt großzügig: ‹Ja!› Und das, obgleich ich mit den Kindern anderes vereinbart hatte. Das macht mich fuchsteufelswild. Er macht immer das, was er will. Er denkt einfach nicht nach. Das halt ich nicht mehr aus!»

Hier zeigt sich deutlich: Hinter der Kritik an den Vorabendserien verbergen sich für Isabel Schneider ganz andersartige Probleme. Die Art und Weise, wie ihr Mann über sie und ihre Erziehungsvorstellungen hinweggeht, wie er sie als Person mißachtet, ruft Ohnmachtsgefühle hervor, erzeugt Zorn und Wut, die sie dann auf die Serien projiziert.

Wenn bei den Konflikten, die sich am Fernsehen entzünden, nicht zwischen der Auseinandersetzung um eine Sache (also hier: um die Serien) und der Beziehungsstörung, die sich dahinter verbirgt, unterschieden wird, kann es kaum zu praktikablen Konfliktlösungen kommen.

Wenn der Fernsehkonsum von den Eltern bestimmt wird

Ich besuche die Familie Gehresch, um mich mit ihnen über ihren Fernsehkonsum zu unterhalten. Es gibt Abendessen. Der Fernseher steht so, daß Franz Gehresch ihn sehen kann. Es herrscht Schweigen. Als ich die Kinder etwas frage, antworten sie, im Gegensatz zu sonstigen Gelegenheiten, einsilbig. Frau Gehresch erklärt mir später, «daß die beiden beim Essen ruhig zu sein haben, weil sie meinen Mann stören».

Als ich ein anderes Mal komme, ist das Fernsehgerät wieder eingeschaltet. Franz Gehresch fragt: «Stört das?» Und ohne eine Antwort abzuwarten, fährt er fort: «Ich mache ein bißchen leiser.» Franz Gehresch ist die bestimmende Figur im Alltag seiner Familie. Und er kontrolliert auch den Umgang mit den Medien. Er schaltet das Radio frühmorgens und das Fernsehgerät spätnachmittags ein. Die Medien sind seine Domäne. In der Art und Weise, wie Franz Gehresch mit ihnen umgeht, spiegeln sich sein Verständnis von Familie, seine Vorstellungen von zwischenmenschlichen Beziehungen und von Erziehung wider. So entscheidet er über das Programm «ohne Wenn und Aber».

«Daran habe ich mich im Laufe der Zeit gewöhnt», sagt seine Frau resigniert. «Ich habe mich auch an seinen Geschmack gewöhnt. Sonst würden wir doch fast nichts mehr zusammen machen.»

Franz Gehresch, 36 Jahre alt, arbeitet seit 18 Jahren als Maschinenschlosser im Akkord. Rita, seine Frau, 35 Jahre alt, ist Sekretärin. Sie arbeitet ganztags. Oliver, der 10jährige Sohn, besucht die 3. Klasse der Grundschule und geht nachmittags zu seinen Großeltern. Sandra, 5 Jahre, ist im Kindergarten und wird am späten Nachmittag von der Mutter abgeholt. Franz Gehreschs Vorstellungen von Erziehung orientieren sich an seinem Vater: «Der war immer geradeheraus. Man wußte, woran man war. Es gab kein ‹Drumrum-Gerede›. Nicht diese ewige Diskutiererei und Wenn und Aber und Vielleicht usw. Nur mit den Schlägen halt ich's nicht so. Das muß nun wirklich nicht sein.»

Er verlangt von seinen Kindern Unterordnung und will, «daß sie keinen Scheiß bauen». Sie sollen anständige Menschen werden. «Keine Weltmeister, aber eben welche, die den Eltern nicht auf der Tasche liegen.» In seiner Fernseherziehung schwankt er zwischen Gewährenlassen und einer äußerst einschränkenden Haltung. «Wenn die nicht spuren, gibt's eben kein Fernsehen!» Ansonsten hat er über die möglichen Einflüsse von Medien keine genauen Vorstellungen. «Es ist Sache meiner Frau. Und was ich so lese und höre, ist mir zwar nicht egal, aber ich lese mal das, mal lese ich jenes. Am besten ist immer noch das, was ich an Oliver und Sandra sehe. Und die sind normal. Und wenn die mal nervös sind, ist das auch normal. Wir sind ja alle mal nervös.»

Ich spreche ihn darauf an, daß in seinem Haus ständig eine Geräuschkulisse zu hören ist. «Das fällt mir nicht mehr auf», meint er und sieht mich fragend an. Er überlegt kurz. «Wissen Sie», erzählt er mir dann, «Fernsehen und Video beruhigen, ich wüßte nicht, was ich ohne sie machen würde.» Die Arbeitsbelastungen bringen Franz Gehresch bis an den Rand der Erschöpfung, verhindern Alternativen und ein Nachdenken über den eigenen Alltag. Diese Situation verlangt danach, Sicherheit und Geborgenheit anders als durch Gespräche zu suchen. Der Wunsch, sich nicht mit seinen Kindern oder seiner Frau auseinandersetzen zu müssen, sich nicht in Frage stellen zu lassen, prägt sein Verhalten.

Rita Gehresch hat sich damit arrangiert. Auch damit, daß sie nicht mehr gegen den machtorientierten Erziehungsstil ihres Mannes ansteuert. «Gegen meinen Mann komme ich nicht mehr an», meint sie resigniert. «Und für Alternativen, anderes zu machen, fehlt mir die Kraft.» Und dann fügt sie hinzu: «Wenn er den Kindern Fernsehen und Video erlaubt, was soll ich da noch machen? Das gibt doch nur Ärger!»

So schwankt ihr Verhalten zwischen Einschränken, Gewährenlassen und schlechtem Gewissen. «Wenn ich nach Hause komme, so gegen halb sechs, bin ich geschafft. Ich möchte mich hinsetzen, wie mein Mann es auch tut. Aber dann sind die Kinder da, wollen erzählen, spielen und krabbeln vor mir rum. Zehn Minuten Zeit, mehr hab ich nicht für sie, dann muß ich in die Küche. Entweder schicke ich sie dann nach draußen oder vor den Apparat oder den Video, zu meinem Mann eben.»

Rita Gehresch benutzt die Medien als Babysitter, setzt Fernseh- und Videofilme auch als Mittel zur Beruhigung und Ablenkung ein. «Wenn ich dann manchmal zufällig reingucke und sehe, was da läuft, denke ich ‹Mein Gott!›. Da fallen mir dann die Zeitungsmeldungen ein und die Lehrer und alle, die von Gewalt reden, von nervösen und zappeligen Kindern. Manchmal können Sandra und Oliver ja auch ganz schön schrecklich sein.»

Rita Gehresch befindet sich, wie sie meint, in einer «Zwickmühle», aus der sie nicht mehr herauskomme. Sie hat deshalb ein schlechtes Gewissen, weil sie einen Zickzackkurs in der Erziehung praktiziert. Elternabende im Kindergarten oder in der Schule besucht sie schon lange nicht mehr, «weil: Was soll's? Da erzählen sie mir, was und wie Kinder fernsehen, was sie nicht sehen sollen, da reden sie von einer halben Stunde höchstens, und ich merke, wie ich immer kleiner werde und wie die Erzieherin schaut. Das einzige, was ist, daß ich mir sag, es muß ja bei meinen Kindern nicht so schlimm ausgehen.»

Sie schafft es kaum noch, den Kindern alles zu verbieten. Zumeist verbietet sie Fernsehsendungen oder Video, verkürzt die abendliche Lesezeit oder nimmt das Videospiel weg, wenn Oliver nicht aufhört oder seine Schwester nicht teilnehmen läßt. Dabei handelt sie widersprüchlich. Ihre Kinder nutzen das aus und suchen den Vater als Koalitionspartner. Er entscheidet häufig gegen seine Frau und für die Kinder und unterläuft damit ihre Erziehungsabsichten.

Für Frau Gehresch ist zur Zeit das größte Problem, daß Sandra nicht ins Bett will. Oliver geht meistens gegen acht Uhr freiwillig. Dann liest er noch eine Stunde. Sandra bleibt aber sitzen, in die Sitzecke gedrückt, hin und wieder zum Fernsehapparat schauend. «Die hat kein Interesse daran, nur dasein will sie.» Wenn Rita Gehresch ihre Tochter ins Bett bringt, geht diese zwar bereitwillig, hält ihre Mutter aber dann so lange in Atem, «bis ich klatschnaß bin und die Sendung vorbei ist. Oder sie steht, wenn ich dann kurz gegangen bin, schon wieder vor dem Fernseher. Da nützt nichts. Das können Sie sich nicht vorstellen, wie das ist. Und wenn ich dann höre und auch wieder lese, Kinder sollen abends nicht mehr fernsehen, dann geht's mir schon schlecht dabei.»

Rita Gehresch ist ratlos. Dabei sind die Motive für Sandras Verzögerungstaktik offensichtlich. «Ich will bei Mami sein», sagt sie, «die ist sonst immer soviel weg.» Und um Nähe herzustellen, hat Sandra zwei Strategien entwickelt: Sie sieht mit der Mutter fern, oder sie lockt sie ins Zimmer, um sie für sich allein zu haben. Beide Strategien verursachen bei Rita Gehresch Unbehagen. So laviert sie sich durch.
 Mal läßt sie ihre Tochter im Wohnzimmer, «denn dann schläft sie

schnell ein, steht aber manchmal nachts in meinem Zimmer und weint und sagt, sie habe Angst». Dann wieder geht sie ins Zimmer von Sandra und spielt mit ihr. «Das gefällt ihr am besten. Aber sie findet dann keinen Schluß. Erst wenn mein Mann vom Fernsehen hochkommt, hört sie auf.» Nicht selten reagiert Rita Gehresch ungeduldig, weil sie meint, etwas im Fernsehen zu verpassen. «Ich habe doch auch ein Recht auf Ruhe, oder?» Oder sie hat ein schlechtes Gewissen gegenüber ihrem Mann. Franz Gehresch hält sich weitgehend aus der Kindererziehung heraus, weil, wie er meint, das sei Frauensache.

Franz Gehreschs Medienverhalten, Sandras abendliche Fernsehwünsche, Olivers Übernahme des väterlichen Verhaltens und Rita Gehreschs Hilflosigkeit sind Ausdruck von unterentwickelten Familienbeziehungen, nicht besprochenen Rollenverteilungen und verschiedenen Auffassungen von Erziehung.

«Vor einem Jahr war ich mal völlig fertig, da bin ich zu Sandras Erzieherin gegangen», erzählt Frau Gehresch. «Und die hat dann gesagt, es gebe so etwas wie eine Erziehungsberatung. Aber da müßte ich schon gemeinsam mit meinem Mann hingehen. Ich habe es ihm dann vorsichtig angedeutet. ‹Ich bin doch nicht plemplem›, hat er gesagt. ‹Wenn du willst, kannst du gehen, aber die Kinder bleiben hier. Ich laß mich doch von anderen nicht verrückt machen.›»

«Verrückt machen, ist ein gutes Stichwort», erzählt mir Helga Wagner, Grundschullehrerin. «Ich laß mich schon verrückt machen. Gerade beim Fernsehen. Bei den Medien insgesamt.» – «Ja, wir machen uns da schon unsere Gedanken», fährt Reiner Wagner, Studienrat, fort. «Ich sehe mit unserem Sohn fern, erkläre ihm vieles. Rede mit ihm. Das ist wichtig. Und trotzdem kann ich mir sein Verhalten nicht immer erklären. Roman sieht bei Freunden vor allem diese scheußlichen Sachen, die er vorher nicht sehen durfte. Besonders diese gräßlichen Zeichentrickserien.» Und die Mutter fährt fort: «Roman durfte ab dreieinhalb Jahren fernsehen: Vorschulsendungen, die

Sesamstraße. Das ging auch gut, bis Ute aufs Gymnasium kam und dann immer zu lästern begann, was Roman denn für Babykram sehen würde. Er hat sich zwar gewehrt, und mein Mann und ich haben ihn unterstützt. Das ging auch eine Zeitlang gut. Aber jetzt läuft gar nichts mehr. Na ja, und dann kam er in den Kindergarten und mit anderen Kindern zusammen, die viel mehr fernsehen als er zu Hause.»

Über die Auswirkungen des Fernsehkonsums haben die Wagners genaue Vorstellungen: «Wir sehen das ja in der Schule», so Reiner Wagner. «Wenn man da keine konsequente Linie fährt, wird man absolut überrollt. Das ginge uns wahrscheinlich auch so. Ich will da keine Ausnahme machen.» Deshalb erziehen die Eltern konsequent. Sie haben einen genauen Überblick über das Programm. «Darüber, was zu Hause im Fernsehen läuft, diskutieren wir gemeinsam», sagt Reiner Wagner. Und dann fügt er hinzu: «Das Abendprogramm ist für die Kinder grundsätzlich tabu. Und wenn da mal was kommt, Tiersendungen oder ähnliches, dafür haben wir jetzt den Videorecorder.»

Ihre Haltung zum Fernsehen ist klar: «Da gibt es viel Positives. Aber auch viel Mist. Davor muß man die Kinder eben warnen. Die kennen sich doch sonst gar nicht mehr aus und finden sich nicht mehr zurecht, weil sie alles toll finden. Ich seh das doch schon an unserer Ute.»

Helga Wagner informiert sich genau über das Fernsehprogramm und sieht sich meist die Sendungen an, bevor sie entscheidet, «ob das was für Roman ist. Das war früher einfacher mit ihm, als er noch kleiner war. Und jetzt ist Ute schon 11, und da haben beide sehr unterschiedliche Interessen, und das führt dazu, daß sie nun mehr fernsehen.» Will Ute etwas sehen, das Roman nicht sehen soll, spielt Frau Wagner mit ihm, «aber jetzt mäkelt er immer mehr rum».

Beide Eltern beschäftigen sich viel und reden viel mit den Kindern, der Alltag zeichnet sich durch vielfältige Spiel- und Freizeitaktivitäten aus, wobei alles nach einem genau bestimmten Plan abläuft. Vor allem an den Wochenenden spielen die Medien eine untergeordnete Rolle. Die Kinder haben dann ein Mitspracherecht, die letzte Entscheidung liegt aber bei den Eltern. Dies haben die Kinder bis vor kurzem «gerne mitgemacht, besonders die gemeinsamen Ausflüge und Unternehmungen. Dabei gab es selten das Problem, daß die Kinder nicht mitwollten. Gut, mal war es wegen ‹Heidi› oder ‹Lassie›. Aber ansonsten kannten wir das nicht. Von wegen dableiben wollen und fernsehen oder lesen», berichtet Helga Wagner.

«Es fing vor einigen Monaten mit Ute an, daß wir ihr mehr erlaubten. Aber mit dieser Freiheit ist sie nicht fertig geworden.» Hier verkennt Helga Wagner offenbar die Wünsche ihrer Tochter. Denn diese versucht, sich allmählich der beschützend-bewahrenden Erziehungseinstellung der Eltern zu entziehen, gegen das väterlich verordnete Bildungsprogramm setzt sie demonstrativ Unterhaltung, gegen die gemeinsamen Ausflüge den Rückzug in den Medien. Ute löst sich ab. Sie sucht neue innere und äußere Strukturen, einen veränderten Tages- und Wochenablauf.

Die Eltern erziehen vorwiegend «über den Kopf», zärtlich-zutrauliche Gesten habe ich bei Helga Wagner wenig, bei ihrem Mann kaum erlebt. Auch Belobigung oder Ermutigung wurde selten gegeben. Das durchaus anregende Familienklima entbehrte einer emotionalen Grundlage. Die Kinder waren zwar aufgehoben, fühlten das aber nicht. Reiner Wagner ist, wie er später mal sagte, «kein Mann zum Anfassen. Das habe ich nicht gelernt. Da gibt's wohl eine Sperre. Auch jetzt, wo mir das auffällt, habe ich Schwierigkeiten.»

Roman Wagner hat in seinen Zeichentrickhelden jene Emotionalität gefunden, die er offensichtlich in den Alltagsbeziehungen entbehrt. Seine Helden ließen es zu, daß man sich in sie hineinversetzen, mit ihnen fiebern kann. Sicher lassen sich Fernseherlebnisse nicht mit intensiven zwischenmenschlichen Beziehungen gleichstellen. Nur: Für Roman ist das schlichtweg gleichgültig. Sein Vater ist für ihn zwar da, läßt seinen Sohn aber allein, wenn es um die Befriedigung von Gefühlen und Zuwendung geht. Der Vater bietet dem Sohn viele Freizeitmöglichkeiten an, bindet Roman aber gleichzeitig an sich, um Macht und Kompetenz durchzusetzen. Wie stark Roman diese Überbchütung empfindet, geht aus einem Traum hervor, den Frau Wagner mit seinen beginnenden «Action»-Vorlieben in Zusammenhang brachte: Roman stand des öfteren nachts im Zimmer seiner Eltern und erzählte von Alpträumen, in denen er von Riesen mit gräßlichen Augen, von Riesensteinen oder einem «bösen schwarzen Herkules» zerquetscht würde. Ganz offensichtlich hat Roman in den Träumen seine Alltagserfahrungen bearbeitet – vor allem die Einengung durch die beherrschenden Eltern. Reiner Wagner sucht nach möglichen Erklärungen für die veränderten Medienvorlieben seines Sohnes und findet diese in Romans Umwelt: Sein Sohn hatte die ersten Actionfilme bei Freunden gesehen. Als der Vater das hörte, zog er daraus Konsequenzen: «Ich erlaubte ihm, einige dieser Sendungen zu Hause zu sehen. Ich wollte dabeisein. Und ich wollte mich mit ihm unterhalten, ihn verstehen.» Roman handelte auf seine Weise: Er verzichtete darauf, diese Sendungen mit seinem Vater anzusehen, ging lieber zu Freunden, um dort «mit ihnen allein zu sein. Mit Papa kann ich diese Sendungen nicht genießen.» Reiner Wagner ist darüber stark verunsichert, er sagt, er versuche «seine bisherige Haltung ein wenig zu überdenken, anders zu handeln». Er schüttelt den Kopf: «Aber das mit den Medien überrollt uns völlig.»

Dabei weist Romans Entwicklung auf dreierlei hin, was der Vater mit seinen Erklärungen übersieht: Die Zeichentrickhelden bieten Roman zum ersten eine gefühlsmäßige Vertrautheit, die ihn fasziniert und anzieht. Zum zweiten gestatten sie Größenphantasien, wie sie im Umgang mit seinem Vater nicht zu verwirklichen sind. Und seine Medienvorlieben sind schließlich ein Versuch, sich durch selbstgewählte Angebote eigener Kompetenz zu versichern und der ständigen pädagogischen Bevormundung des Vaters zu entgehen.

«Woher hat er nur dieses brutale Verhalten?»

Im Zuge einer Untersuchung über Gewalt in den Medien kam ich zufällig in die Klasse von Uwe, 12 Jahre. In den ersten beiden Gesprächen sagte er kaum etwas, ich erfuhr nicht viel mehr, als mir sein Lehrer schon erzählt hatte. Im Laufe eines weiteren Gesprächs platzte es plötzlich aus Uwe heraus: daß er Angst habe vor zu Hause, vor seinem Vater.

«Der säuft und schreit und schläft, dieser Kotzbrocken, diese alte Sau.»

Olaf Karrer, Uwes Vater, war seit sechs Monaten erwerbslos. «Da schaffst du für deinen Chef, dann setzt er dich auf die Straße, weil er dich angeblich nicht mehr braucht», erzählt mir später der arbeitslose Maurerpolier mit Hauptschulabschluß. Er galt als fleißig, pünktlich, zuverlässig. Doris Karrer, seine Frau, 39 Jahre, gelernte Friseurin, ist nach dem Verlust des Arbeitsplatzes ihres Mannes als Verkäuferin tätig und durch die neue Situation «völlig geschafft».

Von den drei Kindern wohnt nur noch Uwe ständig zu Hause. Rolf ist gegenwärtig Zeitsoldat bei der Bundeswehr, Antje lernt Friseurin in der Nachbarstadt und wohnt unter der Woche bei Verwandten. Die Familie lebt im finanziell kaum noch belasteten eigenen Heim, in einer Kleinstadt, wo sie bekannt ist. Bisher gab es einen regen Kontakt zu Freunden und Bekannten. «Aber dies ist jetzt alles anders geworden», so Frau Karrer, «mein Mann isoliert sich immer mehr.»

Auch von Uwe haben viele den Eindruck, daß er sich total zurückzieht und deshalb «eben hin und wieder mal durchdreht». In der Schule war er dem Lehrer aufgefallen, weil er «wie aus heiterem Himmel einfach drauflosdrischt, im Karatestil. Oder sich manchmal wie ein wildes Tier gebärdet, und dann sitzt er plötzlich wieder still in der Ecke.»

Dieses Verhalten wurde von allen fast ausschließlich auf seinen Medienkonsum zurückgeführt, einen Konsum, dessen Vorlieben sich in den letzten Monaten verändert haben. Nun bevorzugt Uwe

Actionfilme, James Bond, Bud Spencer, zahllose Fernsehkrimis. Damit setzt er sich gleichzeitig von der Familie ab. Diese Veränderung beunruhigt Frau Karrer, die ihren Uwe, wie sie sagt, nicht mehr versteht. Sie versteht auch nicht, ob diese Veränderung, die zeitlich mit der Erwerbslosigkeit Olaf Karrers zusammenfällt, auf die veränderte Situation zu Hause oder die beginnenden Ablösungsprozesse des 12jährigen Uwe zurückzuführen ist.

Seit Olaf Karrer ohne Arbeit ist, ist das Zusammenleben der Familie schwieriger geworden. Bis jetzt stand er regelmäßig um fünf Uhr dreißig auf, las während des Frühstücks die Lokalzeitung und hörte nebenbei Radio. Dann verließ er das Haus, fuhr mit seinem Auto zur Arbeit und kaufte sich auf dem Weg dorthin «Zigaretten und ‹Bild›», die er in der Frühstücks- und Mittagspause las.

Nach Arbeitsschluß, gegen sechzehn Uhr, trat er sofort den Heimweg an und hörte dabei Radio, «aber auch das rauschte nur so vorüber». Gegen siebzehn Uhr schaltete er den Fernsehapparat ein: «Ich habe das Kinderprogramm gesehen.» Seitdem die Familie einen Videorecorder besitzt, sieht er sich meistens zuerst Kassetten an, «Sachen, die ich aufgezeichnet habe».

Im Sommer ging er häufig in seinen Arbeitsschuppen, den er sich als Tischlerwerkstatt eingerichtet hat, um «zu basteln». Dabei lief das Radio. Das Abendessen gab es gegen achtzehn Uhr dreißig. Das Fernsehgerät war eingeschaltet, aber leise gestellt. Danach begann das gemeinsame abendliche Fernsehen. Der Vater traf die Programmwahl, er entschied, wie lange gesehen wurde. Dieses Verhalten übertrug er auch auf die Benutzung des Videorecorders. Am Abend wurde wenig oder kaum geredet. Doris Karrer: «Das ist so, als ob man überhaupt nicht zusammen ist.»

Hatten die Eltern oder die Kinder andere Auffassungen vom Programm, so benutzten sie den Zweitapparat. Einschränkungen gab es für die Kinder nicht, «obgleich das wohl richtiger wäre, aber das gab immer Streit», so Frau Karrer eher resignierend.

Olaf Karrer hat versucht, sich einen neuen Tagesablauf einzurichten. Er steht gegen sieben Uhr auf, frühstückt, hört nebenbei Radio. Die Tageszeitung wurde abbestellt, weil Geld gespart werden mußte. Um acht Uhr etwa geht Olaf Karrer in seine Werkstatt, macht das Radio an, tischlert oder repariert Möbel für Freunde und Bekannte. Er ißt gemeinsam mit seiner Frau zu Mittag, dann hält er einen langen Mittagsschlaf, nachmittags geht er zu Max, dem Wirt der Kneipe um die Ecke, und trinkt «'ne Halbe». Gegen siebzehn Uhr dreißig fängt der Fernsehabend an. Abendessen gibt es nach wie vor eine Stunde später. Nur ist «das Fernsehen lauter», wie Doris Karrer bemerkt; «mein Mann schaut nicht hin, das rauscht vorüber. Aber wenn einer was redet, sagt mein Mann gleich ‹ruhig, oder du fliegst raus›.» Ansonsten hat sich beim abendlichen Fernsehen wenig verändert. So findet immer noch keinerlei Diskussion um das Programm statt. Die Benutzung des Zweitgerätes ist für Uwe aber nun verboten, weil «er abgesackt ist in der Schule».

Frau Karrer bleibt bei ihrem Mann, «weil er sonst zuviel säuft». Programmwünsche seiner Frau oder der Kinder werden nicht akzeptiert. Olaf Karrer weist sie zurecht: «Wer hat denn hier was zu sagen?» Deshalb verzieht Uwe sich abends oft in sein Zimmer, um zu lesen. Er vermeidet zunehmend die gemeinsame Fernsehsituation, weicht ihr aus, um, auf seinem Bett liegend, Abenteuer- und Actionbücher zu lesen.

Doris Karrer verharrt stumm neben ihrem Mann, den Blick auf den Fernsehapparat gerichtet, «obwohl ich mich für vieles nicht interessiere oder auch nur vor mich hin stiere und manchmal auch heule, vor allem, wenn Uwe rausgeht und ich weiß, jetzt sitzt er in seinem Zimmer und liest wieder diese Horrorsachen und brütet dann was aus».

Doris Karrer verspürt zunehmend Unbehagen über das veränderte Medienverhalten ihres Sohnes. Sie kann dies aber nicht in einen anderen Erziehungsstil umsetzen.

Schon vor der Arbeitslosigkeit des Vaters war die Gesprächsqualität bei den Karrers gering. So diente der ständig laufende Fernsehapparat während des Abendessens nur dazu, die gesprächsarme Situation erträglich zu machen. Die Medien entlasteten vom eigenen Reden.

Gemeinsame Aktivitäten wie Wochenendausflüge oder Spiele waren schon immer auf ein Minimum beschränkt. Nach Beginn der Arbeitslosigkeit von Olaf Karrer schliefen auch diese völlig ein. Der Vater ging seinen Kindern aus dem Weg, und obgleich sich am Medienkonsum mengenmäßig wenig geändert hat, bildete sich die Gesprächsqualität noch weiter zurück.

Doris Karrer fürchtet die abendlichen Zusammenkünfte: «Es ist schon fast wie ein Zwang, er holt den Uwe aus seinem Zimmer oder am Wochenende die Antje, und dann weiß ich, gleich geht's los. – Vor allem wenn mein Mann etwas getrunken hat, redet er schon manchmal, will, daß wir antworten. Wenn wir dann still sind oder ihm was nicht paßt, schreit er. Manchmal frag ich was: ‹Was machst du?›, ganz harmlos, aber das ist schon falsch, und schon ist es wieder passiert. Früher hat mein Mann erzählt von der Arbeit, manchmal jedenfalls, das fehlt jetzt eben. Da ist was weg bei ihm.»

Doris Karrer kann sich nicht erinnern, daß früher alltägliches Verhalten in Frage gestellt oder diskutiert worden ist. «Das hat sich alles so eingespielt. Das lief so. Jeder wußte, was er tat. Wenn's mal schieflief, gab's 'nen Knall, und dann lief das, bis zum nächsten Mal. So geredet über uns haben wir nicht. Das kann ich auch nicht. Was soll dieser Bläh, hat mein Mann da gesagt. Na ja, so war's. Wir sind eben nichts anderes gewohnt.»

Olaf Karrer deutet die abendliche Situation völlig anders: «Die gehen mir alle aus dem Weg. Ich weiß, ich muß sie doch zwingen, damit sie wenigstens einmal am Tag am Tisch sitzen. Und wenn sie dann kommen, nörgeln sie oder schauen dumm aus der Wäsche. Das kann einem doch auf den Wecker gehen.»

Er achtet jetzt mehr als sonst auf Uwe. «Der Uwe ist abgesackt in der Schule. Der kapiert nicht: Wenn er nichts lernt, wird er nichts. Aber wenn ich was sage, hört er weg, glotzt mich dumm an, als wollte er sagen: ‹Blöder Hund!›. Das merk ich doch. Aber mit mir nicht. Mein Vater hat bei mir Nachsicht gehabt. Wo bin ich gelandet? Hier!» – und zeigt auf die Bierflasche. «Bei Uwe kenne ich kein Pardon. Wenn notwendig, wird das reingeprügelt. Im Fernsehen sieht er nur Krimskrams. Bücher liest er nicht. Er tut so, als ob's leicht wäre im Leben. Er hört einfach nicht, hört einfach nicht!»

Uwe weiß, daß sein Vater ihn «auf dem Kieker hat. Ich kann machen, was ich will, er ist nicht zufrieden. Jetzt kommt er mit Fernsehverbot. Video darf ich auch nicht. Ich darf dann nur das sehen, was er für mich aufzeichnet. Dabei lern ich viel für die Schule, aber davon hat er keine Ahnung.»

Ein andermal sagt er: «Diskutieren Sie mal mit ihm. Wenn ich früher widersprochen habe, war was los. Nun, meint er, muß er auch noch den starken Mann spielen. Reden? – Wenn ich bei Tisch etwas sage, heißt's gleich, ‹still!›.»

Olaf Karrers Erwerbslosigkeit verschärft die Situation in der Familie, die sich durch eine Armut an Kommunikation auszeichnet. Die verschiedenen Deutungen und Erwartungen, die verschieden wahrgenommenen Konflikte und ihre Lösungsmöglichkeiten, wie sie aus den Aussagen der Eltern und der Kinder hervorgehen, würden ein gemeinsames Aushandeln erfordern, das aber unter den vergangenen wie aktuellen Bedingungen nicht gelernt werden konnte. Der hohe Medienkonsum ist Symptom, nicht aber die Ursache für die Gesprächsarmut. Da die Konflikte in der Familie nicht ausgetragen werden, finden Auseinandersetzungen auf Ersatzfeldern statt.

Uwe Karrer: «Früher ließ mein Vater mit sich reden, manchmal jedenfalls. Oder wir hatten den zweiten Apparat. Da ging ich mit Antje hin, das war okay. Nun gibt's Streit. Wenn es nicht ums Programm geht, dann, weil der Recorder verstellt ist und weil das Fernsehprogramm nicht an seinem Platz liegt oder weil ich meine Mutter was frage; dann schreit er: ‹Mir ist das zu blöd, ich geh weg. Antworte mir.› Neulich hat er mir eine geschossen, da habe ich ihn angespuckt, als er aus der Tür war.»

In dem Maße, wie Olaf Karrer seine Position innerhalb des Haushalts über Medien behauptet, benutzt auch Uwe die vorgelebten Muster, um sich mit seinem Vater über die Medien auseinanderzusetzen, wobei dieser Konflikt zusätzlich von einer beginnenden Ablösung vom Elternhaus überlagert wird. Das erklärt auch seine Vorlieben für Action- und Gruselfilme. «Und dann sehe ich noch gern ‹Tom & Jerry›, wo der Kleine dem Großen immer eins auf den Deckel gibt.»

Auch seine Musikvorlieben sind mit Fluchtphantasien besetzt. Sie sind Rückzugsort aus einem für Uwe unbefriedigenden Alltag – er hört die Musik in seinem Zimmer, das er vorher abschließt, oder er liegt auf seinem Bett, mit dem Bauch auf der Decke.

In den Gesprächen mit Uwe stellt sich heraus, daß er Medien vor allem dann gebraucht, wenn er Auseinandersetzungen mit seinem Vater hatte bzw. sie noch bevorstehen. Er suchte Filme oder Bücher, die Angst erzeugen. «Das war manchmal ganz schön hart, wenn ich so Sachen gesehen oder gelesen habe, Gruselfilme und so.» Er macht eine Pause. «Aber danach war ich ruhiger. Da konnte er mich mal. Und das hat ihn dann noch mehr genervt, daß er mich nicht mehr nerven konnte.» Seine Nachspiele waren äußerst aggressiv. Uwe schlug um sich, schrie lautstark, war der Schrecken der Gruppe. Und nicht selten griff er dabei auf jene brutalen Schablonen zurück, die ihm die Filme angeboten hatten.

Olaf Karrer ist noch immer arbeitslos. Doris Karrer fühlt sich immer noch unbehaglich, freut sich aber, «daß Uwe nicht mehr nur dieses Gewaltzeugs liest». Uwe ging eine Zeitlang in eine Gruppe Gleichaltriger, die von einem Sozialarbeiter betreut wurden. Dort lernte er Techniken, um Konflikte anders als mit Gewalt zu lösen und Auseinandersetzungen besser zu bestehen. Er ist zugänglicher geworden. Die Situation zu Hause hat sich dagegen nicht verändert. Im Gegenteil: Der Vater zieht sich immer mehr zurück und schimpft über seinen Sohn: «Jetzt wird er auch noch obergescheit. Diese Besuche in der Gruppe haben ihn doch nur verrückt gemacht.»

Die drei Fallgeschichten lassen – auf der Basis vieler Gespräche und Interviews – einige Gesichtspunkte zutage treten, die den Fernsehgebrauch in Familien bestimmen können.

Fernseherziehung wird von Männern nicht selten als Teil der Kindererziehung bestimmt und damit dem Aufgabenbereich der Frau zugewiesen. Die Mütter bekommen den Gegensatz zwischen traditionellen Normen und Anforderungen in einem sich ständig wandelnden Erziehungsalltag stark zu spüren. Den Frauen wird nicht nur häufig die Doppelbelastung von Haus und Beruf, sondern auch noch die alleinige Verantwortung für die Kinder aufgebürdet. So steht die Ratlosigkeit über den Medienumgang stellvertretend für die Unsicherheit in anderen Bereichen der Familienerziehung. Mit den Worten «Ich sehe jeden Tag mindestens einmal meine Felle wegschwimmen» bringt eine Mutter diese Unsicherheit auf den Punkt.

Probleme, die sich aus dem Fernsehkonsum ergeben können, erfordern in der Regel ein Gespräch in der Familie, das jedoch nicht selten durch den väterlichen Medienkonsum geradezu verhindert wird. So sind die Medien, allen voran das Fernsehen, Video und Computer vor allem für die Frauen eine mehrfache Belastung: Sie bringen Probleme in die alltägliche Kindererziehung, und sie sind Konkurrent für ein Familienklima, für das sich Frauen wiederum verantwortlich fühlen. Und deshalb geht es bei vielen einschränkenden Maßnahmen des kindlichen Fernsehkonsums seitens der Mütter nicht nur um einen Schutz der Kinder vor bestimmten Angeboten, sondern immer auch um heimliche, nicht bewußte Erziehungsmaßnahmen: Im Umgang mit den Kindern möchten Eltern, möchten die Mütter jenes Bild von Familie verwirklichen, das sie selber nicht mehr leben können, das sie aber gerne leben möchten.

Wer die immer wiederkehrenden Probleme des Medienumgangs verstehen will, muß sich auf die verschiedenen Familienmitglieder einlassen. Einerseits bestimmen Arbeitsbelastung, das Bildungsniveau, die Möglichkeiten zu Freizeitaktivitäten und sozialen Kontakten, die Erziehungsvorstellungen sowie das Familienklima den Medienumgang maßgeblich, andererseits bestimmen die Medien mit ihren Inhalten, ihren Rhythmen den Familienalltag, wirken sich auf Lebensstile und Kommunikation aus. Aber die Medien werden auch von Eltern eingesetzt, um den eigenen Alltag zu strukturieren, Erziehungsvorstellungen durchzusetzen oder bestimmte Lebensweisen auszudrücken.

Da zeichnen sich einige Familien durch einen bewußten, manchmal jedoch bewahrend-beschützenden Erziehungsstil aus, der nur das Beste für das Kind will; andere sehen Medien als reine Unterhaltung und nutzen sie als Fluchtort aus der Wirklichkeit.

Über das Fernsehen setzen Familienmitglieder auch Macht und Autorität durch, oder es dient dazu, Kommunikation und Konflikte zu vermeiden. Und häufiger, als manche meinen, weist das Unbehagen am Fernsehen auf zentrale Konfliktmuster in der Familie hin. Deshalb sind Veränderungen beim Fernsehkonsum auch schwierig durchzusetzen, sind sie ständig von Rückschlägen bedroht.

Dieser komplexe Hintergrund gilt gleichermaßen für den kindlichen Mediengebrauch, der nur dann angemessen zu begreifen ist, wenn man die sozialen und kulturellen Rahmenbedingungen und die Alltagserfahrung der Kinder in die Analyse mit einbezieht. Nur so sind die Vorlieben für Spannung und Action zu begreifen. Das gilt gleichermaßen für die Faszination, die der Computer auf Kinder ausübt. Und dann sind da noch Kinder, die sich über ihre Vorlieben für Zeichentrickfilme vom Bildungsanspruch der Eltern abgrenzen. Oder es gibt Kinder wie Sandra, die das abendliche Fernsehen nutzen, um die Anwesenheit ihrer Mütter zu verlängern. Vorlieben der Kinder, die Art und Weise ihres Medienumgangs und das Nachspielen ermöglichen somit Einblicke in den kindlichen Lebensalltag und ihre Lebenswelten. Und schließlich: Der Apfel fällt nicht weit vom Stamm. Denn Eltern leben ihren Kindern vor, wie man mit Medien umgeht. Und Heranwachsende orientieren sich vor allem daran, was Eltern praktisch tun, nicht daran, was sie theoretisch formulieren.

Maria will sich mit dem Fernsehen abgrenzen

Maria, 11 Jahre, war bisher, so ihre Eltern, ein «pflegeleichtes Kind». Herr Knut ist Lehrer am Gymnasium. Seine Frau arbeitet als Sekretärin. «Aber seit einem halben Jahr ist die fernsehkrank, richtig fernsehkrank.» Die Mutter erläutert mir, was sie darunter versteht.

Maria las viel, hörte Kassetten, besaß eine ganze Menge Spielzeug. Sie geht seit dem 6. Jahr zum Ballett – und seit 2 Jahren zum Reitunterricht. «Das hatte alles seine Ordnung. Und sie hatte auch viel Spaß daran.» Damit meinte Frau Knut auch gewohnte Rituale: Da man wegen der beruflichen Belastung wenig Zeit füreinander hatte, legte man viel Wert auf das gemeinsame Abendessen und die Unternehmungen am Wochenende. «Mein Mann macht sich da viel Gedanken. Wir gehen spazieren, ins Theater, ins Konzert, besuchen Ausstellungen, machen Wanderungen, vieles eben, um Abwechslung zu haben.»

Aber dann «schlug», so die Mutter, «der Blitz ein, von einem Tag auf den anderen. Wir wollten sonntags los, da sagte Maria, da gibt's 'ne Sendung im Fernsehen. Ich war wie erstarrt und dachte: Jetzt geht das bei uns auch los.» Maria mußte auf den Märchenfilm verzichten. An dem Ausflug nahm Maria nur widerwillig teil. Und auch an den folgenden Wochenenden lief die Auseinandersetzung immer gleich ab: Den Vorschlag der Eltern auf eine gemeinsame Unternehmung konterte Maria mit ihrem Fernsehwunsch. Die Knuts machten einen Kompromißvorschlag: An Wochentagen durfte Maria mehr sehen als bisher, sogar einmal einen Krimi um sechs Uhr.

Der Konflikt steigerte sich noch im Urlaub. Knuts hatten sich wieder ein Ferienhaus in Dänemark ausgesucht. Bei der Ankunft setzte sich Maria mit den Worten «Oh, ein Fernsehgerät» sofort vor den Apparat. Als der Vater das sah, zog er seine Tochter sanft, aber bestimmt von der Glotze weg: «Im Urlaub gibt's den Kasten nicht.» Maria maulte, gab aber nach. In den folgenden Tagen war Maria alles egal. Dem Vater aber nicht; er stellte seine Tochter zur Rede: «Was willst du eigentlich?» Maria: «Fernsehen.» Mit den Worten: «Das hör sich einer an», nahm er das Fernsehgerät, trug es ins Auto und fuhr damit zum Vermieter. In Vorschläge für gemeinsame Aktivitäten willigte Maria kaum ein, den abendlichen Spielen entzog sie sich durch Buchlektüre. Frau Knut: «Ich glaub, die wird größer.» Herr Knut: «Größer? Die hat null Bock, und jemand hat ihr den Fernsehfloh ins Ohr gesetzt.»

Zurück aus dem Urlaub, «ging das Theater mit dem Fernsehen weiter», so der Vater. «Aber ich hab mich auf nichts eingelassen. Fernsehen ja, aber gemeinsam, und dann, was wir auswählen, aber sonst nichts.» Frau Knut zog da mit: «Da müssen wir eben durch.» Als die Familie im Herbst nach Griechenland fuhr, kam es «zum Knall». «Wir lagen am Strand», so Frau Knut, «und Maria sagte dann, sie müsse noch mal ins Hotel, die Sonne sei so heiß. Sie kam erst nach drei oder vier Stunden wieder. Am vierten oder fünften Tag kam uns das komisch vor. Ich hinterher, und wo ging sie hin? In eine Taverne. Und was machte sie dort? Sie sah fern. Der lief dort den ganzen Tag. Da ist mir die Sicherung rausgefallen. Die fährt nach Griechenland, um fernzusehen.» Frau Knut stürzte in die Taverne, riß ihre Tochter weg, beschimpfte sie und zog sie mit an den Strand. Dort erklärte sie ihrem Mann die Situation. «Die ist süchtig nach dem Apparat, die ist schier süchtig.» – «Die ist fernsehkrank, einfach fernsehkrank. Also gibt's doch fernsehkranke Kinder.» Maria hatte bis dahin kein Wort gesagt, dann platzte sie heraus: «Ihr mit eurem Scheißurlaub; ihr kotzt mich an.» Frau Knut holte aus, versetzte ihrer Tochter einen Schlag ins Gesicht. Maria erstarrte, rannte weg. Frau Knut fing an zu zittern, weinte still in sich hinein; der Vater saß mit versteinertem Gesicht da. «Wir haben den Urlaub überstanden», erinnern sich die Eltern im nachhinein, «aber es war fürchterlich.» Frau Knut hatte sich bei Maria entschuldigt, Herr Knut machte seiner Tochter dagegen Vorhaltungen, die sich immer mehr in Lektüre und Kassettenhören zurückzog.

 Aus Griechenland zurück, bat mich Frau Knut, die ich von einer

Elternbildungsveranstaltung kannte, um Beratung. «Wir wissen da nicht mehr weiter. Dic Stimmung ist hin. Ich fürchte mich vor jedem Wochenende.» In dem Beratungsgespräch erzählte mir Maria: «Ich muß immer das machen, was die wollen. Immer. Die behandeln mich wie ein kleines Kind. Immer geht es nach ihnen. Schon früher, wenn ich eine Freundin hatte und die sah zuviel fern, durfte ich nicht mehr dahin.» – «Ich will auch mal machen, was ich sonntags möchte. Was ich sag, das wird nie gemacht.»

Maria setzt den Fernseher ein, um Eigenständigkeit auszudrükken; sie will sich abgrenzen, distanzieren, möchte eigene Interessen leben. Kinder haben nicht über Jahre hinweg die immer gleichen Gewohnheiten – weder beim Lesen noch beim Spielen und auch nicht beim Fernsehen. Übersehen Eltern die Veränderungen, die Reifungsprozesse ihrer Kinder, kommt es nicht selten zum Machtkampf – ein Machtkampf, der sich an jenen Symbolen festmacht, die die Eltern besonders ablehnen. Sollte sich die familiäre Fernseherziehung bei jüngeren Kindern durch Unterstützung, Hilfestellung und Festigkeit auszeichnen, rückt sie bei älteren Kindern Eigenständigkeit und Gewährenlassen in den Vordergrund, was Begrenzungen durchaus mit einschließt.

Maria hat ihren Eltern im Beratungsgespräch Lösungsvorschläge gemacht: Sie wolle sonntags nicht immer mit auf Reisen und auch mal fernsehen, und sie wolle auch mal alleine fernsehen oder mit Freundinnen. Das akzeptierten die Eltern. Und für den Sonntag schlossen sie einen Kompromiß: Maria durfte jeden zweiten Sonntag das machen, wozu sie Lust hatte. «Aber», so Herr Knut, «wenn sie zu viel sieht?» Er stutzt: «Aber was ist eigentlich zu viel?» Ein Zuviel an Fernsehen ist schwer zu bestimmen, weil sich das für mich nicht allein an der Quantität (Anzahl der Sendungen oder Sehdauer) bemißt, sondern vor allem an der Qualität, danach, aus welchen Motiven gesehen wird (z. B. Bildung, Entspannung auf der einen, Langeweile oder Isolation auf der anderen Seite), ob eine Sendung bewußt ein- oder ausgeschaltet wird und ob das Fernsehen in kommunikative Zusammenhänge eingebunden ist. Das schien mir bei Maria der Fall.

Frau Knut rief mich ein halbes Jahr später an: Es gebe keinen Kampf mehr. Maria wolle zwar mehr sehen, aber «wir können das respektieren. Und sie kommt sogar sonntags wieder häufiger mit. Das macht jetzt richtig Spaß. Ich hab ein anderes Verhältnis zu meiner Tochter bekommen. Sie wird ja doch schon erwachsen.»

Von den Müttern nicht ernst genommen

«Ich mag am liebsten meinen Freund dabeihaben», erzählt der 7jährige Torben. «Der mag die gleichen Sendungen wie ich. Der kennt die, und dann brauch ich nicht soviel zu erklären.»

«Ich red hinterher mit meiner Freundin drüber. Oder wir freuen uns, wie das wohl nächste Woche weitergeht», meint Carolin, 8 Jahre.

«Mein älterer Bruder, mit dem schaue ich am liebsten», lächelt die 5jährige Susanne. «Der nimmt mich in den Arm, wenn es mir unheimlich wird. Der tröstet mich. Meine Mama meckert dann, was ich mir wieder für ’n Unsinn anschaue. Oder sie sagt, nächste Woche darf ich das nicht sehen, weil ich soviel Angst habe!»

«Bei Oma ist das Fernsehen am schönsten. Ich sitz dann bei ihr auf dem Sofa, und sie hat immer Knabberzeug dabei», so kommentiert Jonathan, 7 Jahre, die Fernsehsituation bei den Großeltern.

«Ja, Oma und Opa haben mehr Zeit», fährt die gleichaltrige Maike fort. «Also, das ist da ruhiger. Und manchmal schläft Opa auch ein. Und dann schnarcht er. Und dann lachen Oma und ich uns kaputt.»

Kinder haben sehr genaue Vorstellungen davon, mit wem sie fernsehen wollen. An erster Stelle stehen Geschwister und Freunde, weil sie solidarisch sind, die Gefühle, Verunsicherungen und Phantasien des anderen respektieren. Dann folgen die Großeltern – wegen ihrer

Großzügigkeit und weil es bei ihnen gemütlich ist. Die Väter werden widersprüchlicher beurteilt. Während einige Kinder meinen, «Papa ist viel konsequenter», betonen andere, «mit ihm läßt sich verhandeln». Oder er «gibt meistens doch nach». «Aber wenn der mal seine Sendung sehen will, dann hat man keine Chance bei ihm. Dann nimmt er die Fernbedienung in die Hand und läßt sie nicht mehr los», hat der 9jährige Christoph beobachtet.

Die Mütter werden beim Fernsehen nur ungern als Begleiterin gesehen, weil, wie sich der 5jährige Martin ausdrückt, «die sich zuviel Sorgen machen». Und Rita, 6 Jahre, ergänzt: «Immer ist die dabei und redet und so. Die hat viel mehr Angst als ich.»

Der 5jährige Alex meint ganz abgeklärt: «Wenn es traurige Sendungen gibt, dann darf Mama mitsehen. Mit der kann ich dann kuscheln. Oder bei der Sendung mit der Maus, da darf sie auch dabeisein.» Er schmunzelt: «Da ist sie ruhig. Da lernt sie noch was!»

Kinder beschreiben hier haargenau Verhaltensweisen, die sie an den Müttern als Begleiterin des kindlichen Fernsehens stören: die ständigen Kommentare, der häufige Eingriff, das tiefe Durchatmen bei problematischen Szenen oder der ängstliche Blick auf die Kinder, wenn diese bei einer stark gefühlshaltigen Szene die Hände vors Gesicht schlagen. So wird den Kindern ein entspanntes Fernsehen schwergemacht. Und abwertende Kommentare, die eigentlich die Sendung treffen sollen, beziehen die Kinder schnell auf sich: «Wenn Mama sagt, was ist das für ein Blödsinn, den du dir da ansiehst, dann denk ich, die meint mich.» Kinder kritisieren auch, wie Mütter Gespräche im Anschluß an eine Sendung führen. Sie würden nicht fragen, sondern ausfragen, nicht zuhören, sondern ständig dazwischenreden, nicht die Meinung der Kinder gelten lassen, sondern alles besser wissen – auch von jenen Dingen, von denen «sie keine Ahnung haben!», so der Kurzkommentar des 6jährigen Marco. Generell fühlen sich die Kinder von Müttern nicht ernst und angenommen, sondern abgewertet.

Doch es gibt noch zwei andere Bereiche, um die sich – nicht nur Mütter – sorgen.

Frau Schwab macht sich Gedanken, weil Thorsten überhaupt nicht liest. «Er spielt, hört Kassetten, bastelt, aber der liest nicht. Mit meinen älteren Kindern war das schön. Die lasen alles, was ich ihnen vorsetzte. Auch Thorstens Zimmer ist eine einzige Bibliothek. Aber der Knabe liest einfach nicht.» Ich habe den Jungen darauf angesprochen. Er zuckt mit den Schultern. Zwei Tage später kommt er auf mich zu und sagt: «Du, weißt du was?» Ich schüttele den Kopf: «Nein!» Er lächelt: «Weißt du was, warum ich nicht lese?» – «Nein!» – «Papa liest, Mama liest, Jürgen liest, Marion und Grete lesen! Alle lesen. Warum soll ich denn da noch lesen! Ich spiele! Und spielen tun die anderen nicht!» – «Hast du das deiner Mutter gesagt?» – «Nein, das merkt die doch.» – «Darf ich das vielleicht deiner Mutter erzählen?» Es entsteht eine kurze Pause. Er nickt: «Wenn du meinst. Erzähl es ihr!» Ich empfehle Frau Schwab, Thorsten sein Spiel, das für ihn Selbständigkeit ausdrückt, unbedingt zu lassen. Und das leidige Thema «Buch» für eine Zeit nicht anzusprechen. «Sie leben ihm das Buch, die Wichtigkeit des Lesens vor», erkläre ich.

 «Das hat er erfahren und wird es irgendwann praktizieren.» Thorsten ist mittlerweile 15 Jahre. Er liest leidenschaftlich gern – «aber», so seufzt er, «es ist Mama immer noch nicht recht». Er liest Computerliteratur und Musikzeitungen.

Manchen Kindern ist Fernsehen egal

Kinder können es den Eltern manchmal nur schwer recht machen. «Meine Tochter, die ist jetzt 5 Jahre», berichtet ein Vater, «die hat überhaupt kein Interesse an Fernsehsendungen. Gut, sie schaut mal Käpt'n Blaubär oder die Sendung mit der Maus. Aber ansonsten ist das Fernsehen kein Thema.» Er sieht mich fragend an. «Also, man liest, vom Fernsehen würden Kinder doch auch lernen. Und ich will nicht, daß sie etwas verpaßt.»

Bei ihr sei es ähnlich, ergänzt eine Mutter. Ihr Sohn, der sei mittlerweile fast 8 Jahre alt, habe überhaupt kein Interesse am Fernsehen. «Der liest und liest. Der zieht sich in sein Zimmer zurück. Und dieses fanatische Lesen ist mir schon unheimlich.» Sie macht eine Pause. «Aber fürs Fernsehen hat er keine Zeit, kein Gespür. Gut, ich schaue auch nicht viel. Aber er ist da viel konsequenter. Er findet Fernsehen langweilig. Komisch, wo doch andere Kinder darauf abfahren, gar nicht genug davon bekommen können.»

«Lassen Sie ihn bloß!» unterbricht Fritz Meier. «Lassen Sie ihn bloß! Mein Max schaute auch nicht fern. Wollte nicht. Da hab ich ihn auf gute Sendungen hingewiesen. Und dann ist er noch auf andere Sendungen aufmerksam geworden.» Und nun habe er das Theater, meint er resigniert. Jetzt frage Max ständig nach Sendungen. Er habe pausenlos Diskussionen mit seinem Sohn. «Der Appetit kommt mit dem Essen», meint der Vater abschließend, «das gilt auch für das Fernsehen.»

Es gibt eben Kinder, die aus ganz unterschiedlichen Gründen dem Fernsehen keine oder nur eine untergeordnete Bedeutung beimessen:

- Bei einigen Kindern gewinnt die Glotze erst im Laufe der Biographie an Bedeutung. Sie stehen dem Fernsehen in den ersten Lebensjahren zunächst skeptisch, ablehnend oder distanziert gegenüber. Eltern können den Kindern diese Haltung vorleben – aber manchmal hat das Kind hier seinen eigenen Sinn.
- Andere stellen sich ihren individuellen Medienmix zusammen. Und dabei weisen sie dem Fernsehen eine nachgeordnete Rolle zu. Lesen, Kassetten oder Spielen stehen dann an erster Stelle.
- Begreifen geht über greifen – dieser Grundsatz, sich Wirklichkeit anzueignen, gilt für manche Kinder besonders. Für forschend-neugierige Kinder, die zudem noch die praktischen Möglichkeiten haben, sich Umwelt zupackend anzueignen, können Medien in der Beliebtheitsskala nach hinten rücken.

Generell gilt: Kinder entwickeln ihre ganz individuellen Zugänge zum Fernsehen, die natürlich durch die Vorbilder der Eltern, Geschwister, Anverwandten und Freunde nachhaltig geprägt werden. Aber unabhängig davon gehen Heranwachsende ihren eigenen Weg. Und Eltern haben dabei die Aufgabe, sie im Hier und Jetzt zu begleiten und zu unterstützen. Läßt man Kindern nicht die selbstbestimmten Zeiten und Räume, reißt man sie aus vertrauten Strukturen, macht man sie unsicher und abhängig von Erwachsenen.

Wenn Kinder ohne Fernsehen aufwachsen

In manchen Klagen über Fernsehsüchte und die Abhängigkeit von der multimedialen Glitzerwelt steckt – ob nun ausgesprochen oder nicht – eine Vision davon, in einer fernsehlosen Gesellschaft ginge es friedlicher und konfliktfreier zu. Manche Familien entscheiden sich deshalb, auf den Fernsehapparat zu verzichten – verbunden mit der Hoffnung, die Kinder würden so zu einem bewußten Umgang mit der Glotze kommen oder auf sie verzichten lernen. Doch befragt man Familien, die dem Fernsehen entsagt haben, dann sind die Ergebnisse nicht so, wie es sich mancher Theoretiker erträumt hat: Die Familien gehen genauso harmonisch (oder nicht) miteinander um wie solche mit Glotze; die Eltern toben und spielen mit ihren Kindern (oder auch nicht); und Fernsehabstinenz ist auch keine Garantie dafür, daß die Kinder begeistert mit gesunden Bauklötzen aus Holz Türme konstruieren.

So manche Familie hat den Selbstversuch schnell wieder abgebrochen; andere erkannten, welche Mehrarbeit – nicht selten für die Mütter – in der Erziehung damit verbunden war; dritte sahen ihre Kinder ständig beim Nachbarn, wo sie vor der Glotze hockten, weil das, was zu Hause nicht erlaubt war, sie besonders reizte. Natürlich gibt es auch Familien, die ihr fernsehloses Leben lange durchhielten und dabei sehr positive Erfahrungen machten.

Es ist mithin schwierig, die ganz verschiedenen Erfahrungen zu bündeln, auf eine Aussage zu bringen. Ich möchte statt dessen zwei junge Erwachsene zu Wort kommen lasen, die das Experiment einer fernsehlosen Kindheit hinter sich haben. In ihren Erfahrungen spiegeln sich zwei typische Muster.

Christian Schütze, jetzt 24 Jahre alt, Student in einer Großstadt, ist aus dem Elternhaus geradezu geflohen und hat seine Wohnung mit einem Mix aus den unterschiedlichsten Medien vollgestellt. Er erzählt: «Ich sauge alles in mich auf, seit ich von zu Hause weg bin. Ich hole das alles nach … Bei uns gab's kein Fernsehen. Radio war gerade noch erlaubt. Die Freunde wurden dann auch danach ausgesucht, wie sie es mit dem Fernsehen hielten. Und sahen sie zuviel, wurden sie mir schon miesgemacht. Aber als ich älter wurde, konnte mein Vater nicht mehr alles kontrollieren.» Er schluckt. «Aber er hat schon absolut seine Macht ausgespielt. Und von wegen miteinander reden. Da herrschte eisiges Schweigen beim Essen. Er hat Vorträge gehalten. Und er ist als Referent durch die Lande gezogen, um den Segen von Familien zu berichten, die keinen Fernsehapparat haben. Dabei hat er sich immer als positives Vorbild hingestellt. Aber er hat zu Hause nur seine Macht absolut und knallhart ausgespielt.» Er wiederholt: «Von wegen viel miteinander reden. Da herrschte eisiges Schweigen. Und von wegen Kinder, die spielen. Wir haben zwar revoltiert, aber er hat seine Machtmittel eingesetzt. Da war Krieg. Vor allem als wir älter wurden. Und diese Auseinandersetzungen gab's natürlich nicht nur ums Fernsehen. Es war Krampf und Kampf, aber mein Vater wollte es allen beweisen.» Er lacht. «Und wenn wir auf Urlaub waren, und da war ein Fernseher im Zimmer, flog der zuerst raus. Meistens hatte er das schon vorher arrangiert, daß so was nicht bei uns im Zimmer stand. Meine Mutter hat da mitgezogen. Aber sie war nicht richtig überzeugt. Wenn mein Vater mal auf Reisen war, und das war er häufig, sind wir alle zusammen ins Kino gegangen und haben uns jeden Mist angesehen.» Er sieht mich an: «Heute hol ich alles nach. Mein Vater findet das zum Kotzen. In meine Wohnung kommt er gar nicht mehr.» Er schmunzelt. «Er will seine Niederlage nicht sehen. Denn meine beiden Brüder machen's ähnlich.» Christian grinst. «Und nun flucht er noch stärker gegen das Fernsehen. Das ist Hölle und Fegefeuer zugleich für ihn.»

Patrick Jonas, 24 Jahre, hat eine völlig andere Erfahrung gemacht: «Ich habe gute Erinnerungen an die Kinderzeit. Wir hatten keinen Fernsehapparat. Aber meine Eltern waren da nicht so dogmatisch. Wir durften zum Beispiel bei den Großeltern sehen oder auch bei den Freunden. Die Urlaube waren auch deshalb schön, weil's da häufig einen Fernsehapparat gab. Der war nur zu Hause tabu. Aber meine Eltern haben sich schwer um uns gekümmert. Sie haben sich wirklich bemüht. Es war sicherlich die Entscheidung von beiden, und beide wußten, was da auf sie zukommt, wenn sie auf den Fernsehapparat verzichten würden. Aber die haben sich die Arbeit mit uns gemacht.» Er zieht seine Stirn in Falten. «Als wir größer wurden, so in der Pubertät, konnten sie natürlich immer weniger kontrollieren. Aber meine Eltern meinten, wir wüßten nun, was gut für uns wäre. Aber selbst in dieser Zeit haben wir häufig am Samstagabend noch mit den Eltern zusammen gespielt. Das hat viel Spaß gemacht.

Als ich ausgezogen bin, habe ich mir als erstes einen Fernsehapparat gekauft. Das war vor vier Jahren. Und ich habe rund um die Uhr geschaut. Alles und jedes. Das ging fast ein Jahr so. Erst als ich eine Freundin hatte, pendelte sich das ein. Und heute schaue ich kaum noch etwas.» Er lacht. «Meine Eltern haben sich jetzt 'ne Flimmerkiste angeschafft. Neulich haben wir uns noch darüber unterhalten – über diese Zeit ohne Fernsehen. Ich fand gut, was mein Vater gesagt hat. Sie hätten sich den Fernseher nicht gekauft, weil er sich nicht sicher gewesen wäre, selbst häufig zu glotzen, und damit zum schlechten Vorbild geworden wäre. Find ich in Ordnung, daß er das so gesehen hat. Aber andererseits hätte er das auch schon früher erklären können.» Er lächelt verschmitzt. «Vielleicht hätten wir Kinder ihm dann geholfen, daß er kein süchtiger Glotzer wird!»

Diese Gesprächsausschnitte zeigen Chancen und Probleme fernsehloser Familien:

- Empfinden Kinder den Fernsehentzug als Mittel zum Zweck, soll heißen: als Ausübung elterlicher Macht, ist nicht selten ein entwürdigender Kampf die Folge, ein nervendes Hintereinander von Sieg und Niederlage, von Schmach- und Rachegefühlen. Dieser Erziehungsstil bringt nicht ein Mehr an Gespräch, Kontakt und Wärme mit sich. Kinder erfahren dann das Leben ohne Fernsehen als Ausübung von Macht, die sich auf – manchmal unausgesprochene – pädagogische oder religiöse Überzeugungen gründet. Zugleich ist ihnen das Fernsehverbot Anlaß für heimliches Sehen. Und damit wird auf Dauer kein bewußter Umgang mit dem Fernsehen ermöglicht.
- Familienalltag ohne Fernsehen wird aus der Sicht von Kindern dann als konstruktiv erfahren, wenn die Entscheidung auf der Grundlage der intellektuellen wie gefühlsmäßigen Entwicklung des Kindes und der sich verändernden Eltern-Kind-Beziehung jeweils neu formuliert wird. Dann empfinden Kinder diese Entscheidung nicht als Dogma, das sich gegen sie richtet, sondern als

eine Haltung, die für eine bestimmte Zeit als Richtlinie gilt. Kinder, die in dieser toleranten Atmosphäre aufwachsen, praktizieren zwar auch eine extensive Nachholphase mit dem Fernsehen, indem sie schier wahllos und unendlich lange alles konsumieren. Aber auf Dauer entwickeln sie einen sehr bewußten Umgang mit dem Medium. Sie haben Eltern erlebt, die sich ihre Entscheidung nicht leichtgemacht haben.

Patrick Jonas meint: «Ich könnt mir vorstellen, das mit meinen Kindern auch so zu machen, wie es meine Eltern mit mir gemacht haben. Vielleicht nicht in allen Einzelheiten. Denn mit dem Computer, das ist schon etwas anderes. Aber das Prinzip, das mir meine Eltern gezeigt haben, hat mir schon gefallen.»

Christian Schütze dagegen: «Wie mein Vater das durchgezogen hat, das finde ich furchtbar. Ich habe zwar von der Kindererziehung noch keine Ahnung, nur: So werde ich es nicht machen. Meine Kinder werden mit dem Fernsehen aufwachsen. Aber hoffentlich mache ich nicht andere Fehler und laß dann meinen Kindern alles durchgehen, nur um nicht wie mein Vater dazustehen.»

Fernsehentzug ist (k)ein Druckmittel

«Also, wenn mir der Kragen platzt», so Brigitte Schröder, Mutter von zwei Kindern, «dann schreie ich schon mal: ‹Sofort aufräumen! Oder es gibt danach nicht euren Videofilm!› Ich komme mir dann bescheuert vor! Aber sie räumen auf. Sie meckern zwar, aber das Zimmer ist aufgeräumt. Gibt es denn wirklich keine anderen Möglichkeiten?»

Ilona Walter lacht auf, als sie das hört: «Ich hab das bei meinem Sohn so gemacht, als er 5 war. Genauso wie Sie. Da hab ich gedroht: ‹Wenn du jetzt nicht aufräumst, gibt's keine Sesamstraße!› Er hat aufgeräumt! Aber heute fragt er: ‹Wenn ich jetzt mithelfe, darf ich dann diese oder jene Sendung sehen?› Er hat mein Erziehungsprinzip völlig durchschaut und es gegen mich gewendet. Und ich hab ihm das Fernsehen überhaupt erst interessant gemacht! So blöd, wie ich war!»

Eltern setzen Fernsehen gern als Druckmittel ein, um ihre Wünsche und ihren Willen durchsetzen zu wollen. Dies vor allem dann, wenn sie mit ihrem pädagogischen Latein am Ende sind oder sie sich keine passenden Konsequenzen überlegt haben. Die Drohung mit Fernsehentzug als letztes, meist verzweifeltes Mittel zeigt nur kurzfristige Erfolge. Kinder spüren vielmehr die Hilflosigkeit der Eltern, erfüllen deren Wünsche, wohl wissend, daß dies nur ein Etappensieg der Eltern mit lang andauernden negativen Folgen ist. Denn indem man das Fernsehen als Mittel zum Zweck, ja als Waffe einsetzt, baut man seine Bedeutung für Kinder erst auf. Ähnliches gilt, wenn man mit Fernsehsendungen für alltägliche Dinge belohnt. Für eine herausragende Schulnote oder eine außergewöhnliche Mithilfe im Haushalt reicht Ermutigung oder ein ernstgemeintes Dankeschön.

«Mache ich denn da etwas falsch?», fragt Renate Dietrich. «Bei uns gibt es eine Abmachung im Haushalt. Jedes der vier Kinder hat seine speziellen Aufgaben: Der eine mäht den Rasen, der andere räumt die Küche auf usw. Die Aufgaben sind abgewogen und verändern sich. Das ist in einem Plan festgehalten, an dem die Kinder mitgearbeitet haben. Sie haben ihr Einverständnis gegeben. Und bevor die Aufgaben nicht erfüllt sind, gibt's keine Freizeit, also kein Spiel, kein Lesen, kein Fernsehen, keine Freunde. Das wissen die von vornherein. Das gilt natürlich auch für uns Erwachsene. Manchmal, wenn's uns danach ist, wenn's irgendwie gut gelaufen ist, dann gibt's mal einen Familienfernsehabend am Samstag. Wir machen es uns gemütlich. Und dann hockt die Familie vor der Glotze. Die Kinder genießen das. Ist das nun falsch?» Renate Dietrich wirkt irritiert, dabei lebt sie den Kindern ein überzeugendes pädagogisches Modell vor.

Allein die Tatsache, daß sich die Kinder freiwillig an gemeinsam abgesprochene Regeln halten, zeigt, wie einleuchtend für die Kinder die möglichen Konsequenzen bei einer Grenzüberschreitung sind. Den Kindern ist im vorhinein klar, was passiert, wenn sie ihren häuslichen Pflichten nicht nachkommen, und die erarbeiteten Konsequenzen beziehen sich auf den gesamten Freizeitbereich, heben das Fernsehen nicht besonders heraus. Darüber hinaus haben sich die Eltern in das Ritual von Regelverletzungen und Konsequenzen einbezogen. Und schließlich: Sie machen aus der pädagogischen Vereinbarung *kein Dogma.* Den Familien-Samstagabend gestalten alle Beteiligten hin und wieder als Ausnahme von der Regel. Der Fernsehabend ist für alle etwas Besonderes, das sie genießen können.

«Alle andern dürfen, nur ich nicht!»

Elisabeth Martens ist halbtags als Sozialarbeiterin beschäftigt. Sie erzieht weitgehend allein, da ihr Mann als Kapitän zur See fährt. Ricardo ist 5 Jahre, Petra 7 Jahre alt. Frau Martens hat Probleme mit der Fernseherziehung ihrer Kinder; das erläutert sie an zwei Beispielen.

Petra kommt mittags nach Hause, die Mutter wartet mit dem Mittagessen. Seit einiger Zeit will Petra aber nicht essen, sondern verschwindet sofort ins Wohnzimmer, um das Programm auf SAT 1 oder RTL zu sehen. «Dieses Spiel», so Frau Martens, «wiederholt sich. Das ist ein Generve mit ihr. Und wenn ich hart bleibe, ist sie muffelig. Dann sagt sie gar nichts, oder das Essen schmeckt ihr nicht.»

Ricardo argumentiert in letzter Zeit immer damit: «Alle dürfen sehen, nur ich nicht. Das ist gemein von dir.» – «Und manchmal lasse ich mich dann doch erweichen, wenn ich müde bin. Dann denk ich, ach, laß ihn. Aber dann bin ich auch mal wieder ganz schön hart.»

Es gibt Lebensphasen, in denen der Fernsehkonsum von Kindern zunimmt. Je älter die Kinder werden, um so breiter wird das Interessenspektrum, Kinder lernen, in der Programmzeitschrift zu lesen, hören von Freunden Hinweise auf Sendungen und wollen mithalten. So wirkt sich der Eintritt in den Kindergarten oder die Grundschule auch auf die Fernsehgewohnheiten aus. Für Ricardo werden die Freunde als Ratgeber wichtiger. «Alle anderen dürfen, nur ich nicht» – das ist kindliche List, Nötigung und Überredungsversuch in einem. Mal abgesehen davon, daß «alle anderen» gewiß nicht «dürfen», muß diesem Wunsch mit Festigkeit begegnet werden, einer Festigkeit, die von Familie zu Familie, von Sendung zu Sendung unterschiedlich ausfällt. Entscheidend ist, daß Eltern den Kindern ihren Standpunkt verdeutlichen, Begründungen und Hinweise für ihre Haltung geben. Aber: Je älter die Kinder werden, desto wichtiger ist eine gemeinsame Entscheidungsfindung über die in Aussicht stehenden Sendungen.

Bei Ricardo ging es um «Knight Rider», den er gern sehen wollte. Frau Martens entschloß sich, eine Folge anzusehen, um dann zu entscheiden. Sie fand die Sendung zwar «scheußlich», sagte dann aber ja. Gemeinsam schauten sie sich die Sendung an, Ricardos Interesse nahm von Minute zu Minute ab, bis er schließlich sagte: «Mach aus.» «Knight Rider» war kein Thema mehr. Als er dann den Wunsch nach einem «Derrick» hatte, sagte Frau Martens nein und blieb dabei. Ricardo akzeptierte diese Entscheidung.

Als ich dann fragte, was ihm an der mütterlichen Fernseherziehung mißfalle, meinte er: «Mal darf ich eine Sendung sehen, mal nicht. Das ist komisch bei Mama.» Die Entscheidung für oder gegen eine Sendung hängt vor allem von Frau Martens' Tagesform ab. «Ich bin da wirklich nicht konsequent, das gebe ich zu!» Damit erreicht sie aber den umgekehrten Effekt: Ihre Inkonsequenz macht das Fernsehen erst recht attraktiv. Und wenn Inkonsequenz schon nicht immer vermeidbar ist (wer ist schließlich frei davon!), sollte man dies den Kindern offenlegen und im nachhinein begründen. Nur so kann man sich vor Erpressungsversuchen schützen («Gestern durfte ich, heute nicht!»).

Petras Verhalten weist auf ein anderes Problem im Fernsehalltag hin: Sie begründet ihre Vorliebe für die Mittagssendung so: «Das Fernsehen ist spannender.» Was sie damit meine, will ich wissen. «Also, wenn ich nach Hause komm, fragt Mama, wie es in der Schule war, und dabei bin ich froh, daß das gerade vorbei ist. Und Mama, wenn die abends nach Hause kommt, manchmal jedenfalls, sagt die auch, ich will von nichts mehr wissen, und setzt sich dann vor den Fernsehapparat.»

Kinder erleben häufig, wie ihre Eltern das Fernsehen zur Kompensation, zur Ablenkung oder zur Entspannung einsetzen. Streß und Fernseh-«Erholung» gehören fast schon zusammen. Da der Alltag hohe Anforderungen auch an die Kinder stellt, selbstbestimmte Aktivitäten nur noch in Maßen zuläßt, fliehen sie vor den Fernsehapparat, um mit dem Medium wegzutauchen. Ihre Eltern haben es ihnen (meistens unbewußt) vorgeführt. Petra ist genervt von der Art, wie ihre Mutter sie beim Mittagstisch ausfragt. Kein Wunder, daß sie lieber den Fernseher einschaltet: Er geht ganz offensichtlich auf Petras Bedürfnisse ein, Frau Martens verkennt sie unwissentlich. Sie bietet nämlich kein wirkliches Gespräch an, sondern läßt sich «Bericht erstatten» – zumindest kommt das Petra so vor.

Fernsehen in der Familie hat mit Grenzen-Setzen zu tun – und dies mehrfach: Die häufig lange Sehzeit von Kindern kommt oft dadurch zustande, daß Kinder am elterlichen Fernsehen beteiligt sind, sei es nun zufällig oder ganz gewollt.

Je älter Kinder werden, um so wichtiger ist eine Absprache über die gemeinsame und getrennte Fernsehzeit. Da ist zunächst einmal das Fernsehen der Kinder, dann das der Eltern, schließlich das der ganzen Familie. Fernsehen der Kinder meint: Kinder und Eltern wählen gemeinsam Sendungen aus, die für die Heranwachsenden in

 Frage kommen. Gemeinsam wird die Anzahl und die Dauer bestimmt. Und es bedeutet, daß Kinder auch ihre Fernsehzeit so ausgestalten, wie sie es gern möchten (natürlich ohne die anderen Familienmitglieder zu beeinträchtigen). Dazu gehört die Absprache, nach der Sendung den Apparat auszuschalten; und gemeinsam zu überlegen, was nicht eingehaltene Absprachen für Folgen haben.

Ähnliches gilt für das elterliche Fernsehen: Auch hier setzen die Eltern die Regeln fest, können verlangen, nicht gestört zu werden – nur in dringenden Fällen. Kinder müssen lernen, Grenzen zu akzeptieren; genauso wie Eltern die Wünsche ihrer Kinder nach Eigenständigkeit.

Das Fernsehen von Eltern und Kindern schafft auch deshalb Probleme, weil keine klaren Grenzen in einer Familie bestehen und zuwenig akzeptiert wird, daß jedes Familienmitglied seinen eigenen Raum, seine Rückzugsmöglichkeiten und persönlichen Interessen haben darf. Je älter Kinder werden, um so mehr Eigenständigkeit brauchen sie, desto notwendiger werden aber auch Grenzziehungen zwischen den einzelnen oder zwischen Eltern und Kindern. Kinder erweitern schrittweise ihre Selbständigkeit, erhalten eine Privatsphäre, erfahren Distanz.

«Aber wenn wir das so machen», fragte eine Mutter, «dann besteht doch die Gefahr, daß die Kinder maßlos werden.» Den Kindern ihr Fernsehen zu belassen bedeutet nicht Gleichgültigkeit und Grenzenlosigkeit. Auswahl der Sendung, Zeitpunkt und Sehzeit unterliegen einer genauen Absprache – und es muß selbstverständlich werden, daß sich alle Beteiligten daran halten.

«Es hat langsamer geklappt, als ich zunächst dachte», sagt ein Vater. «Aber es wurde dann insgesamt besser, obgleich das ganz schön Disziplin kostet. Mir fiel es zeitweise schwerer als den Kindern.»

Und was ist mit dem Computer?

«Kann man das, was Sie über das Fernsehen sagen, auch auf den Computer übertragen?» will eine Mutter von mir wissen. Meine Beobachtung ist: Jene Familien, die eine konsequente und klare Linie bei der Fernseherziehung fahren, können dies – wenn auch modifiziert – auf den Umgang mit dem Computer übertragen. Aber unverkennbar ist, daß sich viele Eltern bei Begriffen wie Multimedia, on line oder Internet verunsichert fühlen. Kinder gehen wie selbstverständlich mit diesen Begriffen um. Für manche Eltern sind sie böhmische Dörfer.

Für die Heranwachsenden hat die «Veralltäglichung» des Computers – so hat es der Jugendforscher Hans-Rudolf Leu ausgedrückt – eine «Entzauberung» des Gerätes mit sich gebracht. Viele 12- bis 13jährige nennen in der Zwischenzeit einen Computer ihr eigen, und je älter ein Kind wird, um so intensiver wird der Wunsch nach einem eigenen Gerät, wird das Bemühen sichtbar, an der Computerkultur von Freunden und Geschwistern teilzuhaben.

Aber wie beim Fernsehen hängt auch beim Computer der bewußte Umgang mit dem Gerät entscheidend davon ab, wie Eltern auf das Computern ihrer Kinder Einfluß nehmen, wie sie den Umgang begleiten und unterstützen. Je mehr Unterstützung, Beratung und Gespräch (nicht zu verwechseln mit Bevormundung oder Besserwisserei!) Kinder erfahren, um so anspruchsvoller stellt sich die Nutzung des Computers dar (z. B. malen, schreiben, programmieren und nicht allein spielen). Der anspruchsvolle Umgang mit dem Computer ist vor allem dann gegeben, wenn Heranwachsende den Computer der Eltern mitbenutzen müssen. Je exklusiver sich der Gebrauch des Computers darstellt, d. h. das Kind über einen eigenen PC verfügt, elterliche Beratung und Hilfestellung mithin nicht notwendig erscheint, um so größer ist die Wahrscheinlichkeit eines reduzierten Computergebrauchs (z. B. nur spielen).

Auch wenn Heranwachsende ihren Eltern im Umgang mit dem

Computer überlegen sind, hört Erziehung hier nicht auf. Selbst Computerlaien können ihren Kindern kritische Begleiter sein. Erziehung zum bewußten Umgang mit dem Computer heißt, in Beziehung zum Kind und Jugendlichen zu treten. Ohne diese Beziehung wird sich der Heranwachsende allein fühlen. Hinzu kommt ein anderer, vor allem sozialer Aspekt. Unübersehbar scheint der Besitz des Computers an materielle Vorbedingungen gebunden: Je vermögender die Eltern, um so wahrscheinlicher ist es, daß ein Computer im Elternhaus steht.

So wird man in den nächsten Jahren genauer zu beobachten haben, ob sich beim Computergebrauch eine sozial und materiell bedingte Wissenslücke auftut: Je höher das elterliche Einkommen, um so differenzierter stellt sich der Umgang mit dem Computer dar, während für sozial Schwächere ein eingeschränkter Gebrauch via Videospiel und Gameboy übrigbleibt.

Drei Urteile bzw. Vorurteile lassen sich seitens der Eltern unterscheiden:

- Die Mutter der 6jährigen Sabine umschreibt ihre Haltung so: «Ich sehe beim Computer eher Nachteile, die Kinder hängen am Gerät, vergessen alles um sich herum. Ich sehe das doch an meiner Tochter. Der fehlt jedes Bewußtsein. Und dann gibt es Probleme in der Schule, wenn die nur spielen. Aber verhindern läßt sich das wohl alles nicht mehr. Da ist man eingebunden in den Mechanismus: Friß oder stirb!»
- Der Vater des 8jährigen Johannes und des 6jährigen Max formuliert: «Das mit den Computern ist schon in Ordnung. Sie machen irgendwie unser Leben leichter. Ob ich das nun alles kapieren muß, das weiß ich nicht. Aber für meine Kinder ist das schon ein echter Fortschritt. Sie müssen einfach daran teilnehmen. Sonst werden sie abgehängt. Deshalb lasse ich meine Kinder auch. Sie finden sich da schon allein zurecht. Irgendwie reguliert sich das doch!»

- Die Mutter von Juliane, 7 Jahre, und Patrick, 6 Jahre, meint: «Ich denke, man kann diese Entwicklung nicht gänzlich verhindern. Und warum sollte man auch? Da gibt es sicherlich eine ganze Menge Vorteile. Aber wenn ich mir die Computer in der Arbeitswelt ansehe, dann hat das auch Nachteile. Wenn ich nur an das Wegrationalisieren von Arbeitsstellen denke. Aber auch bei den Kindern! Oder in der Familie! Meinen Mann sehe ich manchmal stundenlang nicht, weil der nur am Computer hängt. Gut, er verdient sein Geld damit. Aber irgendwie geht das auch auf Kosten der Familie! Bei meinen Kindern setze ich deshalb klare zeitliche Grenzen, was den Umgang mit dem Computer betrifft. Das kostet manchmal Nerven, aber es lohnt sich. Und dann lasse ich mir auch vieles von meinen Kindern erklären, rede mit ihnen. Ich glaube, das tut uns allen gut!»

Aus über 200 Interviews, die ich mit Eltern über die Computervorlieben ihrer Kinder geführt habe, lassen sich – etwas vereinfachend – drei Schlüsse ziehen:

1. Da ist zunächst eine *ablehnende/abwehrende Haltung*, die mit vereinfachenden Argumenten untermauert wird. Solche Eltern spüren, daß die technologische Entwicklung nicht aufzuhalten ist. In dieser Einstellung liegen viel Resignation und das Gefühl, dem Computer ausgeliefert zu sein. In diesen Familien wird der Computer nicht selten zu einem Instrument, an dem sich Machtkämpfe zwischen Eltern und Kindern entzünden.
2. Der skeptischen Haltung entgegengesetzt ist eine *angepaßt-pragmatische Einstellung* zum Computer. Eltern sehen in den Computertechnologien einen Fortschritt. Deshalb unterbleibt nicht selten eine differenzierte Abwägung von Vor- und Nachteilen. Die Eltern kontrollieren den Computerzugang ihrer Kinder kaum oder nur unregelmäßig. Dies ist ein Indiz dafür, daß generell nur wenig gemeinsame Zeit mit den Kindern verbracht wird. Die Konsequenz dieser Einstellung zeigt sich im Computergebrauch der

Kinder: Im Vordergrund steht die Nutzung von Spielen, während die Anwendung kreativer Möglichkeiten des Computers ebenso vernachlässigt wird wie der Einsatz von Lernprogrammen.

3. Die *kritisch abwägende Haltung* betrachtet die Vor- und Nachteile des Computers – insbesondere unter dem Blickwinkel der kognitiven, sozialen und gefühlsmäßigen Entwicklung von Kindern. Zudem kommt das häusliche Computern unter den Auswirkungen auf das familiäre Zusammenleben ins Blickfeld. Dieser Aspekt wird insbesondere von Müttern vertreten. Eltern, die sich die Argumente dieser dritten Haltung zu eigen machen, nehmen sich viel Zeit für ihre Kinder, setzen sich intensiv mit dem Computergebrauch auseinander. Sie müssen nicht unbedingt schon frühzeitig – berufs- und sozialisationsbedingt – Zugang zum Computer haben, zu ihnen gehören auch Computerlaien, die sich aber einer differenzierten Auseinandersetzung mit dem Computer stellen.

Überblickt man die Interviews, kann man eine Faustregel formulieren: Je mehr die Computernutzung in ein kommunikatives Umfeld (Familie, Geschwister, Freunde) eingebunden ist, um so anspruchsvoller stellt sich die Nutzung dar. Dabei darf nicht übersehen werden: Der Umgang mit Lernprogrammen, Textverarbeitung und den kreativen Möglichkeiten des Computers ist auch altersbedingt – je jünger die Kinder, um so mehr stehen Spiele obenan.

Auch der Umgang mit dem Computer ist ein gegenseitiger und gemeinsamer Lernprozeß. Eltern können von Kindern lernen, den Computer technisch zu «beherrschen». Kinder können von ihren Eltern erfahren, daß eine nur technische Beherrschung einseitig ist. Eine ganzheitliche Betrachtung des Computers bedeutet, sich über dessen Grenzen klarzuwerden, darüber, daß der Mensch als kontrollierende Instanz unverzichtbar bleibt, daß die Freiheiten, die der Computer bietet, nur dann zum Tragen kommen, wenn sie einbezogen sind in verantwortliches Tun des Menschen. Je mehr das Computern in zwischenmenschliche Kommunikation eingebunden ist – und nicht von ihr losgelöst –, um so eher entfalten sich die kreativen und kommunikativen Möglichkeiten, die der Computer (nicht nur) Kindern bietet.

Zehn Prinzipien der Fernseherziehung

Angst vor dem Fernsehen ist ein schlechter Ratgeber. Angst verunsichert, behindert, macht handlungsunfähig. Zweifelsohne wirft das Fernsehen der Kinder Probleme auf, macht es die Erziehung nicht leichter. Und wenn das Fernsehen erst Gegenstand von Machtkämpfen zwischen Eltern und Kindern ist, sind nervende Konflikte die Folge. Aber was in anderen Bereichen der Erziehung gilt, trifft auch auf das Fernsehen zu: Kinder wollen Klarheit und Orientierung, wollen wissen, woran sie sind. Eine Laissez-faire-Erziehung hilft Kindern nicht, sie läßt sie allein. Bei der Fernseherziehung kommt es mithin darauf an, mit Kindern gemeinsame Absprachen zu treffen, aber auch dort Grenzen zu setzen, wo Kinder maßlos werden. Und es gilt noch ein weiterer Grundsatz: Je älter die Kinder werden, um so wichtiger wird es, daß sie selber nach Lösungen suchen, daß sie lernen, selbständig zu handeln. Ich werde immer wieder nach Rezepten zur Fernseherziehung gefragt. Die gibt es nicht! Ich kann einige Prinzipien nennen, die Eltern dabei helfen können, ihren ganz persönlichen Erziehungsstil zu finden.

1. Motive

Machen Sie sich bewußt, aus welchen Motiven Ihr Kind gerne fernsieht. Dabei sollten Sie zwischen aktuellen und überdauernden Wünschen unterscheiden. An regnerischen Wochenenden oder im Winter sehen Kinder häufiger fern als an jenen Tagen, die zum Spielen im Freien einladen. Sollte ein Kind ständige extensive Fernsehwünsche haben, liegen dem meist individuelle Rahmenbedingungen

zugrunde: z. B. ein kritisches Lebensereignis, eine unbefriedigende Umwelterfahrung, fehlende Freizeitalternativen oder auch das Vorbild der Eltern. «Zuviel Fernsehen» – das Maß ist schwer zu bestimmen, entscheidend ist die Motivation, mit der ein Kind an das Fernsehen herangeht. Wenn das Fernsehen zur Flucht benutzt wird, zur Selbstisolation, dann ist schon die kürzeste Fernsehzeit zuviel.

2. Tagesablauf

Kinder brauchen Spiele, Unmittelbarkeit, Anschaulichkeit, Bewegung, den Kontakt zu Gleichaltrigen. Deshalb muß sich das Fernsehen dem normalen Tagesablauf des Kindes unterordnen und nicht umgekehrt: Der Tagesablauf darf nicht auf das Fernsehen hin ausgerichtet sein. Das Bedürfnis der Kinder nach Fernsehen wird um so geringer, je intensiver sie andere Freizeitaktivitäten ausüben können. Zeitweise auftretende «Glotzer-Tage» sind kein Grund zur Beunruhigung.

3. Vielseher

Wenn sich ein Kind dauerhaft intensiv mit dem Fernseher beschäftigen möchte, deuten Sie dies als Hilferuf. Flucht in die Glitzerwelt des Fernsehens, Isolation mittels Medien ist meist ein Hinweis auf eine unbefriedigende Lebenssituation. Und Kinder, die über wenig Selbstwertgefühl verfügen, die schulische Probleme haben, in einer gefühlsmäßig brüchigen Eltern-Kind-Beziehung leben, denen es an Halt und Orientierung fehlt, fliehen häufig in die Welt der Medien.

4. Verbote

Fernsehverbote helfen in der Regel wenig, sie führen zu einem Machtkampf zwischen Eltern und Kindern, fördern Widerstand und Protest. Fernsehverbote haben in der Regel keinen Rückzug vom Fernseher zur Folge, sie fördern im Gegenteil einen Trend zur Heimlichkeit. Das Fernsehen sollte weder als Belohnung noch zur Bestrafung verwendet werden. Dadurch gewinnt es an zusätzlicher Bedeutung.

5. Alter des Kindes

Ein 5jähriges Kind braucht engere zeitliche Grenzen als ein 10jähriger Heranwachsender. Deshalb ist die Fernseherziehung niemals abgeschlossen, sie verändert sich vielmehr mit der Entwicklung des Kindes. Und je älter die Kinder sind, um so mehr Mitspracherecht haben sie, desto größer ist jedoch auch die Verantwortung, die die Kinder damit für sich übernehmen.

6. Gemeinsames Fernsehen

Kinder sollten nach Möglichkeit nicht allein fernsehen. Sie wünschen sich vor allem Gleichaltrige oder Freunde als Partner, weil diese sich besser einfühlen können als Erwachsene. Besonders Mütter werden als Aufpasser erlebt. Wenn Ihnen Sendungen nicht gefallen, sagen Sie dies dem Kind. Formulieren Sie Ihre Kritik in Ich-Botschaften (z. B. «Ich mag nicht ...» und nicht «Diese Sendung ist ein

Mist!»). Vermeiden Sie Moralpredigten und besserwisserische Belehrungen, vermeiden Sie Verbote, wecken Sie Einsicht! Einsicht führt dazu, Verantwortung für das eigene Handeln zu übernehmen.

7. Verarbeitung

Kinder sehen anders fern als Erwachsene. Sie gehen anders mit den Sendungen um. Sie versuchen, das Gesehene durch Mimik und Gestik zu verarbeiten. Solche Verarbeitungsformen dürfen Sie nicht unterbinden. Häufig machen Erwachsene den Fehler, Kinder zum Stillsitzen anzuhalten. Kinder aber brauchen die Dynamik vor dem Apparat, um Spannungen abzubauen.

8. Standort

Der Fernsehapparat sollte nach Möglichkeit nicht der Mittelpunkt der Wohnung sein. Ein Fernsehapparat in einer ruhigen Ecke oder einem abgelegenen Zimmer signalisiert, daß er nebensächlich ist. Und er bietet dem Zuschauenden die Möglichkeit, eine Sendung zu genießen, ohne andere Familienmitglieder zu stören oder sie in seine Fernsehunternehmung einzubeziehen.

9. Nachbereitung

Kinder brauchen Zeit zur Verarbeitung der Sendung. Dies gilt vor allem im unmittelbaren Anschluß. Die Dauer der Nachbereitung hängt allerdings vom Kind sowie davon ab, wie stark es von der Sendung gefühlsmäßig berührt ist. Vermeiden Sie es auf jeden Fall, die Kinder im Anschluß an eine Sendung aus- und abzufragen. Warten Sie, bis Ihr Kind von sich aus das Gespräch anbietet, hören Sie gut zu, und fragen Sie nach, wenn Sie etwas nicht verstanden haben. Denken Sie daran: Nicht das Gespräch ist die wichtigste Form der Nachbereitung, sondern das Spiel. Hier sind Erwachsene nicht selten ausgeschlossen.

10. Fernseherziehung als gemeinsamer Lernprozeß

Schließlich: Es gibt keine ideale und widerspruchsfreie Fernseherziehung. Dies ist genauso normal wie in anderen Fragen der Erziehung. Versuchen Sie aber, die Widersprüche nicht zu verdecken, sondern im Dialog mit den Kindern offen zu besprechen und auszuhandeln. Dadurch wird allen Beteiligten deutlich, daß Fernseherziehung ein gegenseitiger und gemeinsamer Lernprozeß ist. Je dynamischer und offener solch ein Prozeß abläuft, um so eher nähert er sich einem ganz individuellen Ideal an.

Video – eine Alternative

Ich erinnere mich an eine Podiumsdiskussion Anfang der 80er Jahre über die Gefahren des Video. Mit dem Videofilm assoziierte man damals exzessive Gewalt- und Horrorfilme. Ich sprach dagegen offensiv von Chancen, die der Videorecorder, die selbst aufgezeichnete Kassetten *auch* bieten würden. Man schrie mich nieder, bezichtigte mich der Leichtfertigkeit, ja man unterstellte mir, ein bezahlter Vertreter der Medienindustrie zu sein. Mit dem Video umgehen zu lernen, das könne nur zu «Videotie» führen. Mich hat das nicht sonderlich irritiert, denn wo wurden und werden in Deutschland medienpolitische Diskussionen jemals gelassen geführt?

Bei jedem neu entstehenden Medium sehen einige wortgewaltige Kulturpessimisten den medialen Super-GAU einen Schritt näher kommen. Ich erinnere mich an einen Vater, der nach der Veranstaltung zu mir kam, sich als Lehrer vorstellte und meine positiv-differenzierte Sichtweise bestätigte. Er habe sich nicht getraut, das öffentlich zu sagen, weil behutsame Argumente in diesem Klima nicht gedeihen würden. Und er erzählte mir, daß er sich einen Videorecorder gekauft habe, zunächst nur für sich oder um Sendungen für die Schule aufzuzeichnen. Dann habe er jedoch gemerkt, damit könne er Filme für seine Kinder aufnehmen, um sie dann zeitversetzt, besser in den Tagesablauf der Kinder eingepaßt, zu zeigen.

In der Zwischenzeit hat der Videorecorder in die Hälfte der bundesdeutschen Haushalte Einzug gehalten, sind Verkaufsvideos für Kinder ein lukratives Geschäft geworden. Gleichwohl spielt die Nutzung von Videofilmen durch Kinder quantitativ nicht jene Rolle, die man den Videofilmen so gerne unterstellt. Nur 14 % aller 6- bis 9jährigen, 10 % aller 10- bis 13jährigen nutzen dieses Medium täglich. Und während die Hälfte der befragten Kinder Videofilme zu Hause nutzt, sucht die andere Hälfte Freunde auf, um dort gemeinsam zu sehen. Kinder verbinden mit dem Videofilm Spaß und Unterhaltung. Dies machen einige Zitate deutlich.

«Pippi Langstrumpf finde ich toll, weil sie soviel Blödsinn macht. Sie nimmt es mit jedem auf und macht die Wohnung unordentlich. Und die geht einfach mit Schuhen ins Bett», erzählt Susanne von ihrer Lieblingsheldin.

Und Holger findet den «Kleinen Vampir spannend, weil der auf dem Friedhof wohnt, da sieht's komisch aus».

Der 7jährige Markus hat vor einiger Zeit den Film «Im Banne des Kalifen» gesehen: «Das war ganz spannend und gruselig, weil der Kalif böse und ganz mächtig ist. Aber der Prinz besiegt alle und wird selber Kalif.»

 Für Karsten ist die «Sendung mit der Maus» am besten, «weil man da was lernen kann und die so witzig ist und da soviel Unsinn gemacht wird».

Für Ann-Katrin ist «Biene Maja» der Superstar, weil die «soviel aufregende Sachen machen kann. Die erlebt so viel.»

Und Sebastian mag Samson aus der «Sesamstraße» nicht missen, weil der «so richtig faul ist, und die anderen immer ganz sauer auf Samson sind».

Johannes' Favorit ist Bud Spencer: «Der ist so stark und so dick, und der kann so ein komisches Gesicht machen.»

Peter, 7 Jahre, hört das: «Wie bei ‹Tom & Jerry›. Genauso wie da. Das ist lustig, manchmal auch gefährlich. Aber die Maus gewinnt eben. Und die kennt so viele Tricks.»

Maximilian, 6 Jahre, findet «Wir Kinder aus Bullerbü» das «Schönste, weil die nur Ferien haben und nicht zur Schule müssen».

Patricia, 9 Jahre, besitzt Videokassetten vom «Ponny vom ersten Stock», «mein Lieblingsfilm. Wenn ich traurig bin, guck ich mir das an. Dann muß ich auch schon mal ein bißchen weinen. Mama findet, ich bin danach immer traurig. Stimmt aber nicht. Ich freue mich dann, daß ich nicht da leben muß.»

Stephen, 8 Jahre, mag «Flußfahrt mit Huhn», «weil die sich was getraut haben, was ich nicht machen werde. Echt nicht!»

«Niels Carlsons Däumling» sieht die 8jährige Sabine häufig, «weil, so bin ich auch irgendwie. Ich kann träumen wie da im Film, nur kommt da kein Däumling. Obgleich ich's mir auch schon mal vorgestellt habe.»

Geht man von diesen kurzen Kommentaren aus, treten einige Gesichtspunkte zutage, die den Videofilm für Kinder bedeutsam werden lassen:

- Sie sind günstig zu erwerben, werden häufig verschenkt. Aufzeichnung oder Ausleihe (von Freunden, Videotheken oder aus Bibliotheken) spielen eine eher untergeordnete Rolle. Einige Kinder haben in der Zwischenzeit eine eigene kleine Videothek aufgebaut, über die sie selbst verfügen. In manchen Familien herrscht dagegen ein Laissez-faire-Stil. Zu beobachten ist ein Trend: Eltern kaufen anspruchsvolle Videofilme für ihre Kinder, um sich damit (kinder)freie Zeit zu erkaufen.

- Kinder bevorzugen jene Filme, die besonders umworben sind oder die sie aus anderen Medien oder durch Merchandising-Produkte kennen. Video ist eben auch ein Teil der kommerziellen Kinderkultur.
- Die gemeinsame Nutzung des Videofilms mit Freunden dient als Gesprächsanlaß, der Versicherung des gleichen Geschmacks, aber auch der Ausgrenzung von Erwachsenen. Dabei darf nicht übersehen werden, daß ältere Kinder auch einen Zugriff auf Videofilme haben, die für diese Altersgruppe gefühlsmäßig nicht geeignet sind. Die Aneignung solcher – meist indizierter – Filme stellt für viele Kinder eine Mutprobe dar, mit der sie sich gleichzeitig von den ästhetischen Standards der Eltern abgrenzen.
- Kinder verbinden mit den Videofilmen auch Vorteile: Filmerlebnisse sind ständig zu wiederholen, man kann Themen, die in den Filmen enthalten sind, selbständig bearbeiten. Einige Kinder nutzen Videofilme wie Bücher, sie sehen sich nur bestimmte Sequenzen und diese ständig und aufs neue an, bis sie genug davon haben.

Kinder haben ein Recht auf Unterhaltung – und dies im ursprünglichen Sinn des Wortes, nämlich Halt, emotionalen Unter-halt, der ihnen die notwendige Basis in einer Zeit von Desorientierung und Beziehungslosigkeit gibt. Hier können Filme eine wichtige Aufgabe erfüllen: Sie können Themen und Helden anbieten, die wie sie ständig auf der Suche nach der eigenen Identität sind. Und anspruchsvolle Filme können Kindern Raum zum Assoziieren und zum Phantasieren lassen, sie können ihnen Mut machen, den eigenen Weg zu suchen und zu gehen.

Ein zentrales Auswahlkriterium für die Videoliste im Anhang dieses Buches war, ob der Inhalt und das Thema eines Films dem gefühlsmäßigen Entwicklungsstand des Kindes angemessen sind. Ein jüngeres Kind stellt andere thematische Ansprüche an einen Film als ein älteres. Die Bedeutung des Themas hängt weiter davon ab, womit Kinder sich beschäftigen – nicht was für Eltern oder pädagogisch Handelnde, womöglich den Filmkritiker, von vorrangiger Bedeutung ist. Bei Thema und Handlung eines Films sind Kinder häufig mehrfach fremdbestimmt: Selten wird eine Auswahl mit dem Kind vorgenommen, vielmehr wird Kindern vorgesetzt, was «gut» ist, oder ihnen wird aus einer Laissez-faire-Haltung heraus gedankenlos alles zugemutet.

Handlung und Thema eines Videofilms sollen Kinder in ihrer Entwicklung begleiten und unterstützen. Jüngere Kinder faszinieren Magie, Mythos und Zauber, für ältere Kinder zählen häufig schon realistische Lösungen. Aber auch sie sind auf Phantasie und Verzauberung angewiesen.

Filme, die auf innere kindliche Entwicklung, die Entwicklung eines Selbstwertgefühls, den Umgang mit Gefühlen wie Haß und Liebe, Aggressivität und Angst, Freund- und Feindschaft eingehen, haben dann bei Kindern eine große Chance, wenn sie diese Themen auf eine kindgemäße, vor allem unterhaltsam-sinnliche Weise bearbeiten. Kinder sind hervorragende, manchmal drastische Kritiker, und der entschuldigende Hinweis mancher Produzenten, anspruchsvolle Filme hätten angesichts des Serien-«Schrotts» keine Chance, stimmt nur teilweise. Denn Filme haben dann eine Chance, wenn Kinder sich mit allen Persönlichkeitsanteilen angesprochen *fühlen* – und dazu gehört auch die innere Auseinandersetzung mit Gewalt und Aggression, Unsicherheit und Angst. Filme, die diese Themen ausblenden, kommen beim jungen Zuschauer nicht an. Nicht die Ausblendung existentieller Gefühle kann somit ein Kriterium für anspruchsvolle Filme sein, es geht vielmehr darum, *wie* diese Themen bearbeitet und umgesetzt sind. Wenn Kinder bei der Auseinandersetzung mit widerstreitenden und widersprüchlichen Gefühlen allein gelassen werden, dann werden sie sich jenen Filmen zuwenden, die diese Themen oberflächlich, gewaltverherrlichend und aufgesetzt-überzogen präsentieren.

Das Thema «Aggression» war und ist zentraler Bestandteil der Kinderkultur – nicht erst seit der Abenteuerliteratur, den Sagen und Märchen. Der Umgang mit Aggressionen ist zentrales Thema in der kindlichen Entwicklung – gerade weil Aggressionen für Kinder nicht nur mit Zerstörung zu tun haben. Deshalb lieben Kinder Helden, die in Bewegung sind, zu neuen Ufern aufbrechen. Hier ist allerdings zu unterscheiden zwischen übersteigerter Verehrung allgegenwärtig-alleskönnender Helden und Heldinnen und der listig-schlauen Variante. Kinder brauchen Helden und Heldinnen, die sich entwickeln, sich in der Auseinandersetzung mit anderen Personen entwickeln. Das Urbild ist der Märchenheld, der auszieht, um das Gruseln zu lernen, der sich im Konflikt beweisen muß, um eine eigene Identität auszubilden. Statische, unbewegliche Helden, die am Ende einer Filmserie genauso klug und draufgängerisch-verwegen sind wie am Anfang, sind da wenig hilfreich.

Mit den folgenden Kriterien können sich Eltern einen ersten Einblick in einen fast nicht mehr zu überschauenden Markt verschaffen, an ihnen können sie sich für den Kauf von Videos orientieren:

1. Nehmen Sie sich bei der Auswahl Zeit. Wenn Sie unsicher sind, holen Sie sich Rat. Gedankenlos gekaufte Videofilme bedeuten auch Gedankenlosigkeit gegenüber dem Kind.
2. Wenn möglich, beteiligen Sie Ihr Kind an der Auswahl. Qualität erfahren Kinder durch Vergleiche – auch mit anspruchslosen Billigfilmen. Wer Kindern ständig seine ästhetischen Kriterien vorsetzt, wird schnell zum Besserwisser, riskiert nervige Machtkämpfe.
3. Achten Sie beim Thema eines Videofilms darauf, ob er dem Entwicklungsstand Ihres Kindes angemessen ist. Bedenken Sie: Filme werden vom Kind gefühlsmäßig erlebt. Das Kriterium, ob ein Kind eine Handlung verstehen kann, muß ergänzt werden durch

das Kriterium, ob ein Kind die Dramaturgie gefühlsmäßig aushalten und erleben kann.

4. Kinder wünschen häufig andere Themen als Eltern. Wer themenorientiert an seinen eigenen Bedürfnissen auswählt, greift häufig daneben. Gerade jüngere Kinder haben ein starkes Bedürfnis nach Themen, die mit existentiellen Gefühlen (Aggression, Angst, Kampf) zu tun haben. Das Thema eines Videofilms sollte sich deshalb an den inneren Themen des Kindes orientieren.
5. Kinder wünschen Helden, die Abenteuer erleben, die sich entwikkeln. Sie begeistern sich nicht nur für die «guten» Helden, sondern häufig für jene, die sich durch Phantasie und List, durch Kraft und Draufgängertum auszeichnen. Manchmal stellen sie gerade zu «bösen», schrecklich aussehenden Helden eine intensive Beziehung her.
6. Einen Film zu sehen bedeutet für ein Kind ein starkes gefühlsmäßiges Erlebnis. Dies kann auch mit Überforderung einhergehen. Inszenierungen nach dem Prinzip der «Rettung in letzter Minute» ziehen Kinder stark in den Bann, lassen ihnen manchmal nur wenig Chancen für eine Distanzierung. Die Wellendramaturgie orientiert sich angemessener am gefühlsmäßigen Entwicklungsstand der Kinder.
7. Achten Sie beim Videofilm nicht ausschließlich darauf, ob das Thema für Ihr Kind angemessen ist, hören Sie besonders darauf, wie die Hörelemente (Geräusche, Musik und Sprache) gestaltet sind. Wenn diese Elemente nur die Funktion haben, von der Armseligkeit einer Handlung abzulenken, dann verzichten Sie auf den Kauf.
8. Beachten Sie schließlich: Die Verantwortung für den Kauf eines Videofilms tragen Sie, Fachleute können sich irren. Und auch Besprechungen in Zeitungen und Zeitschriften setzen, was die Altersangemessenheit anbetrifft, ein statistisches Durchschnittskind voraus. Sie entscheiden aber für *Ihr* Kind. Deshalb sind Altersangaben nur Näherungswerte. Wir haben uns bei den Altersangaben

in der Übersicht ab S. 228 an jenen Daten orientiert, die von der Freiwilligen Selbstkontrolle (FSK) genannt wurden. Diese Angaben waren auch für uns Näherungswerte, meist haben wir ein höheres Alter genannt.

Videofilme – ein Problem für Kinder?

«Wenn ich morgens allein im Bett liege, meine Eltern sind schon aus dem Haus, dann schau ich mir noch 'n Film an, meistens 'n kurzen Film, so ‹Heidi› oder die ‹Schlümpfe› und so was Schönes. Dann bin ich nicht so ganz alleine, weil da ja die Geräusche um mich sind» (Birte, 7 Jahre).

«Also, ich krieg meine Eltern immer ganz gut rum. Wenn die keine Zeit haben oder so, sag ich, mir ist langweilig, dann darf ich zu Aldi und mir 'ne Kassette kaufen. Meist kauf ich mir was, was ich schon aus dem Fernsehen kenne, so ‹Turtles› und so, aber auch schon mal was anderes. Das kommt drauf an. Und dann hol ich mir Freunde, und dann schaun wir uns das gemeinsam an» (Robert, 8 Jahre).

«Ich darf sehr viel Video gucken. Sonntags morgens, wenn Papa und Mama schlafen. Dann darf ich zwar nicht den Fernseher anmachen, also Fernsehsendungen sehen, aber Papa hat mir Videofilme mitgebracht. Die sehe ich dann. So ‹Alladin› oder ‹Das Dschungelbuch› und so was. Ich hör das auch mit dem Kopfhörer, weil ich darf ja nicht so laut sein» (Beatrice, 5 Jahre).

«Also, ich guck viel, seit wir Video haben. Wenn im Fernsehen nichts kommt, leg ich mir 'ne Kassette ein. Meine Eltern haben nichts dagegen, die sehen selber viel. Was sollen die auch machen? Oder wenn sie dann meckern, ich soll ausmachen und spielen, sag ich, spielt mit mir. Tun die aber nicht. Da schau ich weiter oder sag, die anderen sehen das auch. Und wenn ich das nicht seh, dann kann ich nicht mitreden. Dann sind sie zwar nicht richtig zufrieden, aber ich kann weitergucken» (David, 9 Jahre).

Einige kurze Auszüge aus der schon angeführten Befragung, die auf Gesichtspunkte hinweist, unter denen Videofilme zu einem Problem für Heranwachsende werden *können*. Solche Probleme ergeben sich bei den 4- bis 10jährigen Kindern nicht so sehr aus der Häufigkeit, mit der das Videogerät genutzt wird (z. B. wieviel und wie lange sieht ein Kind fern?), vielmehr daraus, welche Bedeutung ein Kind bzw. Eltern dem Medium zuweisen. Anders gesagt: Welche Funktion nimmt der Videofilm im Alltag von Kindern ein?

- Wenn Videofilme dazu dienen, Einsamkeit und soziale Isolation von Kindern zu verdrängen oder zu kompensieren, dann haben sie eine Bedeutung, die ihnen nicht zukommen darf. Und dann ist es völlig gleichgültig, welche Filme Kinder in diesem Zusammenhang sehen. Auch «Ronja Räubertochter» oder «Janoschs Traumstunde» – als Mittel eingesetzt, um Verlassenheitsgefühle zu betäuben – haben dann eine problematische Funktion.
- Der Umgang mit dem Videogerät erfordert Begrenzung in zeitlicher wie thematischer Hinsicht. Wenn Eltern einen Laissez-faire-Stil praktizieren, dann signalisieren sie ihren Kindern Gleichgültigkeit und Beziehungslosigkeit.
- Eltern leben ihren Kindern ein Modell vor. Je undisziplinierter sie selbst mit dem Videorecorder umgehen, desto eher übernehmen Kinder das. Auch hier gilt – wie für Fernsehen und Computer-Nutzung –: Sozialer Rückzug per Video ist kein Problem dieses Mediums an sich, er leitet sich vielmehr aus sozialen und familiären Umständen her. Die Schere zwischen denjenigen, die gekonnt-bewußt mit dem Video umgehen, und denjenigen, die in der Flut an Filmen versinken, klafft zusehends auseinander.
- Der penetrante Wunsch eines Kindes nach Videofilmen kann durch zwei Faktoren begünstigt werden. Kinder in Übergangsphasen (zwischen 6 und 7 Jahren sowie zwischen 11 und 13 Jahren) haben – begünstigt durch die Erfahrungen in einer Gleichaltrigengruppe – häufig extensive Wünsche nach Videofilmen. Aber diese Forderung kann auch auf unbefriedigende psychische, seelische

oder gefühlsmäßige Situationen des Kindes hindeuten. Es fällt auf, daß Heranwachsende, die sozial verunsichert sind, über wenig Selbstbewußtsein verfügen, isoliert sind, sich nicht selten vor den Fernsehapparat oder mit dem Videogerät zurückziehen. Solchen Kindern ist freilich nicht damit geholfen, daß man sie als «Videoten» tituliert. Werden ihre Hilfeschreie nicht gehört, kann es zu einem verhängnisvollen Kreislauf kommen: Die Isolation und die unbefriedigende emotionale Situation, in der ein Kind lebt, führt dazu, daß der Videofilm als Gesprächsersatz eingeführt wird. Solch ein Ersatz ist aber mit einem weiteren Rückzug und weiterer Ausgrenzung von der Umwelt verbunden. Das führt wiederum zu einem noch stärkeren Verlangen nach einer Kommunikation über Video. Dieser Kreislauf kann abschließend am Fallbeispiel von Falk verdeutlicht werden.

Falk erzählt ständig von «seinen Zombies», die ihn bis in den Schlaf hinein verfolgen. Er malt seine Alpträume genau aus und genießt die teils bewundernden, teils erschreckten Gesichter seiner Freunde und auch die seiner Eltern. Falk ist 14 Jahre und geht zur Realschule. Dort macht er «Rabatz», ist abgestempelt zum «Rabauken», der nur noch seine «Horrordinger» im Kopf hat. «Wenn er das doch wenigstens für sich behalten könnte», stöhnt einer seiner Lehrer. Aber diesen Gefallen tut Falk ihnen fast nie.

Die Klassenkameraden verhalten sich widersprüchlich. Einige finden es spannend, was «Falk wohl wieder erzählen wird», anderen «geht er auf den Wecker». Wieder anderen «ist es klar, daß man nur so reden kann, wenn man sich die Horrorfilme immer wieder ansieht». «Wenn ich so wäre», sagt einer, «ich würd wohl auch so spinnen.» Falks Vater duldet die Video-Zombies stillschweigend. «Was soll's, wenn ich's ihm verbiete, macht er's doch. Nur, wenn er Angst hat, dann muß er eben sehen, wie er damit fertig wird. Das ist dann seine Sache.» Falks Mutter versteht ihren Sohn nicht. «Es gibt so viele gute Videofilme, warum gerade diese Sachen?» Mit seinen Eltern redet Falk nicht über die Filme. «Was soll's. Die kapiern mich ja doch nicht. Denen ist es sowieso egal, was ich sehe oder was ich mache. Die haben immer was anderes im Kopf.» Falk kennt seine Zombie-Filme, manche hat er schon viele Male gesehen, und «immer wieder wird's an der gleichen Stelle kotzig». «Ich hab gehört», sagt er, «daß es Zombies richtig geben soll. Na, eben nicht richtig, aber das hat so etwas mit Totenbeschwörung zu tun bei den Schwarzen oder so ähnlich. Hab ich gelesen.» Solche Informationen holt er sich aus dem Lexikon, aber als «ich mehr von meinem Erdkundelehrer wissen wollte und ihn gefragt habe, hat er nur den Kopf geschüttelt».

Sieben Tips zum Umgang mit Videofilmen

1. Motiv

Machen Sie sich bewußt, aus welchen Motiven Ihre Kinder Filme ansehen wollen. Unterscheiden Sie zwischen überdauernden und momentanen Bedürfnissen. Es gibt Situationen im Alltag eines Kindes, in denen Videos Vorrang haben: bei schlechtem Wetter, wenn das Kind allein ist, wenn es traurig ist oder Probleme hat. Der ständige Wunsch eines Kindes nach Videofilmen kann darauf hinweisen, daß ihm Freizeitalternativen fehlen. Achten Sie darauf, ob der Videofilm zum Ersatz für fehlende Gesprächspartner wird oder ob das Kind die Freiheit hat, sich selbständig vom Videorecorder zu lösen und anderen Interessen nachzugehen.

2. Vorteile

Achten Sie darauf, daß mit dem Videorecorder nicht eine Vervielfachung der Mediennutzung stattfindet. Nur wenn der Videofilm als Ergänzung verstanden wird, kommen seine Vorteile zum Tragen:

- Die Chance für ein zeitversetztes Fernsehen oder die Nutzung eines Kinofilms.
- Die Möglichkeit der Wiederholung.

- Die Möglichkeit der Pause und des Unterbrechens.

Denken Sie zudem daran: Die Videokassette bietet die Chance zu eigenständigen Filmproduktionen. Besitzen sie eine Kamera, nutzen Sie die Möglichkeit, mit Kindern gemeinsam Filme zu machen.

3. Auswahl

Kinder sollten an der Auswahl von Videofilmen beteiligt werden. Eine Auswahl, die sich gegen das Kind richtet, führt über kurz oder lang zu Machtkämpfen. Handeln Sie aus, welche und wie viele Filme Kinder sich aussuchen dürfen. Ermöglichen Sie Ihren Kindern auch deren Lieblingsfilme, dies selbst dann, wenn sie Ihren Ansprüchen nicht genügen.

4. Gespräche

Gespräche über Filme müssen auf Drohungen und Ausfragen verzichten. Sie sollten Kritik grundsätzlich nur in Ich-Botschaften («Ich mag nicht ...») formulieren. Bei Verallgemeinerungen oder Belehrungen fühlen sich Kinder unverstanden.

5. Verbote und Druckmittel

Verbote von bestimmten Videofilmen helfen in der Regel wenig, sie führen eher zu Machtkämpfen, fordern kindlichen Widerstand heraus. Verbote fördern «heimliches Sehen», z. B. bei Freunden oder Großeltern.

6. Gemeinsamkeit und Verarbeitung

Viele Kinder wünschen sich Gleichaltrige oder andere Freunde als Sehpartner, weil diese sich besser einfühlen können als Erwachsene. Eltern werden häufig als Aufpasser erlebt. Sie machen sich häufig Sorgen über die ständigen Wiederholungen. Aber gerade durch letztere können sich Kinder besser in Handlung und Dramaturgie einfühlen, Unbegriffenes verstehen. Wer Wiederholungen unterbindet, nimmt Kindern ein selbstbestimmtes Mittel zur Verarbeitung.

7. Nachbereitung

Auch hier gilt, was schon zur Fernseherziehung gesagt wurde. Die Dauer der Nachbereitung hängt von der psychischen Situation des Kindes ab. Die Art der Nachbereitung ist abhängig davon, wie stark eine Kassette ein Kind emotional berührt. Vermeiden Sie es auf jeden Fall, Kinder im Anschluß an einen Film aus- und abzufragen. Warten Sie, bis Ihr Kind von sich aus das Gespräch anbietet. Hören Sie gut zu, und halten Sie dann mit Ihrer Meinung und Anteilnahme nicht hinter dem Berg. Versuchen Sie, Widersprüche, die zwischen Ihnen und den Kindern bestehen, nicht zu verdecken, sondern im Gespräch offen auszuhandeln. Dadurch wird allen Beteiligten deutlich, daß die Erziehung zu einem bewußten Umgang mit dem Video ein gegenseitiger und gemeinsamer Lernprozeß ist.

Anspruchsvolle Fernsehsendungen und Videos für Kinder

Empfehlenswerte Fernsehserien für Kinder zwischen 4 und 10 Jahren

Die folgenden Serien werden in regelmäßigen Abständen ausgestrahlt bzw. wiederholt. Sie erfüllen die Ansprüche, die man an eine ästhetisch gelungene Fernsehunterhaltung stellen kann. Die (unvollständige) alphabetische Übersicht soll erste Anhaltspunkte geben.

[* Diese Sendungen gibt es im Fachhandel auch auf Video]

Abenteuer in der Karibik	ARD, ab 8 Jahre
Abenteuer überleben	ARD, ab 8 Jahre
Achterbahn	ZDF, ab 9 Jahre
Alfred J. Kwak	ARD, ab 6 Jahre
Als die Tiere den Wald verließen	ZDF, ab 6 Jahre *
Augsburger Puppenkiste	ARD, ab 4 Jahre *
Babar	ARD, ab 5 Jahre
Biene Maja	ZDF, ab 6 Jahre
Bugs Bunny	ARD, ab 6 Jahre *
Disney-Club	ARD, ab 6 Jahre
Doug	SAT 1, ab 8 Jahre
Eins – zwei oder drei	ZDF, ab 6 Jahre
Enid Blyton	ZDF, ab 6 Jahre
Es war einmal … Das Leben	ARD, ab 7 Jahre
Es war einmal … Der Weltraum	ARD, ab 7 Jahre *
Familie Feuerstein	PRO 7, ab 6 Jahre
Die Fraggles	RTL 2, ab 6 Jahre

Fünf Freunde	ZDF, ab 7 Jahre
Hallo Spencer	ARD, ab 5 Jahre
Hals über Kopf	ZDF, ab 9 Jahre
Janna	Kinderkanal, ab 8 Jahre
Janoschs Traumstunde	ARD, ab 4 Jahre*
Jim Hensons Animal Show	ZDF, ab 5 Jahre
Käpt'n Balu	SUPER, ab 6 Jahre
Käpt'n Blaubär Club	ARD ab 5 Jahre*
Ketchup-Vampire	ZDF, ab 6 Jahre
Kinderweltspiegel	ARD, ab 8 Jahre
Der kleine Vampir	Kinderkanal, ab 7 Jahre*
Logo	ZDF, ab 9 Jahre
Löwenzahn	ZDF, ab 6 Jahre
Lucky Luke	ARTE, ab 6 Jahre
Lucie, der Schrecken der Straße	ARD, ab 7 Jahre
Märchenbraut	ARD, ab 6 Jahre
Meister Eder und sein Pumuckl	ARD, ab 6 Jahre*
mittendrin	ZDF, ab 6 Jahre
Die Mumins	ZDF, ab 4 Jahre
muppet babys	SUPER, ab 6 Jahre

Muuh – Das Tiermagazin	SUPER, ab 6 Jahre
Pan Tau	ARD, ab 6 Jahre
Pingu	ZDF, ab 4 Jahre*
Prinz Eisenherz	ARD, ab 6 Jahre
PuR – Sport	ZDF, ab 9 Jahre
Der rosarote Panther	ARTE, ab 6 Jahre
Schweinchen Dick	PRO 7, ab 6 Jahre
Die Sendung mit der Maus	ARD, ab 5 Jahre*
Sesamstraße	ARD, ab 5 Jahre*
Siebenstein	ZDF, ab 5 Jahre*
Siggi Sauerstoff	ZDF, ab 6 Jahre*
Super Metty	SUPER; ab 6 Jahre
Tabaluga Tivi	ZDF, ab 7 Jahre
The Monsters	Kinderkanal, ab 8 Jahre
Tigerenten Club	ARD, ab 6 Jahre
Tim und Struppi	ZDF, ab 7 Jahre*
Tynie Toons Abenteuer	PRO 7, ab 7 Jahre*

TKKG – Club der Detektive	Kinderkanal, ab 8 Jahre
Tom & Jerry	PRO 7, ab 6 Jahre*
Werner Fends Dschungelbuch	ZDF, ab 8 Jahre
Vicky und die starken Männer	ZDF, ab 6 Jahre
Die wunderbare Reise des kleinen Nils Holgersson	ARD, ab 6 Jahre

Zwar existiert eine Vielzahl von Programmzeitschriften, die einen Überblick über das Programm anbieten. Die Besprechungen von Kindersendungen sind jedoch zumeist mehr als dürftig. Nur in einigen pädagogischen Publikumszeitschriften, wie z. B. «Spielen und Lernen», gibt es einen regelmäßigen Überblick über das Fernseh-, Video- und Hörkassettenangebot für Kinder. In der Zeitschrift «TV-Spielfilm» wird das Programmangebot für Kinder von Experten wöchentlich bewertet. Ähnliches gilt für «Flimmo», das vierteljährlich erscheint.

Hundert empfehlenswerte Videofilme für Kinder von A – Z

Die Abenteuer von Pico und Columbus

BRD 1989. Regie: Michael Schönemann. Ab 5 Jahre. 79 Min.
Columbus soll Amerika entdeckt haben. Doch Drehbuchautor Scott Santoro weist nach: Ohne Pico, einen pfiffigen und vorwitzigen Holzwurm, wäre der Kontinent nie gefunden worden.
Bezugsquelle: Warner

Albert sagt ... Naturgedanken – aber pur!

Deutschland 1995. Regie: Phil Kimmelmann. Ab 6 Jahre. Mehrere Kassetten à 25 Min.
Albert, ein Trickfilmgeschöpf, erklärt Kindern auf vergnügliche wie hintersinnige Weise Zusammenhänge in der Natur und schärft – ohne pädagogischen Zeigefinger – das kindliche Bewußtsein für eine intakte Umwelt. Die Filme basieren auf Büchern des Physikers Frederik Vester.
Bezugsquelle. Euro Video

Alice im Wunderland

USA 1951. Regie: Clyde Geronimi. Ab 5 Jahre. 75 Min.

Die komplexe Geschichte von Lewis Carroll wurde etwas vereinfacht, aber nicht auf Stereotype und Klischees reduziert. So ist der Reiz der Erzählung erhalten geblieben. Ein Film, den man gerne mit der gesamten Familie anschaut.

Bezugsquelle: EKZ, Buena Vista

Als die Tiere den Wald verließen

Großbritannien / Frankreich 1992. Regie: Elphen Lloyd-Jones. Ab 6 Jahre. 6 Folgen à 50 Min.

Die Tiere, die im Thalerwald leben, sind bedroht, denn der Mensch will ihren Lebensraum zerstören. Der Drache und der Fuchs reißen die Initiative an sich, und gemeinsam sucht man sich eine neue Heimat. Zwei Zeichentrickstudios aus Frankreich und Großbritannien realisierten diese absolut sehenswerte Serie.

Bezugsquelle: EKZ, Europa Video, BMG Ariola Miller

Arielle, die Meerjungfrau

USA 1989. Regie: John Musker / Ron Clemens. Ab 6 Jahre. 79 Min.

Arielle verliebt sich in den Prinzen Eric und verläßt ihr Unterwasserreich. Sie versucht, den Märchenprinzen für sich zu gewinnen. Ein phantasievoller Disney-Film in gewohnter Trickqualität, der mit viel Liebe zum Detail produziert worden ist.

Bezugsquelle: Movietext, Buena Vista

Aristocats

USA 1970. Regie: Wolfgang Reithermann. Ab 5 Jahre. 78 Min.

Mit Disney-Filmen wie dem «Dschungelbuch» (1967), «Die Hexe und der Zauberer» (1963) und den «Aristocats» wurde Wolfgang Reithermann als ebenso phantasiereicher wie sorgfältiger Zeichentrickregisseur bekannt. Der Film hat nichts von seiner Anziehungskraft bei jüngeren und älteren Zuschauern eingebüßt. Die Geschichte stimmt, die Helden bieten Stoff zur Identifikation, Musik und Geräusche faszinieren.

Bezugsquelle: Movietext, Buena Vista

Auch zu empfehlen: «Die Hexe und der Zauberer». USA 1963. Ab 5 Jahre. 76 Min.

Bezugsquelle: EKZ, Buena Vista

Aschenputtel

BRD 1988. Regie: Karin Brandauer. Ab 5 Jahre. 88 Min.

Karin Brandauer deutet den Stoff neu, Aschenputtel wirkt hier nicht als Opfer, sondern eine ganz eigenständige Heldin, die sich selbstbewußt auf ihren Weg macht. Eine sehenserte Neu-Interpretation des Märchens, die sich durch viel Gefühl und Phantasie und hervorragende Darstellerleistungen auszeichnet.

Bezugsquelle: EKZ, Jünger Videothek

Asterix – der Gallier

Belgien / Frankreich 1967. Regie: Ray Gossens. Ab 6 Jahre. 70 Min.

Dieser 1967 von René Goscinny u. a. gestaltete Zeichentrickfilm hat mit Recht viele ältere und junge Fans. Die Asterix-Filme beweisen, daß gut gemachte Unterhaltung und andauernder Publikumserfolg kein Widerspruch sein müssen.

Bezugsquelle: EKZ, Starlight

Auch zu empfehlen: «Asterix und Cleopatra». Frankreich / Belgien 1968. Regie: René Goscinny. 70 Min.; «Asterix – Sieg über Cäsar». Frankreich 1965. Regie: Paul Brizzi. 77 Min.; «Asterix erobert Rom». Frankreich 1975. Regie René Goscinny. 82 Min. Alle ab 6 Jahre. Bezugsquelle: EKZ, Starlight

Bambi

USA 1942. Regie: David S. Hand / Perce Pearce. Produzent: Walt Disney. Ab 6 Jahre. 77 Min.

Dieser Film nach dem Buch von Felix Salten begründete nicht zuletzt den Ruhm von Walt Disney. Die Tricks von Franklin Thomas und anderen hervorragenden Zeichnern überzeugen die Zuschauer auch nach einem halben Jahrhundert. Gleiches gilt für die Musik von Frank Charchill und Edward Blumb. – Bambi durchlebt auf seiner Entwicklungsreise zahlreiche Abenteuer und Gefahren, erfährt Angst und tiefe Trauer, als seine Mutter stirbt. Ästhetische wie musikalische Gestaltung machen «Bambi» zu einem der besten Zeichentrickfilme überhaupt.

Bezugsquelle: EKZ, Movietext, Buena Vista

Auch zu empfehlen (produziert von Walt Disney):

«Aschenputtel». USA 1950. Regie: Way Jackson / H. Luskel / C. Geronimi. Ab 4 Jahre. 74 Min. Euro Video (Kaufkassette). «Arielle – Die Meerjungfrau». USA 1989. Regie: John Musker. Ab 6 Jahre. 79 Min. (Bezugsquelle: EKZ). «Basil – Der große Mäusedetektiv». USA 1986. Regie: John Musker. Ab 5 Jahre. 71 Min. (Bezugsquelle: EKZ). «Der König der Löwen». USA 1994. Regie: Roger Allers / Rob Minkov. Ab 6 Jahre. 100 Min. (Bezugsquelle: Laser Disc, Twelker). «Schneewittchen und die 7 Zwerge». USA 1937. Ab 5 Jahre. 80 Min. (Bezugsquelle: EKT).

Bando und der goldene Fußball

Frankreich / Guinea 1993. Regie: Cheik Doukouré. Ab 6 Jahre. 90 Min.
«Bando» ist zwar sein Name, aber jeder kennt ihn nur als «Turbo», weil er schneller als andere rennt und besser als seine Freunde Fußball spielt. Ein Mißgeschick zwingt Bando, mit dem Fußballspielen aufzuhören und aus seinem Dorf wegzugehen, um sich auf eigene Faust durchzuschlagen ... – Die französisch-guineische Koproduktion gibt – neben ihrer temporeichen Inszenierung – in ausdrucksstarken Bildern Einblicke in den Alltag eines afrikanischen Jungen.
Bezugsquelle: EKZ

Der Bär

Frankreich 1988. Regie: Jean-Jacques Annaud. Ab 6 Jahre. 96 Min.
Eine anrührende Geschichte: Youk, der Bärenjunge, macht sich nach dem Tod der Mutter auf eine Reise, bei der ihn Kaar, ein weiser alter, mit allen Wassern gewaschener Bär unterstützt und begleitet. – Jean-Jacques Annauds Film ist eine Bilderzählung über existentielle menschliche Gefühle: Trennungen, Ängste, Nähe, Alleinsein, Freundschaften und den Kampf um Eigenständigkeit. «Der Bär» nimmt Kinder ernst und unterhält im besten Sinne des Wortes.
Bezugsquelle: VPS, United Video

Bobo und die Hasenbande

Deutschland / Ungarn / USA 1995. Regie: Jeno Koltai / Tibor Hernadi. Ab 4 Jahre. 81 Min.
Ein ebenso amüsanter wie anrührender Film über eine Tierfreundschaft, die durch allerlei Abenteuer noch mehr zusammengeschweißt wird. Hervorragende Animation und liebevoll gestaltete Tierfiguren machen den Film zu einem Vergnügen, auch für ältere Zuschauer.
Bezugsquelle: Columbia, Tri Star

Die Brombeermäuse

Großbritannien 1996. Regie: Brian Little. Ab 4 Jahre. 4 Folgen à 30 Min.
In vier Episoden – «Die Frühlingsüberraschung», «Ein Wintermärchen», «Ein zauberhafter Sommer» und «Die Geheimnisse im Herbst» – erzählt der Film vom Leben der Mäuse, die irgendwo in einem Brombeerstrauch leben und dort zahllose abenteuerliche Situationen zu bestehen haben. Jede Folge ist in sich abgeschlossen. Die wunderbar inszenierten Puppentrickfilme sind ein Vergnügen

für alle, die Spaß an schönen Geschichten und einem ästhetisch-ansprechenden Trickfilm haben.
Bezugsquelle: BMG Ariola Miller, Europa Video

Die Brüder Löwenherz

Schweden 1977. Regie: Olle Hellbom. Ab 6 Jahre. 101 Min.
Astrid Lindgren, die auch das Drehbuch geschrieben hat, gibt in der Romanvorlage kindgerechte Antworten zum Thema Tod. Entstanden ist einer der schönsten, anrührendsten und ehrlichsten Filme für Kinder. Er ist spannend und besinnlich, traurig und lustig. Seine Bilder, seine Musik sind Trost und Ermutigung zugleich.
Bezugsquelle: EKZ.

Cinderella

USA 1950. Regie: Wilfred Jackson u. a. Ab 5 Jahre. 71 Min.
Dieser Film basiert nicht auf dem gleichnamigen Märchen, sondern auf der Erzählung von Charles Perrault: Aschenputtel macht auf sich aufmerksam, indem sie sich der Hilfe zweier Mäuse bedient, die ihr helfen, ihren Traumprinzen zu erobern. – Ein unterhaltsamer Zeichentrickfilm in jener Qualität, die alle Disney-Filme aufweisen. Auch wenn der Film etliche Jahre auf dem Buckel hat, bleibt er absolut sehenswert.
Bezugsquelle: Buena Vista

Die Distel

Deutschland 1992. Regie: Gernot Krää. Ab 8 Jahre. 95 Min.
Trudi geht mit einem wachen Blick durch ihren Alltag, sie hat ein Auge für das Nichtalltägliche, sie versucht, unter die Oberfläche zu schauen. Ihr Vorbild ist Sherlock Holmes, der berühmte Meisterdetektiv. «Die Distel» setzt in Deutschland die Tradition des Kinderkrimis fort.
Bezugsquelle: EKZ, VCL

Das doppelte Lottchen

BRD 1950. Regie: Josef von Baky. Ab 6 Jahre. 105 Min.
Erich Kästners Buch über Lotte und Luise, die sich eines Tages in einem Ferienheim treffen und zum Verwechseln ähnlich sehen, ist genauso bekannt wie die 1950 entstandene Verfilmung von Josef von Baky, der die Absichten des Buches

in seinem wunderbaren Film hervorragend umgesetzt hat, die Schwebe zwischen Lachen und Traurigkeit hält und die Gewißheit auf ein Happy-End vermittelt.
Bezugsquelle: Atlas Pictures, BMG Video

Emil und die Detektive

Deutschland 1931. Regie: Gerhard Lamprecht. Ab 5 Jahre. 72 Min.
Dieser Klassiker des Kinderkrimis (am Drehbuch hat u. a. Billy Wilder mitgearbeitet) ist nach wie vor absolut sehenswert. Die Geschichte ist einfach, aber ungemein spannend: Ein Gauner namens Grundeis klaut Emil Geld. Gemeinsam mit einigen Freunden aus Berlin macht sich Emil auf, den Dieb zu fassen. Wenn man sieht, wie der Regisseur mit leichter Hand Spannung und Tempo erzeugt, dann kommen einem viele aktuelle Actionserien des Fernsehens erst recht bemüht, angestrengt und einseitig vor.
Bezugsquelle: EKZ, Atlas Pictures BMG Video

Auch zu empfehlen: Die Verfilmung von R. A Stemmle. (Bezugsquelle: EKZ, Atlas Pictures, BMG Video)

Ein Fall für Borger

Großbritannien 1997. Regie: Peter Hewitt. Ab 8 Jahre. 86 Min.
Die Borgers sind Zwillinge, die in einem Haus für manches Abenteuer sorgen. Basierend auf dem englischen Kinderbuch von Mary Norton ist ein ebenso witziger wie phantasievoller Film entstanden, mit vielen Trickelementen, die aber nie zum Selbstzweck geraten.
Bezugsquelle: Poly Gram. KFW

Das Flederschwein in der Unterwelt

Deutschland 1997. Regie: Sabine Huber. Ab 5 Jahre. 7 Min.
Eine märchenhafte und zugleich abenteuerliche Geschichte vom Flederschwein, das die Unterwelt vom König Nimmersatt befreit, der seine Mitbewohner mit seinen Forderungen ständig drangsaliert. Die phantasievolle Erzählung wird mit anspruchsvoller Zeichentricktechnik umgesetzt und ist schon für jüngere Zuschauer geeignet.
Bezugsquelle: KFW

Das fliegende Klassenzimmer

Bundesrepublik 1954. Regie: Kurt Hoffmann. Ab 6 Jahre. 90 Min.

Ein Filmklassiker schlechthin, mit dem Erich Kästner seine Fähigkeiten als Drehbuchautor bewies, Kurt Hoffmann seinen Ruhm als Regisseur begründete, Schauspieler wie Paul Dahlke, Paul Klinger und Erich Ponto bekannt wurden. Der Film erzählt geradlinig aus dem Schulalltag von Gymnasiasten, ihren Streitereien, ihren Friedensschlüssen, ihren Freuden, ihren Leiden, ihren Auseinandersetzungen mit den eigenen Lehrern und den Schülern der benachbarten Realschule. Der Film besticht immer noch durch Frische und Natürlichkeit und durch seine Fähigkeiten, eine Geschichte in Bildern zu erzählen.

Bezugsquelle: EKZ, Atlas Pictures, BMG Video

Free Willy

USA 1993. Regie: Simon Wincer. Ab 6 Jahre. 92 Min.

Jesse ist von seiner Mutter verlassen, streunt herum, macht viel Unsinn. Die Polizei erwischt ihn dabei, bietet als Alternative zum Knast Pflegeeltern sowie Sozialarbeit im Zoo an. Während der Junge mit fast jedem Erwachsenen Ärger und Streit bekommt, freundet er sich mit dem «Killer»-Wal Willy an. – Manches Detail mag arg aufgesetzt erscheinen. Trotzdem ist dem Regisseur ein spannender Unterhaltungsfilm gelungen, anspruchsvoll gemacht, mit gefühlsmäßig starken Bildern.

Bezugsquelle: Warner.

Froschkönig

BRD/DDR 1988. Regie: Walter Beck. Ab 6 Jahre. 64 Min.

Das Märchen von einem verzauberten, liebenswerten Prinzen, der durch den Mut einer Prinzessin vom Fluch befreit wird. Der Froschkönig ist ein vielfach verfilmter Märchenstoff: z. B. in der Regie von Otto Meyer (1954, Bezugsquelle: Euro Video) sowie von Juraj Herz (1991, Bezugsquelle: Jünger Videothek). – Walter Becks Interpretation des Stoffs gilt zu Recht als ein Klassiker der DEFA, in der sowohl die Tricktechnik, die Ausstattung wie die Schauspielerleistungen (z. B. Peter Sodann) überzeugen.

Bezugsquelle: Icestorm

Das Geheimnis des Seehundbabys

USA 1995. Regie: Nick Gomez. Ab 6 Jahre. 106 Min.

 Erzählt wird die Geschichte von Fiona, die an die Wahrhaftigkeit von Legenden

glaubt. Ein wunderbar-märchenhafter Film, bei dem ständig die Grenzen zwischen Phantasie und Realität vermischt werden; ein Film, der auch von der Glaubwürdigkeit seiner Darsteller und Darstellerinnen lebt.
Bezugsquelle: Columbia Tristar

Die Geschichte vom kleinen Muck

DDR 1953. Regie: Wolfgang Staudte. Ab 6 Jahre. 100 Min.
Wilhelm Hauffs Märchen dient Staudte als Vorlage für seine Absicht, mit Vorurteilen gegenüber Andersdenkenden und Gewalt gegenüber Minderheiten abzurechnen. Wie ihm das gelingt, macht ihn zu einem wirklich großen Regisseur. Die «Geschichte vom kleinen Muck» gilt mit Recht als einer der besten Märchenfilme, die in Deutschland produziert wurden. Auch für Erwachsene ein Muß.
Bezugsquelle: Icestorm

Gute-Nacht-Geschichten

Großbritannien 1996. Ab 4 Jahre. 40 Min.
Acht Geschichten beschäftigen sich auf humorvolle und liebenswürdige Weise mit dem Problem, daß Kinder nicht einschlafen wollen oder können. Die Geschichten von englischen Kinderbuchautoren sind überzeugend illustriert und nicht allein für jüngere Kinder ein Gewinn.
Bezugsquelle: Poligram

Heidi

Österreich 1965. Regie: Werner Jacobs. Ab 6 Jahre. 94 Min.
Johanna Spyris Roman, um die Jahrhundertwende entstanden, bot Kindern Stoff zum Träumen, zum Traurig- oder Fröhlichsein. Kein Wunder, wenn sich Regisseure und Drehbuchautoren dieses Buches wiederholt annahmen.
«Heidi» ist ein Film über den Wert von Kinderfreundschaften, eine Fabel über das Selbständigwerden; eine subtile Geschichte über kindliche Entwicklungsprozesse: sich aus Abhängigkeiten lösen und den eigenen Weg finden. Bei den Verfilmungen des Romans wird allzu häufig auf die Tränendrüse gedrückt. Werner Jacobs' Umsetzung ist nicht zuletzt dank der schauspielerischen Leistungen von Margot Trooger, Gustav Knuth und Eva-Maria Singhammer (als Heidi) gelungen.
Bezugsquelle: EKZ, Junior, edel

Auch zu empfehlen: Die Verfilmung von «Heidi» durch Luigi Comencini zeigt große Gefühle ohne Weinerlichkeit (Bezugsquelle: EKZ).

Der Hund, der Herr Bozzi hieß

Spanien / Italien 1957. Regie: Ladislao Vajda. Ab 6 Jahre. 89 Min.
Ein phantastisch-märchenhafter Film über Humanität, Liebe und Freundlichkeit. Der mürrische Herr Bozzi, steinreich und Rechtsanwalt von Beruf, beeindruckend von Peter Ustinov gespielt, wird durch eine wundersame Begebenheit in einen Hund verzaubert. Eine von Ladislao Vajda mal heiter, mal besinnlich inszenierte Fabel ohne erhobenen Zeigefinger, die durch eindrucksvolle Schauspielerleistungen geprägt ist.
Bezugsquelle: EKZ, Atlas Pictures, BMG Video

In einem Land vor unserer Zeit I

USA 1988. Regie: Don Bluth. Ab 10 Jahre. 90 Min.
Dieser 1988 gedrehte und von Spielberg produzierte Zeichentrickfilm war ein großer Publikumserfolg. Er erzählt die Geschichte vom Saurierkind Littlefoot. Es macht sich gemeinsam mit anderen Sauriern auf, um das «große Tal» zu suchen, in dem sie überleben können, weil es in ihrer Heimat bald kein Wasser mehr geben wird. – Hier wird – bei allen unterhaltenden Intentionen – auf eine kindgerechte, vor allem filmische Weise auf Umweltprobleme aufmerksam gemacht. Der Film ist spannend inszeniert, hat aber auch seine ruhigen Phasen. Musik und Geräuschelemente haben in Spannungshöhepunkten starke dramatische Momente, die Kinder gefühlsmäßig fordern dürften.
Bezugsquelle: EKZ, CIC

Auch zu empfehlen (Regie Don Bluth): «Feivel, der Mäusewanderer». USA 1986. Ab 6 Jahre, 78 Min. (Bezugsquelle: CIC)

Jakob hinter der blauen Tür

BRD 1987. Regie: Haro Senft. Ab 10 Jahre. 92 Min.
Der12jährige Jakob verliert seinen Vater durch einen Verkehrsunfall. Jakob zieht sich zurück: von seiner Mutter, seinen Freunden, seiner Umwelt. Auch seine schulischen Leistungen lassen nach. Erst durch die Freundschaft mit Shot gewinnt Jakob allmählich Kraft und Lebensfreude zurück. – Dieser unspektakuläre Film ist ein kleines Kunstwerk, das genau jene Lebensgefühle einfängt, die für Kinder mit Tod, Trauer und Trennung einhergehen.
Bezugsquelle: EKZ

Janoschs Traumstunde

BRD 1984. Buch und Regie: Janosch. Ab 4 Jahre. 26 Folgen à 30 Min.
Janoschs Bücher mit ihrem hintersinnigen Humor sind bei Jüngeren wie Älteren gleichermaßen beliebt. Die Umsetzung seiner Bildergeschichten in Fernsehserien lag deshalb nahe. Egal ob es sich um den Mäusesheriff, den Raben Josef oder den kleinen Tiger in «O wie schön ist Panama» handelt, Janoschs Traumstunde beweist: Qualität und massenhafter Zuspruch müssen sich nicht ausschließen.
Bezugsquelle: EKZ, Song Video, Song Music

Juliana

Peru 1988. Grupo Chaski. Ab 9 Jahre. 54 Min.
Der Film spielt in den Barriadas, dem Armenviertel der peruanischen Hauptstadt Lima. Hier lebt die 13jährige Juliana mit ihrer Familie. In eindringlichen Bildern wird ihr Alltag geschildert, ein Alltag, der von Niederlagen und Freudlosigkeit gekennzeichnet ist. Juliana versucht, aus dem Teufelskreis der Armut auszubrechen, sie sucht nach Sinn in ihrem Leben. Der Film ergreift Partei für die Kinder, die ein Recht auf Selbstbestimmung und den Traum von einem besseren Leben haben.
Bezugsquelle: EKZ

Der Junge, der vom Himmel fiel

Deutschland / Frankreich 1997. Regie: Jacques-Remy Girerd. Ab 5 Jahre. 27 Min.
Eine hintersinnige Geschichte über Charly, der eines Tages vom Himmel fiel, und dem Weihnachtsmann, der seinen Sohn vermißt. Beide entdecken, daß sie zusammengehören. Eine Weihnachtsgeschichte der besonderen Art, die man sich aber zu jeder Jahreszeit ansehen kann, ist sie doch in ebenso liebevollen wie ausdrucksstarken Bildern einfühlsam erzählt.
Bezugsquelle: Matthias-Film

Hände hoch!

Dänemark 1997. Regie: Morten Hendriksen. Ab 6 Jahre. 22 Min.
Eine witzig-hintergründige Geschichte über den jungen Oliver, der sich und seine jüngere Schwester in heikle Situationen bringt. Der kurze Spielfilm mit einer nachvollziehbaren Geschichte und authentischen Schauspielern zeigt, wie der Alltag jede Menge Abenteuer bereithält, die es zu meistern gilt.
Bezugsquelle: Matthias-Film

Kalle Blomquist lebt gefährlich

Schweden 1953. Regie: Rolf Husberg. Ab 6 Jahre. 89 Min.
Kalle, der Meisterdetektiv, kommt den Entführern auf die Spur. Das Drehbuch zu dem Krimiklassiker schrieben Astrid Lindgren und der Regisseur. So entstand ein Film, der Maßstäbe für einen spannenden und psychologisch stimmigen Kinderkrimi setzt und Kinder heute gleichfalls in seinen Bann zieht. «Kalle Blomquist» läßt einen Großteil der Actionserien wie langweilige Anfängerübungen aussehen.
Bezugsquelle: Junior, edel

Auch zu empfehlen: «Kalle Blomquist – sein schwerster Fall». Schweden 1957. Ab 6 Jahre. 82 Min. (Bezugsquelle: Junior, edel)

Das kalte Herz

DDR 1950. Regie: Paul Verhoeven. Ab 6 Jahre. 100 Min.
Mit diesem Film nach Hauffs Märchen wurde die Reihe hervorragende DEFA-Märchenfilme begründet. Der Film ist nach wie vor sehenswert, seine kluge Inszenierung, seine starken und eindrücklichen Bilder faszinieren. Und er dürfte nicht nur Kindern, sondern auch Erwachsenen gefallen. Allein die Länge von 100 Minuten mag für manche – vor allem jüngere Kinder – ein Problem sein.
Bezugsquelle: EKZ, Icestorm

Weitere empfehlenswerte klassische Märchenverfilmungen:
«Die Bremer Stadtmusikanten». BRD 1959. Regie: Rainer Geiß. Ab 6 Jahre. 75 Min. «Der gestiefelte Kater». BRD 1955. Regie: Herbert G. Fredersdorf. Ab 6 Jahre. 67 Min. (Bezugsquelle für beide Filme: Euro Video)

Karakum

Deutschland / Turkmenistan 1993. Regie: Arend Agthe. Ab 10 Jahre. 98 Min.
Ein poetischer und spannender Film, der auch beim wiederholten Anschauen Spaß und Spannung bereitet. Arend Agthe gelingt es, seinen Film in Bildern zu erzählen, die zum Betrachten geradezu einladen: Der 13jährige Robert will seinen Vater im Fernen Osten besuchen, doch bevor er ihn erreicht, muß er zahlreiche Abenteuer bestehen.
Bezugsquelle: VMP, KHE, EKZ

Karlsson auf dem Dach

Schweden 1975. Regie: Olle Hellbom. Ab 6 Jahre. 101 Min.

Was wäre der schwedische Kinderfilm ohne die literarische Vorlagen von Astrid Lindgren? Das trifft auch auf diesen Film zu, mit Lars Söderdahl und Mats Willström in den hervorragend besetzten Hauptrollen. Im Mittelpunkt der Geschichte steht der kleine Lillebror, der sich seinen fliegenden Freund Karlsson «erträumt», weil er sich immer so langweilt.

Bezugsquelle: EKZ, Junior, edel

Auch zu empfehlen: «Michel bringt die Welt in Ordnung». Regie: Olle Hellbom. Schweden 1973. Ab 6 Jahre. 98 Min. (Bezugsquelle: Junior, edel)

Der kleine Eisbär

Deutschland 1993. Regie: Theo Kerp. Ab 4 Jahre. 40 Min.

Wie «Der kleine Maulwurf» ist auch der «Eisbär» den Fans der «Sendung mit der Maus» kein unbekanntes Wesen. Nun können Kinder seine spannenden Abenteuer in einer etwas längeren Filmfassung erleben. Es überzeugt, wie der Regisseur des Films die Handlung angelegt haben. Die sorgfältigen und liebenswürdigen Zeichnungen, die Inszenierung der kleineren und größeren Abenteuer, die der kleine Eisbär mit seiner Freundin «Schneehase» in der arktischen Einöde erlebt, sprechen schon jüngere Kinder an, ohne sie emotional zu überfordern. Eine gute Alternative zu den Billigsendungen, mit denen die Jüngsten ansonsten in vielen Fernsehkanälen konfrontiert sind.

Bezugsquelle: Warner

Auch zu empfehlen: «Der kleine Eisbär 3» sowie «Der kleine Eisbär 4». (Bezugsquelle: EKZ, Warner)

Der kleine Maulwurf

ČSSR / BRD (o. J.). Regie: Zdenek Miller. Ab 4 Jahre. 3 Folgen à 30 Min.

«Die Sendung mit der Maus» hat zahlreiche Zeichentrickfiguren bekannt gemacht. Dazu zählt auch der schon in den sechziger Jahren von Zdenek Miller gezeichnete «kleine Maulwurf», der bei Kindern schnell beliebt wurde. Die Episoden zeigen, warum dieser liebenswerte Held eine so große Fangemeinde hat: Es sind die Mischung aus hintergründigem Witz und der humorvollen Art, wie die Geschichten erzählt werden.

Bezugsquelle: EKZ, Warner

Auch zu empfehlen: Unter dem Titel «Der Maulwurf» sind bei Matthias-Film 21 Folgen erschienen.

Kleine Revolte

Venezuela 1985. Regie: Olegario Barrera. Ab 10 Jahre. 93 Min.
Hier wird ein brisantes Problem thematisiert: Ein Militärregime, das die Bevölkerung in einem fiktiven südamerikanischen Staat unterdrückt. Kinder eines Dorfes spüren die Ungerechtigkeit und die undemokratischen Machenschaften des Regimes, organisieren kreativ und phantasiereich den Widerstand. Wie Olegario Barrera den Film entwickelt, die Story erzählt, wie er plakative Momente und Klischees vermeidet, das macht die «Kleine Revolte» sehenswert.
Bezugsquelle: EKZ

Der kleine Vampir

Deutschland 1993. Regie: Christian Görlitz. Ab 6 Jahre. 8 Folgen à 60 Min.
Im Zentrum der Geschichte stehen der kleine Vampir Rüdiger und seine Schwester Anna, die mit dem Großstadtjungen Anton eine ebenso ungewöhnliche wie ganz normale Freundschaft eingehen, eine Freundschaft, die durch die Vampirjäger Geiermeier und Stöbermann aufs heftigste bedroht ist. Die Fernsehserie war eine der aufwendigsten, die je im deutschen Kinderprogramm liefen. Herausgekommen sind sehenswerte Folgen, die Spannung und Witz miteinander verbinden.
Bezugsquelle: EKZ, Polygram

Die kleinen Strolche sind zurück

Ein «Uralt»-Film, könnte man meinen, zwischen 1922 und 1927 von Robert F. McGowan inszeniert, doch was in den sieben Episoden zu sehen ist, beweist: Kinder haben sich zu allen Zeiten durch Witz, Humor, Bewegungsdrang, Abenteuerlust und eine schier unerschöpfliche Menge an Einfällen ausgezeichnet, wenn es um die Planung und Durchführung von Streichen geht. Kein Wunder, daß die Kinderdarsteller mit authentischem Spiel brillieren. Unterhaltung und Vergnügen pur, mit Tempo und Rasanz gedreht.
Bezugsquelle: Kinowelt, KHE

Die Königin der Farben

Deutschland 1997. Regie: Katrin Magnitz / Jutta Bauer. Ab 6 Jahre. 5 Min.
Die Königin Malvida spielt mit Farben, und dabei passiert es, daß alles grau wird. Erst die Tränen der Königin führen dazu, daß sich die Farben entmischen und in ihrem früheren Glanz strahlen. Eine phantasievoll erzählte Geschichte, die mit den verschiedensten Tricktechniken hervorragend umgesetzt worden ist.
Bezugsquelle: Matthias-Film

Der König und der Vogel

Frankreich 1980. Regie: Paul Grimault. Ab 8 Jahre. 85 Min.
Basierend auf Motiven des Märchens von Hans Christian Andersen hat Jacques Prevert die Geschichte eines Vogels, der die Ereignisse im Königspalast genau verfolgt, neu erzählt. Herausgekommen ist tricktechnisch absolute Spitzenklasse, die auch ältere Kinder faszinieren dürfte.
Bezugsquelle: Euro-Video

Konferenz der Tiere

BRD 1969. Regie: Curt Linda. Ab 6 Jahre. 82 Min.
Die Tiere haben von den unfriedlichen Menschen die Nase voll und beschließen deshalb, die Friedenssicherung in die eigene Hand zu nehmen. Die Umsetzung von Erich Kästners Satire hält jedem Vergleich mit anspruchsvollen amerikanischen Produktionen stand. Die Figuren sind liebevoll gezeichnet, die Musik von Erich Festl unterstützt die Story hervorragend.
Bezugsquelle: EKT, Atlas Pictures, BMG Video

König Drosselbart

BRD / ČSSR 1985. Regie: Miloslav Luther. Ab 6 Jahre. 90 Min.
Luthers «König Drosselbart» gehört zu den anspruchsvollen Märchenverfilmungen, mit denen der tschechische Kinderfilm in den 70er und 80er Jahren seinen Ruhm begründet hat. Der Regisseur filmt das Märchen nicht einfach ab, seine Interpretation gibt der Vorlage eine ganz eigene Aussage.
Bezugsquelle: EKZ, Jünger Videothek

Auch zu empfehlen: Walter Becks Version mit Manfred Krug in der Hauptrolle. (Bezugsquelle: EKZ, Icestorm)

Weitere empfehlenswerte Märchenfilme aus der ehemaligen ČSSR: «Schneewittchen und das Geheimnis der Zwerge». Deutschland/ČSFR 1990. Regie: Ludvik Rása. Ab 5 Jahre. 90 Min. «Frau Holle». BRD/ČSSR 1985. Regie: Juraj Jakubisko. Ab 6 Jahre. 90 Min. «Das tapfere Schneiderlein». ČSSR 1984. Regie: Dusan Trancik. Ab 5 Jahre. 95 Min. (Bezugsquelle: EKZ)

Krieg der Knöpfe

Frankreich 1961. Regie: Yves Robert. Ab 6 Jahre. 88 Min.
Dieser Kinderfilmklassiker wurde nach dem Roman von Louis Pergaud inszeniert. Zwischen den Kindern der Dörfer Longverne und Welrans toben heftige Auseinandersetzungen, solange man denken kann. Keiner weiß, aus welchen Gründen diese Feindschaft einmal entstand. Und die Kinder von heute machen da weiter, wo ihre Eltern und Großeltern aufgehört haben. Die Geschichte ist spannend und zeigt, ohne pädagogischen Zeigefinger, wie gegenseitige Abneigung und Feindschaft entstehen. Aber der Film hat zugleich seine komödiantisch-witzigen und satirischen Seiten.
Bezugsquelle: EKZ, Warner

Das letzte Einhorn

USA 1982. Regie: Arthur Rankin. Ab 8 Jahre. 86 Min.
Das sagenhafte Wesen sucht in einer Legendenwelt nach ehemaligen Weggefährten, die allesamt verschwunden sind. Auf seiner Abenteuerreise, auf der das Einhorn eigene Entwicklungen durchlebt, trifft es auf den «roten Stier», der die Artgenossen des Einhorns in Gefangenschaft hält. Das ist von Arthur Rankin effektvoll und mit sicherer Hand in Szene gesetzt.
Bezugsquelle: EKZ

Lorenz im Land der Lügner

Deutschland/Luxemburg 1996. Regie: Jürgen Brauer. Ab 6 Jahre. 84 Min.
Der Film beruht auf einer Erzählung von Jianni Rodari. Lorenz stellt mit seiner Neugierde die Wirklichkeit auf den Kopf und konstruiert eine fast eigene Realität. Überzeugend sind vor allem Darstellerinnen wie Marianne Sägebrecht, die der Handlung eine ganz eigene Prägung geben.
Bezugsquelle: Icestorm

Lotta aus der Krachmacherstraße

Schweden 1992. Regie: Johanna Hald. Ab 5 Jahre. 85 Min.

Lotta wird 5, doch ihr sehnlichster Geburtstagswunsch ist nicht in Erfüllung gegangen: ein Fahrrad. Sie will allen beweisen, was sie kann. Bei ihren Versuchen, mit einem geliehenen Fahrrad zu fahren, fällt sie hin. Weitere schmerzhafte Erfahrungen halten sie nicht von erneuten Versuchen ab, das Fahrradfahren zu erlernen. Am Abend bringt Lottas Vater doch noch das Fahrrad, und Lotta zeigt, daß sie schon fahren kann. – Johanna Hald hat diese Erzählung von Astrid Lindgren mit großer Souveränität umgesetzt. Wie sie die kleinen Episoden aus Lottas Alltag ruhig erzählt, mit dem Blick fürs Detail, läßt spüren, daß sie sich intensiv auf kindliches Fühlen und Denken einzulassen vermag. Ein leiser Film, in dessen Bildern sich Phantasie und Realität ebenso mischen wie in Lottas Denken. Grete Havnesköld spielt die Rolle der Lotta absolut überzeugend.

Bezugsquelle: EKZ, Junior, edel

Auch zu empfehlen: «Lotta zieht um». Schweden 1993. Regie: Johanna Hald. Ab 5 Jahre. 80 Min. (Bezugsquelle: EKZ, Junior, edel)

Madita

Schweden 1979. Regie: Göran Graffman. Ab 6 Jahre. 95 Min.

1960 erschien Astrid Lindgrens «Madita». Die Autorin beschreibt darin das schwedische Landleben zu Anfang des Jahrhunderts, erzählt von den gesellschaftlichen Klassenunterschieden und Ungerechtigkeiten, die sich hinter der vordergründigen Idylle auftun. Die leise, beschauliche Verfilmung erzählt in schönen Bildern Geschichten. Die Episoden leben nicht aus einer vordergründigen Spannung, sie kommen fast beiläufig daher.

Bezugsquelle: EKZ, Junior, edel

Mein Freund Joe

Irland/Deutschland 1996. Regie: Chris Bould. Ab 10 Jahre. 101 Min.

Dieser spannende und engagierte Spielfilm erzählt die Geschichte einer Freundschaft, der zwischen Chris und Joe, die in Wahrheit Joanne heißt. Eine packende Romanverfilmung mit glaubhaften Schauspielern und eindrucksvollen Bildern.

Bezugsquelle: Polyband

Mio, mein Mio

Schweden / UdSSR 1987. Regie: Vladimir Grammatikov. Ab 6 Jahre. 104 Min.
Bosse scheint – aber nur auf den ersten Blick – arm dran zu sein: Seine Mutter starb schon bei seiner Geburt, von seinem Vater weiß er rein gar nichts. Eines Tages führt ein Flaschengeist Bosse ins «Land der Ferne», das von einem König regiert wird. Dieser König entpuppt sich als Bosses Vater und sagt ihm, sein eigentlicher Name laute Mio und seine Aufgabe sei es, gegen den brutalen Ritter Kato zu kämpfen. Mio stellt sich der Herausforderung. – Dem russischen Regisseur ist – auf der Basis des Lindgren-Buches – einer der schönsten Märchenfilme gelungen, die bisher gedreht worden sind.
Bezugsquelle: EKZ, Junior, edel

Momo

BRD 1986. Regie: Johannes Schaaf. Ab 6 Jahre. 100 Min.
Die Geschichte von Momo und den grauen Herren, die den Menschen die Zeit abringen wollen, braucht wohl nicht genauer erzählt zu werden. Dazu ist das 1973 von Michael Ende geschriebene und mit dem Deutschen Jugendbuchpreis ausgezeichnete Buch zu bekannt. Der Film ist mit hervorragenden Darstellern besetzt. Er verliert sich manchmal in Spezialeffekten oder versucht, durch dramatische Musikeinschübe die Oberflächlichkeit von Bildern zu vertuschen. Schade, daß der hervorragende Romanstoff nicht angemessener in Bilder umgesetzt worden ist.
Bezugsquelle: EKZ

Nachkriegsmaus

Deutschland 1995. Regie: Armin Maiwald. Ab 6 Jahre. 25 Min.
Wie in dieser Folge, die der «Sendung mit der Maus» entstammt, Kindern der Alltag nach dem Krieg erzählt wird, macht dem Regisseur so schnell keiner nach. Ein konsequent aus der Sicht der Kinder produzierter Film, der einfühlsam das Leben von Heranwachsenden in den Nachkriegsjahren beleuchtet. Eine der besten Dokumentationen, die je für Kinder gedreht worden sind.
Bezugsquelle: KFW

Nils Karlssons Däumling

Schweden 1990. Regie: Staffan Götestamm. Ab 4 Jahre. 72 Min.
Bertil ist häufig allein. Sein Vater und seine Mutter gehen zur Arbeit, die Schwe-

ster ist gestorben. Eines Tages lernt er einen Däumling kennen, der sich als Nils Karlsson vorstellt. Nils verrät Bertil, wie man sich klein machen und dann auch wieder groß werden kann. – Die Vorlage für den Film liefert Astrid Lindgrens frühe Erzählung «Im Wald sind keine Räuber» (1956). Entstanden ist ein kleines Filmmärchen, an dem auch ältere Zuschauer ihre Freude haben werden.
Bezugsquelle: EKZ, Junior, edel

Oliver und Olivia – zwei freche Spatzen

Dänemark 1990. Regie: Janik Hastrup. Ab 6 Jahre. 64 Min.
Der Raubvogel Fagin drangsaliert die Tiere des Waldes. Doch Oliver und Olivia, ein listig-freches und vor allem mutiges Spatzenpaar, sowie die Mäuse Frederic und Ingolf wollen sich die Tyrannei nicht mehr gefallen lassen und nehmen mit viel Witz und Hintersinn den Kampf auf. – Ein hervorragend gemachter Zeichentrickfilm, in seinen künstlerischen wie menschlichen Absichten gleichermaßen überzeugend.
Bezugsquelle: EKZ

Otto

Schweden 1997. Regie: Jonas Odell / Stig Berqvist. Ab 5 Jahre. 8 Min.
Eine wunderschöne Fabel über die Probleme, die Kinder mit dem Insbettgehen haben. Sie liegen in ihren Zimmern, hören Geräusche, fangen an zu phantasieren oder eigene Geschichten zu erfinden. Der liebenswürdige Kurzfilm zeigt in einfühlsamen Bildern und ohne pädagogische Penetranz die kleinen und größeren Unsicherheiten, die Kinder kurz vor dem Einschlafen haben.
Bezugsquelle: Matthias-Film

Peter Pan

USA 1953. Regie: Hamilton Luskel / Clyde Geronimi / Wilfred Jackson. Ab 6 Jahre. 77 Min.
Wendys Traumgeschöpf Peter Pan, mit dem sie ihre beiden kleinen Brüder in Geschichten unterhält, kommt vorbei und nimmt die Kinder mit auf eine Reise voller Abenteuer. – Die Animation des Films ist hervorragend, die Figuren sind liebevoll gezeichnet. Das herrliche Zeichentrick-Vergnügen wird allenfalls durch manche klischeehaften Geschlechtsrollen getrübt.
Bezugsquelle: EKZ, Laser Disc, Twelker

Peterchens Mondfahrt

Deutschland 1990. Regie: Wolfgang Urchs. Ab 5 Jahre. 80 Min.
Herr Sumsemann, der Maikäfer, hat sein sechstes Bein verloren. Peter und seine Schwester Anneliese machen sich auf die Suche und müssen sich dabei mit dem ekligen Mondmann auseinandersetzen. Doch Peter und Anneliese ist keine Gefahr zu groß. – Dieser Familienfilm ist altmodisch im besten Sinne des Wortes: Er erzählt seine Geschichte so liebenswürdig, so einfühlsam, daß sich ältere wie jüngere Zuschauer angesprochen fühlen.
Bezugsquelle: EKZ

Pingu

Schweiz / Deutschland 1993. Regie: Otmar Gutmann. Ab 4 Jahre. 30 Min.
Die Sequenzen erzählen vom Leben, von den Gefühlen, der Entwicklung des kleinen Pingu. Pingu hat all die liebenswürdigen, aber auch chaotisch-aggressiven Anteile, die die zuschauenden Kinder auch besitzen dürften. – Otmar Gutmann hat witzig-skurrile Figuren geschaffen. Er arbeitet mit einem dreidimensionalen Puppentrick, der für Kinder leichter begreifbar ist. «Pingu» ist ein Muß für jede häusliche Videothek und fasziniert nicht nur jüngere Kinder.
Bezugsquelle: EKZ, Europa Video, BMG, Ariola Miller

Pippi Langstrumpf

BRD / Schweden 1968. Regie: Olle Hellbom. Ab 6 Jahre. 99 Min.
Diese deutsch-schwedische Koproduktion ist ein Kinderfilmklassiker, und Inger Nielsson hat der Pippi ein Gesicht gegeben. Der Erfolg, den auch die Fortsetzungen hatten («Pippi geht von Bord» «Pippi außer Rand und Band», «Pippi in Taka-Tuka-Land»), liegt in der Faszination begründet, die die Hauptfigur für Kinder hat: Pippi steht für Unabhängigkeit, Phantasie, Selbstbewußtsein, dafür, die Realität der Erwachsenen auf den Kopf zu stellen, für Abenteuer und Gefühl.
Bezugsquelle für alle Filme: EKZ, Junior, edel

Pumuckl und der blaue Klabauter

Deutschland / Ungarn 1993. Regie: Alfred Deutsch / Horst Schier. Ab 5 Jahre. 85 Min.
Bisher hat Pumuckl den Meister Eder in unendlich vielen Fernsehfolgen und einem Kinofilm auf die Palme gebracht. Nun macht er sich selbständig, um die Bekanntschaft des blauen Klabauters zu machen. Doch der ist nicht so gutmütig

und einfühlsam wie der Pumuckl zugetane Meister Eder. Ein hervorragend gemachter Unterhaltungsfilm, der durch seine Tricksequenzen besticht.
Bezugsquelle: EKZ, Warner

Ronja Räubertochter

Schweden / Norwegen 1984. Regie: Targe Danielsson. Ab 6 Jahre. 100 Min.
Ronja und Birk sind die Kinder der Anführer zweier verfeindeter Räuberbanden – doch als sie sich näher kennenlernen, spüren sie, daß sie sich mögen. Je mehr sich die beiden schätzen lernen, um so heftiger entwickelt sich der Streit zwischen den Vätern. Und da die Erwachsenen es nicht schaffen, ihren Streit beizulegen, entschließen sich Ronja und Birk zu einem Weg, der in Versöhnung enden soll. Ein gefühlvoller, ein liebenswürdiger Film für die ganze Familie.
Bezugsquelle: EKZ, Junior, edel, Movietext

Die Schneekönigin

Finnland 1988. Regie: Päivi Hartzell. Ab 10 Jahre. 83 Min.
Hans Christian Andersen hat das Märchen von der eiskalten Schneekönigin erzählt, die den kleinen Kai entführt. Die finnische Regisseurin Päivi Hartzell hat mit dieser Verfilmung ein Meisterwerk geschaffen, eine kraftvolle Komposition aus Bildern, Eindrücken und Tönen, die über Jahrzehnte Maßstäbe setzen wird.
Bezugsquelle: EKZ, Warner

Schneewittchen und das Geheimnis der sieben Zwerge

Deutschland / ČSFR 1992. Regie: Ludvik Ráza. Ab 6 Jahre. 90 Min.
Diese Geschichte gehört zu den bekanntesten Grimmschen Märchen. Kein Wunder, daß es immer wieder als Vorlage für (mal hervorragende, mal triviale) Filme diente. Ludvik Rázas «Schneewittchen» gehört zweifellos zu den anspruchsvolleren Fassungen. Er erzählt die Geschichte und die Moral von Wahrheit und Ehre in schönen Bildern.
Bezugsquelle: EKZ

Selma und Johanna

Schweden 1997. Regie: Ingela Magner. Ab 8 Jahre. 91 Min.
Eine witzige Geschichte über die 11jährige Johanna, die sich beim Europäischen Gerichtshof darüber beklagen will, daß sie die Schulklasse wiederholen muß. Sie macht sich auf die Reise von Stockholm nach Straßburg und erlebt die verschiedensten turbulenten Situationen.

Ein flott inszenierter Film mit überzeugenden Schauspielern, ein Film, der bedingungslos für Kinder Partei ergreift, ohne parteiisch zu sein.
Bezugsquelle: Matthias-Film

Shiloh

USA 1996. Regie: Dale Rosenbloom. Ab 8 Jahre. 87 Min.
Der 10jährige Marty befreundet sich mit einem Hund namens Shiloh und meistert mit ihm ebenso witzige wie gefährliche Abenteuer. – Ein spannend und einfühlsam inszenierter Abenteuerfilm, der den Roman von Phyllis Reynolds Naylor in Bilder übersetzt und zeigt, wie man Spannung ohne aufgesetzte Action erzeugen kann.
Bezugsquelle: Warner

Sientje

Niederlande 1979. Regie: Christa Moesker. Ab 4 Jahre. 5 Min.
Die 4jährige Sientje ist mal wieder so richtig sauer. Sie flucht und wütet herum, weil sie Streit mit ihren Eltern hatte. – Dieser kurze Trickfilm fängt den ohnmächtigen Zorn der Heldin ein und stellt – ohne erhobenen Zeigefinger – dar, wie die Wut verraucht. Das macht ihn auch für ältere Zuschauer sehenswert.
Bezugsquelle: KFW

Sirga, die Löwin

Frankreich 1996. Regie: Patrick Grandperret. Ab 10 Jahre. 79 Min.
Die Freundschaft von Sirga, einem Löwenbaby, mit dem Jungen Oule muß sich in vielen Abenteuern und durch manche Widrigkeiten hindurch beweisen. Und dann ist da noch Lena, die einmal Oules Frau werden möchte. – Eine faszinierende Verfilmung von Motiven afrikanischer Tier- und Märchenmythen in beeindruckenden Bildern, die für jüngere Kinder allerdings eine gefühlsmäßige Herausforderung bedeuten dürften.
Bezugsquelle: VHS, United Video

Der Taschendieb

Niederlande 1995. Regie: Maria Peters. Ab 8 Jahre. 97 Min.
Der 12jährige Alex wird von zwei Brüdern gezwungen, sich an Raubzügen zu beteiligen. Als Alex bei Erwachsenen keinen Rückhalt in seiner bedrohlichen Situation erhält, sucht er einen eigenen Ausweg. – Ein eindrucksvoller Film für

ältere Kinder, ein Film, der Alex' Bedrängnisse überzeugend schildert, ohne in vordergründige plakative Sichtweisen zu verfallen.
Bezugsquelle: KFW

Tatis Schützenfest

Frankreich 1947 / 1963. Regie: Jacques Tati. Ab 6 Jahre. 76 Min.
Der berühmte französische Komiker erzählt mit Witz und Humor und fast ohne Worte aus dem Alltag eines französischen Dorfes, das sich auf sein Schützenfest vorbereitet. Der Film lebt von seiner Situationskomik und gilt mit Recht als ein Meisterwerk der Filmgeschichte. Kino für die ganze Familie.
Bezugsquelle: BMG Video

Der Teufel mit den drei goldenen Haaren

DDR 1977. Regie: Egon Schlegen. Ab 6 Jahre. 84 Min.
Jakob verliebt sich in eine Prinzessin. Der König sperrt sich dagegen, stellt ihm eine Aufgabe: Zur Frau bekommt Jakob sie nur, wenn er drei goldene Haare vom Teufel bringt. – Großartige Darstellerleistungen und einfallsreiche Bilder beweisen in diesem Film den hohen Qualitätsstandard von DEFA-Kinderfilmen.
Bezugsquelle: EKZ, Euro Video

Die vielen Abenteuer des Winnie Puuh

USA 1966 bis 1974. Regie: Wolfgang Reitherman / John Lonnsberry. Ab 4 Jahre. 71 Min.
Winnie Puuh, ein freundlicher Bär, lebt mit seinen Freunden in einem Wald und erlebt die unterschiedlichsten Abenteuer, die in wunderbar-einfühlsamen Bildern erzählt werden. – Wolfgang Reitherman hat die Erzählungen von A. A. Milne überzeugend in das Zeichentrickgenre umgesetzt. Winnie Puuh ist für jüngere wie ältere Zuschauer eine vergnügliche Unterhaltung.
Bezugsquelle: Buena Vista

Vug – Aus dem Leben eines Fuchses

Ungarn / BRD 1982. Regie: Attila Dargay. Ab 6 Jahre. 73 Min.
Die Story kennt man aus vielen Disney-Filmen: Während der kleine Fuchs Vuk im Wald umherstreicht, wird seine Familie getötet. Karak, ein weiser alter Onkel, übernimmt seine Erziehung, zeigt ihm alle Tricks zum Überleben. – Diesem

sympathischen Film gelingt es, Witz und Spannung, heitere und traurige Momente wunderbar miteinander zu vermischen.
Bezugsquelle: EKZ

Wind in den Weiden

Großbritannien 1995. Regie: Dave Unwin. Ab 6 Jahre. 72 Min.
Das Kinderbuch von Kenneth Graham gilt zu Recht als Klassiker. Es erzählt mit Hintersinn und viel Humor von der Freundschaft einer Ratte, eines Maulwurfs, eines Dachses und einer Kröte. – Dave Unwin ist eine überzeugende Literaturverfilmung gelungen, die sich durch viel Liebe zum Detail auszeichnet.
Bezugsquelle: Euro Video

Wir Kinder aus Bullerbü

Schweden 1986. Regie: Lasse Halström. Ab 6 Jahre. 91 Min.
«Bullerbü» ist mittlerweile ein Synonym geworden für unbeschwerte Kindheit, oder wie es Lisa im Film formuliert: «Mir tun alle Menschen leid, die nicht in Bullerbü leben dürfen.» Lasse Halström liefert keine spektakuläre Verfilmung des Lindgren-Buches, aber einen sorgfältig gemachten und bis ins Detail liebevoll produzierten Film.
Bezugsquelle: EKZ, Junior, edel

Auch zu empfehlen: «Neues von uns Kindern aus Bullerbü». Schweden 1987, Regie: Lasse Halström. 90 Min. (Bezugsquelle: EKZ, Junior, edel)

Bezugsadressen für Videofilme

BMG Ariola Miller, Justus von Liebig Ring 2, 25451 Quickborn
Buena Vista Homeentertainment, Kronstadter Straße 9, 81677 München
Columbia Tristar Home-Video, Ickstattstraße 1, 80469 München
Edel records GmbH, Wichmannstraße 4, Haus II, 22601 Hamburg
Euro Video Bildprogramm, Oskar-Messter-Straße 15, 85737 Ismaning
Einkaufszentrale für öffentliche Bibliotheken (EKZ), Bismarckstraße 3, 72765 Reutlingen
Jünger Videothek, Schumannstraße 161, 63069 Offenbach
Matthias-Film, Gänsheidestraße 67, 70184 Stuttgart
Katholisches Filmwerk (KFW), Ludwigstraße 33, 60327 Frankfurt/Main

Karussell Musik und Video, Holzdamm 57–61, 20099 Hamburg
Polyband, Am Moosfeld 37, 81829 München
Polygram Filmentertainment, Glockengießerwall 2, 20095 Hamburg
VMP-Vipro Video GmbH, Taunusstraße 51, 80807 München
Warner Home-Video, Jarrestraße 4, 22303 Hamburg

Hinweise für weitere Informationen:
Seit Jahren beschäftigt sich das Kinder- und Jugendfilmzentrum in der Bundesrepublik (KJF) mit dem Videoangebot für Kinder. Das KJF gibt viermal im Jahr einen Überblick über «Top-Videos für Kinder und Jugendliche» heraus. Adresse: Kinder- und Jugendfilmzentrum, Göbbelstein 34, 42857 Remscheid, Tel.: 0 21 91 / 79 42 35

Auch die «Kinder- und Jugendfilmkorrespondenz», die viermal im Jahr erscheint, bemüht sich mit großer Umsicht darum, den Markt des Kinder- und Jugendfilms zu bewerten.
Adresse: Kinder- und Jugendfilmkorrespondenz, c/o Hans Strobel, Werner-Friedmann-Bogen 18, 80903 München

Literatur

Ich habe auf einen wissenschaftlichen Anmerkungsapparat verzichtet. Die nachfolgenden Publikationen erweitern die im Buch angerissenen Gedankengänge:

Dieter Baacke / Margrit Lenssen / Renate Röllecke: Von Mäusen und Monstern. Kinderfernsehen unter der Lupe. Bielefeld 1997
Dieter Baacke: Zielgruppe Kind. Kindliche Lebenswelt und Werbeinszenierung. Opladen 1999
Ben Bachmeir: Fernsehkultur. Opladen 1996
Jürgen Barthelmes: Fernsehen und Computern in der Familie. München 1999
Michael Charlton / Klaus Neumann-Braun: Medienkindheit – Medienjugend. München 1992
Christian Doelker: Ein Bild ist mehr als ein Bild. Stuttgart 1997
Hans-Dieter Erlinger (Hg.): Kinder und der Medienmarkt der 90er Jahre. Opladen 1997

Tillmann P. Gangloff/Stephan Abardanell (Hg.): Liebe, Tod und Lottozahlen. Hamburg 1994
Joachim von Gottberg/Lothar Mikos/Dieter Wiedemann (Hg.): Kinder an die Fernbedienung. Berlin 1997
Patricia Greenfield: Kinder und neue Medien. Weinheim 1995
Lothar Krappmann/Hans Oswald: Alltag der Schulkinder. Weinheim 1995
Michael Kunczik: Gewalt und Medien. Köln 1998
Hans-Dieter Kübler/Wolfgang H. Swoboda: Wenn die Kleinen fernsehen. Die Bedeutung des Fernsehens in der Lebenswelt von Vorschulkindern. Berlin 1998
Gerhard Maletzke: Fernsehen und Kulturverfall. Berlin 1998
Lothar Mikos: Fernsehen im Erleben der Zuschauer. Berlin/München 1994
Norbert Neuss u. a.: Erlebnisland Fernsehen. München 1998
Ingrid Paus-Haase: Heldenbilder im Fernsehen. Opladen 1998
Wolfgang Schill/Dieter Baacke (Hg.): Kinder und Radio. Frankfurt 1996
Bernd Schorb u. a.: Wenig Lust auf starke Kämpfer. München 1992
Renate Theunert: Zwischen Vergnügen und Angst. Fernsehen im Alltag von Kindern. Hamburg 1997
Gerhard Tulodziecki: Medien in Erziehung und Bildung. Bad Heilbronn 1997

Zeitschriften

Es gibt Zeitschriften, in denen sich regelmäßig wissenschaftliche Betrachtungen zum Thema Kindheit, Fernsehen und neue Medien finden:

Medien praktisch. Zeitschrift für Medienpädagogik. Erscheint vierteljährlich. Verlag Gemeinschaftswerk der Evangelischen Publizistik, Emil-von-Behring-Str. 3, 60439 Frankfurt

Medien + Erziehung, erscheint vierteljährlich. Verlag: Kopäd – Kommunikation und Pädagogik e. V., Pfälzerwaldstr. 64, 81539 München

TelevIZIon, erscheint zweimal jährlich. Verlag: Internationales Zentralinstitut für das Jugend- und Bildungsfernsehen Rundfunkplatz 1, 80335 München

Weitere Informationen bietet die Gesellschaft für Medienpädagogik und Kommunikationskultur in der Bundesrepublik Deutschland (GMK).

Anschrift: GMK – Geschäftsstelle, Körnerstr. 3, 33602 Bielefeld

(Die GMK gibt in regelmäßigen Abständen medienpädagogische Handreichungen zu den unterschiedlichsten Themen heraus.)